DANG'AN GUANLI JIAOXUE ANLI XUANBIAN

档案管理教学案例选编

乔健　王萍 / 主编

四川大学出版社
SICHUAN UNIVERSITY PRESS

项目策划：梁　平
责任编辑：杨　果
责任校对：孙滨蓉
封面设计：璞信文化
责任印制：王　炜

图书在版编目（CIP）数据

档案管理教学案例选编 / 乔健，王萍主编. 一 成都：四川大学出版社，2021.8

ISBN 978-7-5690-4873-5

Ⅰ. ①档… Ⅱ. ①乔… ②王… Ⅲ. ①档案管理一教材 Ⅳ. ①G271

中国版本图书馆 CIP 数据核字（2021）第 155720 号

书名　档案管理教学案例选编

主　　编	乔　健　王　萍
出　　版	四川大学出版社
地　　址	成都市一环路南一段 24 号（610065）
发　　行	四川大学出版社
书　　号	ISBN 978-7-5690-4873-5
印前制作	四川胜翔数码印务设计有限公司
印　　刷	成都金龙印务有限责任公司
成品尺寸	185mm×260mm
印　　张	15.75
字　　数	384 千字
版　　次	2021 年 9 月第 1 版
印　　次	2021 年 9 月第 1 次印刷
定　　价	45.00 元

◆ 读者邮购本书，请与本社发行科联系。
电话：(028)85408408/(028)85401670/
(028)86408023　邮政编码：610065
◆ 本社图书如有印装质量问题，请寄回出版社调换。
◆ 网址：http://press.scu.edu.cn

四川大学出版社
微信公众号

前　言

档案管理理论萃取于档案管理实践，从实践中来是学习档案管理专业知识的重要认知逻辑。在教学过程中，将档案管理理论与现实生活中的档案管理案例结合起来，才能真正让理论落地，为学生提供专业分析视角与理论依据，从而滋养实践人才，反哺学科理论。

余凯成教授认为，所谓案例，就是为了一定的教学目的，围绕选定的问题，以事实作素材而编写成的某一特定情景的描述。著名学者托尔（Towl）在 *ASCI Case Collection* 中提出“案例”在教学情境中的综合意涵：一个出色的案例，是教师与学生就某一具体事实相互作用的工具；一个出色的案例，是以实际生活情景中肯定会出现的事实为基础所展开的课堂讨论。它是进行学术探讨的支撑点；它是关于某种复杂情景的记录；它一般是在让学生理解这个情景之前，首先将其分解成若干成分，然后再将其整合在一起。总体来说，案例指代具体的事件，具有故事性。档案管理教学案例就是用现实档案管理情境中发生的具有指导意义的具体事件，为教学提供有力的实证支撑。

案例教学法在档案管理系列课程教学中的应用已十分普遍，重在培养学生从底层向上“立案”的思维与能力。唯有亲身躬行才能突破纸上空谈，但学生在初学档案管理理论时难有机会亲身参与到实践中边学边做。案例教学重在引导学生沉浸式、模拟式引入与过渡到实践场景，帮助其更轻松地理解理论要点。此外，案例教学亦能辅助学生寻找理论的应用逻辑与实践的理论支撑以完成理论与实践的基本联系、对档案管理实践的分析与评判。档案管理理论从来都与实践紧密结合。案例教学法在档案管理课程中的运用也因之恰如其分，可充分对接档案管理实践需求，与时俱进为档案事业培养高级管理人才。

四川大学公共管理学院秘书档案学系历来重视案例教学，教师经常组织学生开展案例分析，如收集案例、案例展示并建立教学案例库等，以此提高学生的现实问题思考与破解管理难题的能力。本书汇集了教师和学生精心收集并在课堂教学中运用的案例，分为档案收集、档案整理、档案开发利用、档案保管与保护、档案信息化五章内容。案例主题基本覆盖档案管理全环节，既涵纳了传统的档案收集、分类、保护工作的典型案例，亦收摄了突出后端档案利用、开发环节的典型案例，如“广州地铁博物馆创新档案利用模式”“敦煌历史档案资源的数字化开发”等。为进一步拓宽视野，中西并包，除本土案例外，本书还精选了国际档案管理领域兼具探索性和成熟性且具有较强借鉴价值的档案管理案例，如“美国档案与文件署云环境中的档案管理”“英国 ARCHANGEL 项目探索可信数字档案管理模式”等。总体而言，本书所汇集案例具有一定的广泛性、时效性、代表性。

本书围绕单个案例的内容体例由案例简介、背景、原理、案例解读、思考题五部分组成。案例简介主要勾勒档案管理相关案例的轮廓、描述关键信息。背景部分主要交代该案例生发的时代、社会或技术背景，帮助学生以宏观视野理解微观问题。原理部分厘清案例所涉的档案学基础理论和知识点，为学生提供实践与理论关联和对接的知识图谱。案例解读部分的主要任务是引导学生思考与分析，故而重在多维、立体剖析档案管理原理与特点。最后，为加深学习，激发思考，本书编有思考题部分，针对案例所涉工作内容提出延展性问题，供读者循案例思路与逻辑深入思考。

本书在编写过程中选用了部分国内外公开发表的文章以及档案部门在新闻媒体上发布的工作消息等，所有案例来源均以脚注形式做了说明，在此向所涉作者与档案部门致以真诚的感谢。本书由四川大学秘书档案学系教师和部分研究生参与编写，具体分工如下：第一章由蔡娜老师及研究生石郦冰、侯宁宁、王媛媛、胡高强、陶佳编写，第二章由史江老师及研究生罗紫菡、黄天麒、马慧彬、谢红艳编写，第三章由陈丽、何玲老师及研究生邢琳悦、何彩溢、张弘琴、宋志亮、魏思路编写，第四章由赵跃老师及研究生栾雯琪、马晓玥、陈香编写，第五章由周文泓老师及研究生代林序、苏依纹、张晓宇、许强宁编写，全书由乔健、王萍负责统稿。

本书意在通过案例选编的形式服务档案管理人才培养，为学生学习档案管理理论提供材料支撑，为广大档案学专业教师开展案例教学提供参考。本书适用于档案学专业高等教育以及对档案管理岗位人员的专业技能培训、专业素养提升。由于能力和水平问题，编者在编写过程中难免有力所不及之处，欢迎学界和业界不吝赐教，批评指正，共同推进档案管理教学和实践领域的发展创新。

编　者

目　　录

第一章　档案收集

案例1-1　甘肃省档案馆推进档案资源建设[①]

【案例简介】

档案资源建设是档案事业发展的一项带有根本性、具有战略意义的工作，关系到档案事业的固本强身、可持续发展，是做好档案工作的前提和保证。“十一五”期间，甘肃省档案馆依照我国《档案法》《档案法实施办法》和《甘肃省档案管理条例》等规定，结合该馆实际，加强档案资源建设，开展“档案资源建设年”活动，取得了可喜的成绩。

第一，做好应进馆档案的接收工作，增加馆藏信息量。在甘肃省档案馆以往的接收工作中，按时移交档案的单位并不多，大多数单位都以各种理由拖延或不移交。针对上述情况，省档案馆改变过去坐等上门、只靠电话联系的做法，主动联系，督促移交。一是进行调查摸底，列出应移交档案的单位名单，下发了《关于省直有关单位档案移交的通知》，并派出多人到多个立档单位调研、了解情况。二是宣传动员，争取领导支持。对不重视档案工作的，向他们宣传档案法律法规；对没有经费和存在其他困难的，配合档案人员向其单位领导反映，争取支持；对档案人员调动频繁，档案员不熟悉业务的单位，建议档案员参加档案业务培训班。三是对确有困难的单位，为了确保档案的安全，省档案馆投入一定人力和资金帮助他们整理、移交。

第二，做好档案的征集工作，增加馆藏特色档案。一是发布征集通告，公布征集方法和范围。甘肃省档案馆先后在《甘肃日报》《兰州晚报》和《档案》杂志刊登《甘肃省档案馆关于征集历史档案资料的通告》，让档案资料持有者了解征集的方法和途径，鼓励档案收藏者和知情者积极向该馆提供线索。二是开展专项征集。近年来，他们先后进行了国家领导人、省级领导干部、历史人物、专家学者、社会名人等专项档案资料的征集，既丰富了馆藏，又填补了馆藏人物档案的空白。三是征集重大活动和重要事件档案资料。甘肃省档案馆多方了解信息，对全省的重大活动档案资料进行收集，先后征集

---

① 案例来源于冯志萍：《加强档案资源建设　增强档案馆服务功能——“十一五”期间甘肃省档案馆档案资源建设回顾》，《档案》，2010年第6期，第8~9页。

到国家领导人来甘视察工作、甘肃精神展览、奥运火炬传递、中山铁桥百年庆典、甘肃民间艺术节、新中国周年甘肃省建设成就展、“5·12”地震、舟曲泥石流灾害及恢复重建等档案资料5000余件。四是进行民俗文化、旧城改造等资料的征集与拍摄。先后征集和拍摄到甘肃省内主要景点、传统小吃、民风民俗等资料、照片。五是投入资金征集反映甘肃历史的珍贵资料。先后征集到唐代敦煌经卷及唐、宋、元、明、清时期的拓片，李氏族谱，清朝地契等一批珍贵的档案资料，特别是唐代敦煌经卷使档案馆的馆藏档案年代提前到了唐代。

第三，做好破产企业档案的接收工作，严防档案资源流失。一是为防止破产和转制企业档案的流失，甘肃省档案馆对其进行了调研，并深入很多企业调查档案保管状况，多次和省国资委协商破产企业档案的安全保护和移交问题。二是对破产企业档案管理混乱、档案保管条件差的进行无条件接收。当得知省百货公司、省外贸毛砂厂、省粮油汽车运输公司等破产企业的档案保管和存放有困难时，省档案馆立即无条件全部接收进馆，并投入人力和资金进行整理。

【背景】

自20世纪80年代初起，优化馆藏结构、丰富档案资源逐渐成为我国档案资源体系建设的首要任务。2008年，国家档案局局长杨冬权在档案工作者年会上提出了建设“两个体系”的要求：覆盖人民群众的档案资源体系和方便人民群众的档案利用体系。全国档案事业发展的五年规划中也提出要加大各类档案的收集力度，进一步丰富和优化馆藏。自此我国档案资源建设从丰富馆藏、优化馆藏、档案信息资源整合的阶段进入档案资源体系建设的第四个阶段。

【原理】

档案资源建设是档案工作的立业之本，是档案事业可持续发展的基础，是开发利用档案资源以服务党和政府工作大局与满足人民群众实际需要的前提。档案资源建设的主要手段包括档案接收、档案征集等。与接收相比，档案征集具有非强制性、宽泛性和非时限性的特点，能够弥补档案接收中存在的不足，是档案收集工作的有效补充。根据我国《档案法》《各级各类档案馆收集档案范围的规定》等对档案馆资源建设的规定，档案馆应对所辖区域内机关、企业、事业单位和撤销单位的具有永久、长期保存价值的档案进行接收和征集，要及时、全面地把档案收集进馆，加强进馆档案来源的调查研究与指导工作，在优化档案馆藏时遵循完整性、系统性、价值性和特色性原则。

【案例解读】

甘肃省档案馆正确审视自身在馆藏档案资源建设方面的不足，并及时做出相应调整，值得借鉴的经验如下：

一是转变理念，主动作为。在进馆档案接收方面，档案馆应该变“被动等待接收”为“主动督促接收”，满足及时、全面地接收进馆的基本要求；对应移交档案单位进行实地调研，具体分析档案未移交的原因，并对相关立档提供业务指导，投入必要的精力、物力、财力，确保应移交档案按时、完整移交。

二是鼓励征集，拓展方式。甘肃省档案馆积极采用发布通告、调查研究、广泛宣传等方法开展档案征集工作，累计征集到各种档案资料上万件，丰富了馆藏特色档案资源，有利于保护甘肃地区的历史文化遗产，并形成该地区的特色文化档案。

三是完善接收，严防流失。破产及改制企业的档案也是一个地区重要档案资源的一部分，同样在社会生活中具有重要价值。档案馆牢牢把握住破产及改制企业的档案资源，深入挖掘，严防流失，做好破产企业档案的接收工作，切实维护了档案的完整与安全，丰富了馆藏档案全宗。

档案资源体系是档案利用体系的基础。在信息化背景下，档案资源建设显得更加重要。档案馆在完成按照规定需要进行的档案接收、档案征集等基本工作外，还应该主动探索档案资源建设的制度和新路径，调动档案部门的积极性，充分利用社会力量，建设多元化的档案资源体系。

【思考题】

1. 简述档案收集工作的意义。
2. 档案收集工作的特点有哪些?
3. 如何处理好档案征集与档案利用的关系?

案例 1-2　天津市开展方言语音建档工程[①]

【案例简介】

2014 年 5 月，天津方言语音建档工程在天津市档案馆正式启动，预计通过两年时间，以“开发、整理、研究与宣传天津方言，记录和传承天津话的地道腔音”为目标，构建一套内容完备的天津方言语音档案资源库，并将其完整系统地保存。该工程的开展有利于抢救和保护天津方言，是建设“天津城市记忆”档案资料库的一项重要内容，是进一步挖掘天津历史文化资源，打造天津“文化航母”的内在要求。

2014 年 10 月，天津市档案馆发布了包括天津方言典型词语 700 条、俗谚和歇后语 400 条等内容的《天津方言语音建档首批文本》。2014 年底，从 65 位入围选手中甄选出首批 13 位发音人。在经过面试初选、前期讲解、培训练习和语音试录后，根据录制文本的内容以及每位选手自身的特点，天津市档案馆与当地资深民俗专家何志华、著名相声艺术家佟守本两位老先生共同完成了天津地方传统民俗韵文和传统民谣儿歌的录制。

方言语音建档活动参与群众较多，活动延续时间长，与协办单位沟通密切，媒体关

① 案例来源于于森、张雪映：《留存原汁原味的“好乡音”——天津开展方言语音建档工程纪实》，《中国档案报》，2015 年 1 月 12 日，第 3 版。

注、报道频繁，天津市档案馆在协调好各方关系的同时，对语音建档工程的整体节奏进行通盘把握，具体如下：

一是画好“流程图”，统一规划，领导有力。在2014年5月15日举行的天津方言语音建档启动会上，正式成立了以天津市档案馆馆长为组长的天津方言语音建档工程领导小组，聘请6名专家、学者组成专家组，并成立了方言语音建档工作办公室，明确了征选方言发音人的步骤、程序和要求，为方言语音建档工程开了一个好头。活动开展不到半年，天津市档案馆已累计组织召开规划会议，现场培训、讲座，选拔及才艺类展示海选活动40余场。海选结束后，又随即召开针对文本撰写工作的说明会和面向发音人团队的交流培训会，为下一阶段确定文本及音像采集工作奠定了基础。

二是排好“阵形图”，周密安排，责任到人。从2014年7月2日海选活动开始，市档案馆相关人员克服困难，加班加点，各司其职，分工协作。从一开始多达数百个的电话通知，到参赛题目的推敲、打印、分发，从每份报名表、评分表的填写、统计到对每段现场视频的剪辑、梳理，每个环节都不敢马虎，顺利完成了42场海选活动的组织和录制工作，以及之后召开的各类方言建档会议工作。

三是组好“智囊团”，专家指导，深入挖掘。专家组的成员都对方言有着多年研究，在选拔活动时，他们所出的题目涵盖了天津地理文化、方言俚语、儿歌民谣、歇后语等多个部分，基本做到每周、每场题目都有变化，确保了考试的保密性和权威性。初选结束后，工作组和专家组便紧锣密鼓地开始撰写天津方言语音建档文本。专家们还对方言发音人入围者传授了录制视频时的技巧和注意事项，一字一句地仔细聆听入围者发音，并给出建议，将发音人的音量、语调、语气都调整到最佳状态，帮助他们备战接下来的录制。

四是搭好“宣传网”，多方协作，联动创新。天津方言发音人海选活动由天津电视台全程现场拍摄，并制作成8集专题节目播出。自天津方言语音建档工程启动以来，中央媒体和天津市《今晚报》《每日新报》等多家媒体均对活动进行报道，数量多达30余次。为突出方言建档工程的长效性，工作组还与广播电台合作，在天津大悦城商场设置了“方言语言录制电话亭”，使来此的群众可以借此录制自己的“小段子”或者对活动发表意见。同时，为配合方言语音建档工程，天津市邮政函件局与天津市档案馆联合发行了《津津有味——天津方言建档纪念》邮资明信片，首期1套12枚。

五是建好“连心路”，根植群众，共同推进。方言建档工程离不开发音人。在方言建档交流会上，许多年过花甲的报名者济济一堂，悉心聆听，其认真的架势绝不输给年轻人。在一个个烈日当头的下午，满头白发的报名者拄着拐杖奔赴考场；在选拔活动现场，年老的发音人戴着老花镜，拿着考题，面对考官的提问，一字一顿，一板一眼，丝毫不敢马虎。在参加活动的间隙，有些参赛者还三三两两地来到工作组办公室，无偿地将他们自己总结的老天津歇后语、歌谣或自己设计的方言表演段子、相声等捐赠给活动主办方，为搭建天津方言的“记忆库”出一份力。

天津方言具有淳朴、明快、幽默等特点，已经逐渐融入津门文化，成为其中重要的一部分。近年来，天津方言在众多影视作品中得以广泛传播，比如《没事儿偷着乐》里冯巩扮演的张大民，《武林外传》里的捕快燕小六，还有杨义编、导、演的《杨光的快乐生活》里的主人公都有着纯正的天津腔；用天津方言创作的小说、小品、相声、快板、时调等文艺作品，都得到了国内广大观众的关注和喜爱。

天津方言语音建档工程，通过“乡音”这一实实在在的媒介，挖掘出津味方言背后的亲和力和凝聚力，发出了“我是天津人，我爱天津话”的文化号召，以平实质朴的乡音引导和凝聚人心，提升了传统文化的时代感召力，使天津方言焕发出了当代价值。今年，天津市档案馆将对已录制的语音进行编辑整理，配以图片、影像，并启动天津方言语音建档工程的第二期，最终完成典型的方言词语、俗谚、歇后语以及场景对话的收集、整理和拍摄录制。

【背景】

在普通话普及的背景下，方言保护日渐提上日程。1993 年，联合国大会通过“濒危语言方案”（The Endangered Languages Program）。1999 年社科院侯精一先生主编了《现代汉语方言音库》，2005 年上海市教委启动了“上海方言保护性调查研究课题”。2011 年 11 月，浙江省档案局牵头，发布开展浙江方言语音档案建设工作的通知，为方言保护注入了新力量，得到了社会的广泛关注，并形成了以档案部门为代表的方言保护模式。之后，天津、陕西、湖北、江苏等地陆续开展方言语音建档工作。2014 年 5 月，为发掘天津方言独特的文化内涵，传承和保护天津方言文化，“天津方言语音建档工程”正式启动。

【原理】

方言语音建档是指通过真人发音制作音频并配以文本，整理归档，形成方言语音档案的过程。方言语音建档与纯文本的方言档案不同，其利用高级的数字技术，能够从视、听两方面表现出方言的所有内容，既能完整记录方言，也有利于方言的传承。

方言的档案式保护具有天然的优势：档案的原始记录性与方言保护理念契合，能够避免方言保护出现“失真”现象。档案载体多种多样，能够完整体现方言的所有内容。因此，档案部门参与到方言保护中具有天然的优越性，方言建档成为档案保护的重要途径之一。

【案例解读】

天津方言语音建档工程可总结为六个步骤：选择录制方言的人员，确定录制方言文本，音视频录制，资料整理归档，数据入库管理，资源开放利用。天津市档案馆积极协调各单位，指导、参与了每个步骤的工作，并不断总结工作内容，形成工作规范，探索适合的工作模式，确保方言语音建档工作的标准化、规范化和有序化，也为该项工作的持续推进奠定了基础。

天津方言语音建档工程得到了天津市档案馆的重视和多方面的大力投入，得以顺利进行。

一是多方协调，人才配备。该项工程由天津市档案馆、市政协文史委、市语言文字工作委员会办公室共同主办，其中天津市档案馆馆长任领导小组组长，并聘请组建了包含大学教授、语言专家、民俗专家、作家等的专家组，由对天津话特有研究的天津师范大学谭为汝教授任建档专家组组长，专家组成员还包括天津资深民俗专家和著名相声艺术家。如此阵容保障了天津方言语音建档工程的高质量产出成果。

二是把握天津方言特色，保留天津方言的“原汁原味”。天津方言具有淳朴、明快、幽默、俏皮话多等特点，发音则具有说话快捷而吃字吞音、齿音字多、儿字音多等特点。天津市档案馆发布的《天津方言语音建档首批文本》包括天津民谣民歌、俗语谚语、俏皮话等多种内容。为生动再现老天津卫的生活场景，部分内容采用对话的形式。同时，天津市档案馆面向社会继续征集有代表性的老派天津方言词汇、语句、生活场景对话和以天津方言为基础的各种才艺形式。在录音过程中，专家组对录制的发音逐字逐句进行分析、纠正，保证发声人在情绪、语音、节奏上的真实、自然，保障天津方言的“原汁原味”。

三是活用媒体宣传，引导方言传承。项目启动以来，天津市档案馆与天津市广播电视台国际频道达成了长期战略合作。2014 年至 2015 年，发音人海选活动由电视台制成专题节目播出，并有多家媒体进行报道。2017 年，天津市档案馆牵头组成了天津方言溯源联合调查小组，制作了天津方言寻根之旅大型纪录片。第十三届全国运动会于 2017 年在天津举行，天津市档案馆和天津市广播电视台国际频道制作了以天津方言为主题的节目，用天津方言演绎全运精神。媒体对该工程的报道，不仅仅是对工作内容的记录，更是向民众宣传天津方言，引导天津民众的兴趣和传承。

从天津方言语音建档的意义来看，不仅保存了天津方言，还永久留存了天津文化。天津方言不仅本身具有多重特点，并且是多种传统文化艺术的语言载体，如快板、相声、时调等。语音录制完成后，通过整理编辑，配以相应的图片、影像，形成音像档案，永久保存。天津方言语音档案不仅留存了地道的天津方言，还保留了原始的天津生活场景、天津传统文化艺术，民众可以从中了解和认识天津的历史和文化知识。

【思考题】

1. 方言语音建档在方言建档中的地位和意义是什么？
2. 方言建档和方言保护的关系是什么？

案例 1-3　苏州中国丝绸档案馆开展档案征集工作[①]

【案例简介】

苏州中国丝绸档案馆（以下简称“中丝馆”）自筹建以来，征集工作便同步展开，且征集的力度愈来愈大，逐步走出了丝绸档案资源征集的创新之路。

中丝馆是“中”字头的档案馆，涵盖的丝绸档案应覆盖全国，因此征集的量大、任务重。根据这种情况，该馆制定了五年一次的全面规划和一年一次的具体规划，根据每年的征集任务，确定丝绸档案征集的重点地区和潜在区域，联系每个省份的茧丝绸行业协会，着重征集当地重要的有代表性的丝绸档案，在每个地区（或区域）聘请征集顾问，建立征集顾问库，充分发挥库内顾问对所在区域丝绸档案分布情况熟悉和个人在当地丝绸界特有影响力的优势，协助开展区域内的征集工作。同时，他们在一些征集重点地区不定期组织丝绸专家研讨会、丝绸老企业家座谈会等，不断聘请征集顾问，拜访丝绸方面的专家，形成以点带面的征集格局。4 年来，中丝馆已聘请征集顾问 26 名，他们遍布国内主要丝绸生产和贸易地区及国内与丝绸有关的科研院校，为该馆征集丝绸档案资源发挥了重要作用。

中丝馆采取继承与创新相结合的方式，积极借鉴传统征集工作的经验，同时跳出档案系统做征集，实施跨界合作。采取档案系统内的馆际合作、系统外的馆际合作（文博系统）、馆会合作（行业协会）、馆政合作（政府非遗管理部门、侨联等）、馆院合作（科研院校）、馆企合作（生产企业）和馆人合作（专家、学者、非遗传承人等）7 种合作模式。通过这些合作，将合作方的资源、渠道和信息为该馆所用，实现征集信息资源的整合。一方面解决了馆内征集人员有限，难以全面展开的难题，有效地降低了征集成本；另一方面借助合作方的优势，使征集工作取得了事半功倍的效果。目前，中丝馆在国内已形成了有近百个合作单位和个人参与的丝绸档案征集大格局，征集工作成效大幅提高。

征集保存档案的最终目的是提供档案服务。针对珍贵丝绸档案开展的复制工作，既是丝绸档案抢救保护的重要内容，也是档案征集的主要组成部分。中丝馆通过馆际合作对保存在其他馆的文字史料进行仿真复制，同时与一批热衷于传承保护中国传统丝绸品种并具备相应技术条件和能力的生产企业、科研院校和非遗传承人开展合作，通过建立“传统丝绸样本档案传承和恢复基地”的形式，发挥双方的优势，积极开展馆藏珍贵丝绸实物的复制，并将复制过程中形成的技术资料、生产工艺和复制成功的实物接收入馆，使之与馆藏的图片或照片组成完整档案，弥补了历史遗留的空缺。目前这样的“传

① 案例来源于周玲凤：《档案资源征集实践与探索——以苏州丝绸档案馆档案征集工作为例》，《档案与建设》，2017 年第 11 期，第 82～84 页。

统丝绸样本档案传承和恢复基地”已经建立了14家，有效保护和完善了丝绸档案资源，实现了抢救保护与征集工作双丰收。

目前，中丝馆先后从全国各地征集到各类丝绸档案2万多件，征集工作取得明显成效。具体成果包括：初步开创了面向全国并逐步拓展至海外的档案征集大格局；建立了征集工作科学化管理体制；引入专家鉴定、评估机制，形成了征集档案价值评估体系；制定有效的管理制度，保证了征集工作的规范、有序。

【背景】

2012年，苏州市政府下发了《市政府关于印发苏州市丝绸产业振兴发展规划的通知》，提出了“传承发展苏州丝绸品牌，重振苏州丝绸文化的影响力”的战略部署。2013年，国家主席习近平提出共建“丝绸之路经济带”和“21世纪海上丝绸之路”的倡议，为丝绸档案的发展提供了政策支持。由于征集丝绸档案是一项抢救丝绸文化遗产的艰巨性工作，在此背景下，苏州中国丝绸档案馆大力展开丝绸档案征集工作，以抢救丝绸文化遗产。

【原理】

特色档案资源是档案资源建设中的重中之重，档案资源建设应遵循职能决定原则、需求导向原则、地域性原则、公共性原则、突出特色原则、系统性原则等。2016年，苏州丝绸档案成功入选联合国教科文组织《世界记忆亚太地区名录》，作为特色档案中的重要类别，丝绸档案具有经济价值、国际价值、文化机制、美学价值、历史价值、应用价值，对于继承丝绸文化、传承和发展中国古文化具有重要意义。

【案例解读】

苏州中国丝绸档案馆档案征集工作取得成功，主要得益于以下几方面：

一是建立联动顾问库，发挥专家优势。该馆作为专门的丝绸档案馆，主要征集与丝绸相关的档案资料。在不同的地区，丝绸档案资源也存在不同的特点，苏州中国丝绸档案馆借助熟悉地方特色的专家顾问库，面向全国各地征集丝绸档案，不仅保证了档案征集的专业需要，也充分考虑到了特色档案资源建设的地域性原则、突出特色原则等，能够收集到全国各地区有价值的丝绸档案资料，以便建设形成系统的特色档案资源。

二是创新合作模式，整合征集资源。一般来讲，传统的档案征集方式有捐赠、代为保管、接受寄存、收购等，苏州中国丝绸档案馆在传统征集方式的基础上，积极创新征集方式，实施跨界合作模式，开创系统内的馆际、系统外的馆际、馆会、馆政、馆院、馆企、馆人7种合作模式。加强该馆与合作方的交流合作，整合征集信息资源，降低了征集成本，提高了征集的效果。

三是建立合作基地，开展档案复制。档案具有孤本性，对于其他馆的档案，可以采取仿真复制的形式对其进行保存。苏州中国丝绸档案馆与馆际合作单位、相关生产企业、科研院校和非遗传承人合作，积极开展珍贵档案资料的复制及复制过程中形成的实物收集工作，使得抢救保护与档案征集工作都能有所收获。

四是举办展览编研，扩大宣传力度。档案展览既是档案征集工作的成果展示，也发挥着宣传作用，向社会推广普及丝绸档案的征集态度、征集需求等内容，同时与电视台、报社的协作也丰富了档案征集的渠道。

苏州中国丝绸档案馆创新征集的理念与方式，推出征集顾问库，加强与相关单位的合作，开创跨界合作模式，极大地推动了该馆的丝绸档案资源建设。

【思考题】

1. 丝绸档案的价值有哪些？
2. 简述文中特色档案馆的定位与功能。
3. 文中特色档案馆在征集丝绸档案中面临的问题有哪些？解决方法有哪些？

案例 1-4　湖北省襄阳市民间力量助力城市立档[1]

【案例简介】

“樊城历史街区文献档案”项目是湖北襄阳拾穗者民间文化工作群（以下简称“拾穗者”）实施的以记录历史街区樊城为主要内容的公益项目。拾穗者是一个致力于地域文化、民间文化和汉水文化整理、研究、保护和传播的非营利组织，于 2005 年成立，在地方文物古迹、传统村落、非物质文化遗产等方面进行挖掘和保护工作。

2012 年，樊城启动“双改双迁”（棚户区、城中村改造和搬迁）项目，主要以“九街十八巷”“新天地”命名的多项城市改造工程立项动工。该组织以民间之力实施了名为“樊城历史街区文献档案”的文化公益项目。项目从 2012 年 9 月开始实施，到 2017 年 6 月结束，历时 5 年。项目中所称历史街区泛指具有丰富历史内涵和一定历史风貌的 1949 年前存在的樊城街区，即解放路以南至汉江沿线码头、汉江一桥以东、丹江路以西的区域，面积约 3 平方公里，后项目范围有所扩大。

在项目工作开展之前，项目组搜集现有的樊城文献资料，对樊城历史沿革、建筑遗产、风土人情等进行了分析研究，确定了工作重点，力争做到有的放矢、全面系统、减少遗漏。为便于成果的后期使用，项目组制作了格式化的《樊城历史街区采访提纲》《樊城历史街区采访录音登记表》《樊城历史街区采访拍摄场记表》《樊城历史街区拍摄登记表》《樊城历史街区实物采集登记表》和《樊城历史街区实物采集日志表》，力求工作更加规范和具有档案价值，同时也解决了后期使用的有关权属问题。

在项目开展过程中，项目组通过全方位的记录弥补传统记录方式的不足。城市建设工作中，城建档案馆也对拆改地区进行了档案式记录工作，但主要侧重于街道和建筑。

---

① 案例来源于李秀桦：《用民间力量为城市立档——“樊城历史街区文献档案”项目的实践与探索》，中国文物保护基金会，2017 年，第 8 页。

民间记录较为广泛，除了传统笔录、录音、拍摄等常规记录外，还通过动态影像进行视频拍摄，对拆迁区可移动文物、有研究价值的碑刻制作了拓片，并整理建立档案；对所收集物品如门牌号等进行了登记立档；对所涉及街巷、建筑，特别是会馆、老字号建筑进行了梳理，并拍摄图片和视频资料；按环境肖像模式对居民进行了档案式拍摄；对项目地区原住民或相关人进行了口述实录。

项目收获了较为丰富的地方文化成果。共完成图片拍摄10000余幅，视频资料10余小时；80人口述实录，完成录音素材约100小时；收集门牌号、路牌等城市符号物品约1000件，不同时期居民票证约300件，不同时期使用生活用品、家具等约200件。项目组和襄阳市档案局（馆）合作出版了由《温故老樊城》《口述老樊城》《影像老樊城》组成的《老樊城民间档案丛书》，约70万字、348幅图片。其中《口述老樊城》一书收录了对69位不同行业、不同街区的老街居民的采访记录。这些老城区的原居民基本上出生于20世纪20年代至60年代，最长者生于1921年，大多是各行业最普通的劳动者，如船工、纤夫、木匠、皮匠、渔民、澡堂伙计、酱园学徒、理发师等，他们的口述描述了民国至今樊城社会变迁和社会生活的方方面面。

【背景】

《关于加强和改进新形势下档案工作的意见》（2014年）第一章第五条指出规范并支持社会力量参与档案事务。《中华人民共和国档案法》（2020年）新增第七条内容，国家鼓励社会力量参与和支持档案事业的发展。可见，社会力量已经成为档案工作的重要组成部分。非营利组织拾穗者主动保存改迁改造前的樊城历史街区相关的档案文献资料，有助于建立该市的特色档案，保存“樊城记忆”。

【原理】

城市历史文化遗产是城市在历史演进过程中形成或衍生出的具有文化价值的实物、活动和现象的总称，樊城历史街区则是襄阳市城市文化遗产的组成部分。城市历史文化遗产具有浓缩城市发展历史、凝聚公众社会情感、带动城市文化产业经济发展等价值，城建档案是其中的重要内容。国家各级机关已经采取了一系列行政手段对城市历史文化遗产采取保护措施，建档式保护是较为系统、可操作性高的方式之一。

【案例解读】

从“樊城历史街区文献档案”项目来看，拾穗者是一个文化保护已经较为成熟的公益组织，形成了系统的文化遗产保护流程。如此成系统、有一定规模的社会组织的加入对档案事业的发展大有裨益。总结该项目的成功之处，可为档案部门开展城市历史文化遗产建档工作提供经验借鉴，也有助于档案领域引入社会力量共同参与城市文化遗产保护，与其展开合作。

一是档案收集工作分类。历史文化遗产涵盖语言、风俗、地理等多种类型，档案类型多种多样，因此，需要对档案收集工作进行整合、分配，有利于档案收集工作顺利开展，更重要的是有利于后期对所收集档案的整理。项目组根据对樊城历史文化的分析，制定了多个格式化收集表，保证档案收集工作规范、高效。二是档案馆与社会组织分工合作。该项目并非单独由社会组织完成，襄阳市城建档案馆与其进行了合作。襄阳市城建档案馆主要针对街道和建筑等不可移动文物进行了传统的档案记录，拾穗者则通过采访、录音、录像对可移动文物进行了登记、拍摄。两方分工协作，一方面能够解决档案部门人力投入不足的问题，另一方面档案部门能够以协作的社会组织为媒介，向社会宣传档案工作，增强社会档案意识，进一步吸引更多群众加入档案收集工作中，充分利用社会力量。

事实证明，该项目非常成功。襄阳市城建档案馆已与社会组织成功合作多次。此外，要借鉴该项目的做法，档案部门前期还需要对社会组织进行选择、制定档案收集规范、商定合作内容等，才能够保证社会组织的参与有效和高效。

【思考题】

1. 城建档案收集工作中可引入的社会力量有哪些？
2. 结合案例，分析公众可参与档案收集的哪些具体工作？
3. 城建档案收集对城市历史文化遗产保护具有什么意义？

案例 1-5　常州市武进区采用“1234 工作法”推进家庭建档[①]

【案例简介】

在家庭档案工作实践中，常州市武进区档案局逐步摸索总结出了一些工作规律和经验，简称“1234 工作法”，具体如下：

一是制定了一套简便灵活的整理方法。家庭档案是家庭成员在家庭生活和社会活动中直接形成的具有保存价值的各种形式和载体的真实记录。与国有（集体）档案不同，家庭档案具有私有性、广泛性和多样性。因此武进区档案局在推广之初，提出的建档标准是入门级——“有档案、可查找”。首先，档案门类不作统一要求，而是以推介的形式向市民介绍家庭档案常见类别，如证件类、子女成长类、经济票据类、家电设备类、医疗健康类、社会交往类、业绩成果类、家庭历史类、声像实物类和兴趣爱好类等，市民可以根据家庭实际情况和自身意愿进行菜单式选择或增加，“我的档案我做主”，将家庭建档的选择权交给市民；其次，档案整理遵循“重收集、简整理”的原则，只要求适当编目，便于查找即可；再次，档案保存除了建议适当分类、集中存放外，对档案保管装具不作硬性规定，可以就地取材。家庭建档的低门槛、整理保管的低成本，打消了不少市民的建档顾虑，纷纷加入家庭建档的行列。短短两年时间，武进区就新增建档家庭

① 案例来源于张晓燕：《记录流金岁月　留住平民记忆——常州市武进区“1234 工作法”推进家庭建档》，《档案与建设》，2017 年第 4 期，第 79～80 页。

1300多户。

二是坚持“两手抓”的工作思路。在推广家庭建档过程中，武进区档案局始终坚持面上宣传普及和典型示范引领齐头并进的工作思路。一方面，加强家庭建档工作宣传。近年来，武进区档案局利用网络、新闻媒体、宣传橱窗和QQ、微信号等新兴媒体进行广泛宣传引导；利用“‘5·15’国际家庭日”“‘6·9’国际档案宣传周”“科普小集市”“‘12·4’国家宪法日”等重要纪念日和活动走上街市广场与市民进行现场互动；制作流动展板，编印宣传手册，“进机关、进企业、进村（社区）、进学校”普及家庭档案知识。从广度、深度和满意度等方面实现宣传工作全覆盖，提升市民家庭建档认知度。另一方面，精心培育家庭建档示范户。区档案局从志愿者家庭中挑选一些家庭档案丰富、建档意愿较高、业余时间较灵活的家庭，从政策、技术、档案用品等方面给予扶持，作为建档示范户进行精心培育，并积极创造平台对其建档成果和经验进行宣传推广，在发挥示范户以点带面示范效应的同时，也激发了他们继续科学建档的积极性。例如，2014年武进区档案局联合武进电视台对某家庭进行家庭档案专题报道后，其家庭成员要求科学建档的热情持续高涨，如今已成为武进区家庭建档的“忠实粉丝”。

三是充分发挥“三大员”作用。档案管理部门作为家庭档案工作的主导者，为了顺利推进这项工作，主动担当“三大员”，积极发挥关键作用。一是当好家庭建档宣传员。任何新生事物对于公众来说，都有一个从陌生到接受的认知过程。为了让公众了解家庭建档的意义，武进区档案局几乎是全员出动，人人都是宣传员，真正做到了“逢会必提、逢人必讲、逢节必宣”。档案局发出家庭建档公开信，向全区市民郑重做出“自愿建档、免费服务、恪守秘密、有求必应”的服务承诺，真诚的宣传很快得到了许多市民的积极响应。二是当好技术指导员。为了指导市民科学合理地整理保管好家庭档案，武进区档案局除了编印“家庭建档手册”进行建档知识普及外，还通过公益讲座、电话咨询、在线指导或上门服务等方式，为有建档需求的市民提供免费、及时与个性化的业务指导。三是当好成果推介员。对开展建档的市民家庭实行跟踪服务，经常互动，定期联系新闻媒体或组织现场观摩活动等，及时将取得的建档成果和经验进行交流展示和宣传，在不断总结推广工作经验的同时，也极大地鼓励了这些家庭持续科学建档的热情。

四是建立四项工作机制，实现家庭档案工作常态化。家庭建档工作作为档案管理部门为民服务的重要切入点，是一项长期性工作，需要建立长效机制，保证家庭档案工作的可持续发展。通过实践，武进区档案局逐步建立起了四项工作机制：一是建立部门联动机制。区档案局积极与区文明办、妇联沟通，争取他们的支持，将家庭建档作为提升公民文明素质、推动家庭建设的重要内容列入相关工作规划，作为评选“最美家庭”“五好文明家庭”等典型的重要内容，确保家庭档案工作有章可循。二是建立志愿者招募机制。近年来区档案局一方面号召全区机关事业单位档案员加入志愿者队伍，通过“一帮一”的形式带动身边的亲友开展家庭建档活动；另一方面通过社会招募的方式吸引更多热心人士壮大志愿者队伍，从而使家庭建档工作深入千家万户。据统计，目前武进区已拥有家庭建档志愿者365名，这是推动全区家庭档案工作不断发展的生力军。三是建立家庭建档扶持机制。在尊重个人意愿的前提下，把退休教师、老干部和地方文化名人家庭作为重点培育对象，给予诸多福利，如免费获赠档案整理用品、优先享有上门指导服务、具有参与家庭建档诸多活动资格、免费获赠《中国档案报》等。适当的扶持机制不仅鼓励了他们建档的积极性，也提升了家庭档案工作水平。四是建立长效宣传机制。保持家庭档案工作持续健康发展的关键是社会档案意识，社会档案意识的强化关键在宣传。武进区档案局近年来一直将家庭建档作为宣传重点，每年都制订计划，安排专项资金开展宣传活动，尤其是加大对家庭建档示范户及其建档成果的宣传，通过身边一个个生动的典型实例，证明家庭档案工作的重要意义，营造家庭建档浓厚社会氛围，保证家庭建档工作持续发展。

【背景】

2013 年常州市武进区档案局帮助地方知名人士建立家庭档案。2015 年江苏省档案局于"'6·9'国际档案日"发布《关于倡导和推进全省家庭档案建设的意见》，武进区档案局从 2015 年开始连续五年在 5 月 15 日"国际家庭日"开展家庭建档宣传倡议活动，其中 2018 年区档案局举办了家庭建档示范户座谈会，并有 3 个家庭档案入选"江苏省最美家庭档案"。

【原理】

家庭档案目前尚未有统一的概念。对国内多个学者的观点进行整合可得出，家庭档案是指家庭和家庭成员在其家庭活动或社会活动中形成的，可归家庭或个人保管的具有利用和查考价值的文字、图表、音像和电子资料等各种形式的历史记录。家庭建档则是指形成和整理家庭档案的行为。家庭建档具有为平民保存历史和提高社会档案意识两个方面的意义。为平民保存历史，有助于社会历史的完整和公众对社会的认同，从而促进社会和谐；提高社会档案意识，有助于公众关注档案事业并参与国家档案资源建设。由于家庭档案的基本属性是私人所有，除国家有特别规定外，档案机构主要是倡导和提供指导，而不应过多干涉，对家庭建档的介入要适度。

【案例解读】

武进区家庭建档的"1234 工作法"提出的入门级建档标准——"有档案、可查找"所体现出来的家庭建档的核心指导思想是区档案局作为家庭建档的主导者，充分做好家庭建档宣传工作、技术指导工作、成果推介工作。经过 7 年经验的不断积累，武进区家庭建档工作逐渐成熟，形成了较为完善的工作体系——"1234 工作法"，其中有不少值得借鉴的内容。区档案局秉持宣传指导为主的原则，逐步形成了自己的特色。

一是把握一切机会，大力宣传家庭建档。武进区档案局家庭建档宣传工作从新闻媒体、宣传橱窗等传统媒体和微信公众号、微博等网络新媒体全面铺开，并结合"国际家庭日""国际档案宣传周""国家宪法日"等重要纪念日和活动，以展板、宣传手册等形式深度普及档案知识，抓住一切宣传机会，提升市民对家庭档案的认识和家庭建档的积极性。

二是主动助力家庭建档，发挥家庭档案的作用。对于有意愿参与建档的家庭，档案部门从政策、技术、档案用品等方面给予扶持，保持和维护其积极性。对家庭建档流程规范、建档成果优秀的家庭，对其家庭档案进行编书造册、拍成电视节目，采取展览、采访报道、专题活动等形式进行宣传推广，让家庭档案建成后，发挥价值和作用，进一步激发广大民众家庭建档的积极性。

三是建立长效机制，实现家庭档案工作常态化。家庭档案工作是档案部门为民生服务、为群众服务的重要接口，家庭档案工作的长久发展，不仅需要民众的积极性，档案部门也需要建立长效的工作机制保障家庭建档工作的可持续开展。武进区档案局积极与区文明办、妇联沟通，建立部门联动机制，将家庭建档纳入评选“最美家庭”“五好文明家庭”等活动的评选中，提升家庭建档的现实效用高度；并积极建设志愿者队伍，吸纳更多的人加入，增强家庭建档工作的专业性和积极性。

总之，武进区档案局充分“蹭热点、蹭流量”为家庭建档工作引流，结合“国际家庭日”“国际档案日”等纪念日和“最美家庭”等活动全面覆盖家庭建档的宣传工作和成果推介工作，普及家庭档案知识。四项长效工作机制，体现了区档案局对家庭建档工作的重视和思考，正因如此，家庭档案工作才能取得明显的成绩。

【思考题】

1. 家庭档案与私人档案、国有档案的关系是什么？
2. 结合实际情况，说明家庭档案应包含哪些内容。
3. 关于家庭档案工作，目前有哪些可参考的法规条例？

案例 1-6　青岛市档案馆赴海外征集档案[①]

【案例简介】

青岛市档案馆在赴美国国家档案馆征集档案前通过调查得到，美国驻青岛领事馆档案有 308 卷，全部档案均为精装订，每卷档案在 500 页以上，非常厚，馆方不允许复印和扫描，但可缩微拍摄，缩微拍摄每画幅需支付 0.5～0.6 美元。为此，青岛市档案馆准备了相应的复制费用。经调卷核实，美国驻青岛领事馆档案均为文书档案，主要价值在于历史研究，没有必要进行精度较高的专业复制，利用者普遍自带照相机拍摄档案，青岛市档案馆工作人员遂形成了委托当地留学生家属拍摄档案的方案。

档案复制的方法多种多样，但适用的方法就是最好的方法。一般而言，赴海外复制档案有购买成品、购买服务和自行复制等多种方法，应根据实际需要加以选择。如在美国国家档案馆，青岛市档案馆以每卷 90 美元的价格购买了 76 卷外交档案缩微胶片。在日本，由于集中保存青岛档案的机构甚多，青岛市档案馆通过购买服务的方式，委托一家当地公司代为复制档案，将分散保存的档案按照统一的标准和方式集中复制回来。在

① 案例来源于杨来青：《青岛市档案馆境外“淘宝”记》，《中国档案报》，2014 年 9 月 12 日，第 3 版。

德国巴伐利亚州图书馆复制青岛历史照片时，由于青岛市档案馆相关人员未了解该馆规定，用照相机和扫描仪自行复制，图书馆工作人员发现后提出异议，他们真诚地表示歉意，按规定当面删除了数码照片，并请图书馆代为复制，得到了对方的谅解和支持。

随着信息化的发展，许多国外档案馆、图书馆及历史研究、教育机构通过网站发布档案数字化成果，有的允许用户自行下载，有的可有条件使用，对此可善加利用。如日本亚洲史料中心发布了日本国立公文书馆、外务省外交史料馆、防卫省防卫研究所的部分馆藏档案，对研究中国历史具有较高的利用价值。

在民间征集时，青岛市档案馆拜访了德国慕尼黑郊区一个偏僻小镇的耶琳女士。耶琳女士对青岛的感情源于她的爷爷鲁道夫·斯戴兹，他是第一批抵达青岛的德国士兵，在青岛服完兵役后，进入海关工作，1902 年至 1903 年到济南府担任警察教练，其后从事胶济铁路治安管理工作。在耶琳女士家中，该馆现场扫描和翻拍了一批青岛档案史料，其中不乏视角极为独特的档案，如青岛及近郊防御计划地图。该馆在德国能顺利开展民间档案征集工作与在青岛出生并生活了 16 年的波恩大学教授马维利有直接关系。马维利教授长期研究青岛历史，掌握了大量官方和民间的涉青档案，为该馆联系民间档案保存者提供了大量线索。

善于宣传赴外征集档案的成果，对进一步增加档案征集线索会起到意想不到的作用。一位德国驻华使馆的青岛籍工作人员通过青岛市档案馆在德国海外历史学会所作的“档案征集与青岛历史研究”学术报告，主动介绍德国专家韦伯先生及其家人专程到青岛，捐赠其父在青岛形成的档案照片和资料。

在整个赴外征集活动中，青岛市档案馆不拘一格、独辟蹊径。该馆借助国家间文化交流活动征集档案，为青岛市赴外档案征集工作再添新章。2014 年 6 月，德国驻华大使馆薄瀚德公使向青岛市档案馆移交了青岛德国老建筑档案。这批档案是中国德意志文化遗产基金会中国德国建筑档案调研项目——《青岛德国建筑文物保护计划》的调研成果，汇集了从德国联邦档案馆、军事档案馆、德国外交部政治档案馆等复制的青岛德式老建筑档案资料，共计 175 份图纸、78 张照片、60 份文献资料、3 份博士论文，其中包括 1898—1914 年青岛城市规划图、城市地图、青岛德国建筑设计图纸、老建筑照片等。东洋文库是世界知名的东亚历史文献中心，也是日本开展青岛历史研究工作的机构之一。为了增进交流，节约双方经费，青岛市档案馆形成了互换资料数字化成果的思路。在拜访东洋文库期间，主动提出按照对等互惠原则交换的计划，并现场提交该馆拟交换资料的目录，得到对方的首肯，换回 200 多册图书资料，实现了双赢。

此外，在国外收购档案资料原件也列入了青岛市档案馆赴外征集工作的日程。收购主要通过两个途径：一是通过网络收集资料出售信息，确认其价值后购买；二是到旧书店、文物市场直接采购。

【背景】

近代以来，由于历史原因，我国流失海外的文物、档案等文化遗产难以计数。随着我国综合实力不断增强，我国开始尝试找回流失的珍贵文化遗产。国际上，我国政府签订了《关于禁止和防止非法进出口文化财产和非法转让其所有权的方法的公约》《国际统一私法协会关于被盗或者非法出口文物转让其所有权方法的公约》等一系列涉及文化遗产保护的公约。国内，1998 年国家档案局、中央档案馆主持召开了关于收集散失在国外的历史档案座谈会；档案事业的“八五”“九五”计划都将“有计划地收回散失在国外的中国档案”作为档案外事工作的任务。实践层面，中央档案馆、一史馆、二史馆等中央级档案馆通过外交活动、海外征集等形式，逐步找回流失的档案。部分地区档案馆也积极参与了海外档案征集工作，如青岛市档案馆从 2004 年开始远赴德国、美国、日本等国家开展青岛档案征集复制工作。

【原理】

2011 年，党的十七届六中全会提出建设社会主义文化强国的历史任务，档案作为一种文化财富、一种思想的积淀，正是社会主义文化建设的重要资源和基础。所以，开展海外档案征集对我国档案事业具有重要意义。档案工作是维护党和国家历史真实面貌的重大事业，开展海外档案征集工作是保护中国历史文化遗产的重要内容，关系到民族文化的传承；海外档案征集也是建设国家档案资源的途径之一。流失海外的档案资料往往是最具特色、最珍贵的档案，是原主国文化精华的重要组成部分，是民族优秀文化传承的重要素材，是澄清和解决一些重大历史问题的重要证据。通过海外征集档案，能够了解和收集我国散落在异国他乡的历史档案资料，或者交换档案复制品和有关资料，补充和丰富我国档案馆藏内容，有利于维护中华民族记忆的完整性，有利于传承中华优秀文化和凝聚民族情感，有利于扩大中华文化在世界的影响。

【案例解读】

在档案收集工作中，海外档案征集情况更为复杂。从青岛市档案馆赴外征集过程，可总结出以下经验教训：

一是事前调查，认真做好征集规划。在进行征集之前，有必要详细了解征集对象，包括档案征集的内容、数量、方式以及档案所在馆的特殊要求等，以免浪费时间，出现不必要的失误。青岛市档案馆在德国巴伐利亚州图书馆复制青岛历史照片时，由于没有事前调查，就违反了图书馆的相关规定；在赴美国、日本征集档案时，考虑到其档案的特点，采取了不同的征集思路，选择了不同的档案征集方式，达到了征集目的。

二是主动出击，积极宣传征集成果。档案征集具有非强迫性，因此需要档案工作人员主动联系档案所有者，对已征集的成果进行广泛宣传，吸引更多档案持有者捐赠或以其他方式向档案馆提供档案。青岛市档案馆在征集民间档案时，主动与当地居民联系，并与之建立良好关系；在档案征集成果的宣传下，青岛市档案馆获得了德国驻华使馆工作人员的捐赠资料。

三是改变思路，灵活选用征集方法。除了常规的征集流程，档案馆还可以采用其他征集思路，借助活动或文化发展契机，形成独特的征集方案。青岛市档案馆借助文化交流活动，与德国青岛德式老建筑相关单位、东洋文库互换了资料数字化成果，丰富了馆藏内容，实现了合作的共赢。

青岛市档案馆赴海外征集档案的活动不仅丰富了馆藏，而且通过征集我国流失海外的档案，还维护了我国档案的完整，有利于我国优秀传统文化的传承与民族凝聚力的增强，对我国档案事业的发展具有重要意义。

【思考题】

1. 海外档案征集有哪些途径？
2. 我国海外档案征集工作当前存在哪些困难？如何解决这些问题？

案例 1－7　卡夫卡遗稿引发德以两国的档案争夺战①

【案例简介】

1924 年 6 月卡夫卡因肺结核去世，生前将全部遗稿交付好友马克思・布罗德，嘱托其“勿阅即焚”，但布罗德违背了卡夫卡的意愿，将全部遗稿保存下来，予以整理和出版。1939 年，布罗德在德军入侵捷克布拉格前将全部遗稿带往巴勒斯坦。1968 年 12 月，布罗德去世之时，将本人及卡夫卡遗稿等文学财产全部留给自己的秘书伊斯特・霍夫。霍夫拒绝了以色列图书馆提出的保存建议，相反在拍卖会上将卡夫卡著名作品《审判》的遗稿以 100 万英镑的高价卖给德国文学档案馆，引致德以两国发生了遗稿档案的争夺战。霍夫去世后，遗稿档案由两个女儿继承，陆续被卖给一些私人收藏家，剩余部分保存在苏黎世和特拉维夫的银行保险柜中。2019 年 4 月瑞士法院的判决最终使得以色列获得了卡夫卡遗稿档案的所有权。卡夫卡遗稿档案争夺战长达半个多世纪，整个过程中德以双方互不退让，既体现了名人档案对国家的重要价值，也反映出名人档案所有权的复杂争议。本案的三个复杂性如下：

一、名人档案的所有权归属问题

该案出现名人档案所有权的争议，原因可能有：第一，档案所有权人对档案归属的意愿不明晰。档案所有权的转变可通过买卖、捐赠、遗赠或继承等方式实现。卡夫卡将遗稿交付好友布罗德，所有权实际转变为布罗德所有。布罗德先后立下两份遗嘱，先是表明将档案捐赠给以色列，后又将档案赠予霍夫。霍夫家族将档案出售给德国的文学档案馆。布罗德作为遗稿档案的所有者，未对档案归属给予明确表达，导致德以双方对档案的所有权各执一词。第二，以色列相关机构未能及时作为。布罗德在将遗稿档案赠送给霍夫家族之前就立有遗嘱，希望将档案捐赠给以色列国家图书馆、学术机构或者档案馆，发挥档案的最大价值，但以色列相关机构可能出于主观或客观原因并未及时与布罗

① 案例来源于黄霄羽、宋菁：《卡夫卡遗稿档案争夺战——名人档案征集的复杂性及启示》，《北京档案》，2019 年第 10 期，第 42～46 页。

德接洽并开展档案征集。第三，名人档案的特殊价值。卡夫卡是捷克德语小说家，虽为犹太裔，却生长于德语环境，遗稿档案兼具两种民族文化的特点；同样，遗稿档案对犹太民族也有着重要的保存价值，以色列与德国对档案所有权的争执才会愈演愈烈。

二、名人档案所有权保护与价值实现的平衡问题

该案中，导致名人档案所有权保护与价值实现难以平衡的原因可能有：第一，所有者自身的局限性会妨碍档案价值的实现。卡夫卡遗稿档案经布罗德转赠秘书霍夫，后来由霍夫的女儿继承，霍夫家族前后三位档案所有者都不具备在文学领域开发遗稿档案价值的能力，为此在档案保存在霍夫家族的半个多世纪中，珍贵档案不断被拍卖、损毁，妨碍了档案价值的实现。第二，名人档案的历史背景或具体内容对档案价值实现也可能产生影响。案件中由于卡夫卡德语作家和犹太人的双重身份，导致德以双方争议何方保存才能发挥档案的价值。瑞士法院的判决结果正是考虑了所有者与档案价值实现的平衡，遗稿档案裁定归以色列所有，从法律、人道主义来看较为合理，但遗稿的内容是德语书写，以色列对档案的开发利用未必比得上德国。为此，以色列表示将向全世界学者公开遗稿档案，以便研究和开发、保障档案价值的实现。

三、国际档案所有权争端问题

该案产生国际档案所有权争端主要有以下几点原因：第一，历史、政治等因素造成所有权不明晰。德国通过与霍夫家族的买卖获得了部分遗稿档案的所有权，而以色列根据布罗德的遗嘱，认为对档案同样具有所有权。第二，不同国家法律的争议。名人档案作为一种财产，属于物权法范畴，在不同国家有着不同的法律规定。第三，国际条约解决争端滞后、缓慢。在解决国际档案所有权争端时，经常需要适用相关国际条约，而国际条约的适用往往程序烦琐；同时，目前关于国际档案所有权争端的国际条约具有滞后性，因此，档案所有权争端目前才会屡见不鲜又解决缓慢。

【背景】

以色列国家图书馆（NLI）是收集、保存以色列和犹太人民的知识和文化宝藏的所在地。卡夫卡虽然是著名的德语作者，却有着犹太人的身份，其遗稿档案虽然对于德国文学的发展有着深远影响，但对于犹太民族的文化收集也有重大意义，因此两国开启了长达半个世纪的卡夫卡遗稿档案争夺战。

【原理】

首先，从历史档案的征集实践经验来看，由于种种历史原因，有不少档案仍然掌握在个人手中。保存这些历史档案文件的有社会知名人士、革命老干部、专家学者、普通群众，也有当时的官员、职员、士绅、商人、古物收藏者及其亲属和后代。有的档案已被废品收购部或造纸厂等单位收买，正在面临灭顶之灾，需要及时抢救；有的档案被当

事人埋藏起来，有待于了解线索，尽早进行发掘；有的档案被人放置在潮湿阴暗的处所，急需抢救。只要措施得力，方法得当，坚持不懈，就可以将失散在个人手中的历史档案的原件或复制品收集入馆。

其次，在该案例中涉及国际档案所有权的争端问题，对解决国际档案所有权争端具有极大的意义。收回遗失在外的档案有利于维护档案的完整性，使档案发挥最大的价值；争取国际档案的所有权有利于维护合法的所有者正当权益，以及有利于捍卫国家的主权与尊严；在友好协商国际档案的过程中，也增进了国际合作，有利于改进相关国际档案条约的实施。

【案例解读】

结合案例来看，导致名人档案归属情况复杂的原因有以下几个方面：

名人档案所有权归属界定不清晰。一是两次遗嘱存在先后关系。卡夫卡好友布罗德先立遗嘱将遗稿档案捐给国家公共档案馆，后又新改遗嘱将遗稿处理权交给霍夫，遗嘱存在先后关系。二是当时的名人档案本身在法律和档案学的界定中，处在私有档案和公有档案的交叉边缘。

名人档案的所有权保护和价值实现不平衡。由于卡夫卡具有德语作家和犹太人两个双重身份，他的遗稿档案对于德语文学更有开发价值，但其遗稿档案的犹太民族文化对于以色列更有保存价值，存在两种价值间的不平衡。

国际档案争端解决标准不统一。一是两国法律不同。卡夫卡的遗稿争夺案不但是私有档案和公有档案之争，更是两个国家对于遗稿档案所有权的法律标准之争。由于名人档案是一种实体财产，而各个国家的物权法都有所不同，难以找到统一判定标准。二是缺少国际条约。由于该案例涉及两个国家，当两国的相关法律难免出现争议时，可以采用通用的国际条约进行参考和实施，但关于国际档案所有权的国际条约往往存在制定缓慢、程序烦琐、内容不完善、覆盖面不全、更新不及时等缺点。

因此，档案收集工作涉及名人档案时，应从以下方面进行改进。一是完善名人档案的相关法律法规，以及国际档案的处理条约。二是在判定名人档案所有权时，应充分考虑档案的所有权保护和价值实现之间的平衡关系。三是名人档案一般对于社会某一方面的发展具有借鉴和参考价值，在保护其所有权的同时，还要考虑到今后的开发工作和提供利用工作，使之实现应有的价值。

【思考题】

1. 名人档案的所有权应该属于什么单位？
2. 名人档案能否构成个人全宗取决于哪些因素？
3. 名人档案有哪些现实价值和长远价值？

案例1-8 浙江省桐乡市档案馆收集世界互联网大会档案资料①

【案例简介】

2014年国庆节期间，由我国举办的规模最大、层次最高的世界互联网大会最终确定永久落户桐乡乌镇。桐乡市档案馆被列为成员单位。桐乡市档案馆立即行动起来，专门成立了首届世界互联网大会档案工作领导小组，研究具体工作方案，并组织全体工作人员学习《浙江省重大活动档案管理办法》，确定了进驻大会筹备组的1名业务骨干。桐乡市档案馆召开专题会议，决定首先制定《首届世界互联网大会文件材料收集范围和收集要求》，使文件材料收集有个总的依据。市里的筹备组分为领导小组办公室、新闻宣传组、会务接待组等，档案馆8个小组的工作人员根据各个组的工作方案和职责，梳理出可能产生的文件材料范围，再结合《浙江省重大活动档案管理办法》的规定进行增减。经过两天的努力，《首届世界互联网大会文件材料收集范围和收集要求》正式印发，明确规定了每个小组的文件材料收集范围和重点，以及纸质、电子、实物等各种载体档案的收集要求和移交时间，并责成各小组明确1名同志负责本组文件资料的收集和报送，组建以档案馆业务骨干为核心的互联网大会档案工作网络。至此，首届世界互联网大会档案工作局面正式打开。

在工作网络搭建完成、工作内容和要求确定、工作人员和职责得到明确后，文件材料并未按时递交到进驻大会筹备组的档案业务骨干、市档案馆监督指导科科长手上。为了提高大会筹备组所有工作人员的档案意识，科长开始主动向工作人员催讨文件材料，并不断普及档案工作的重要性，提醒大家注意保存文件材料并及时移交。

自第二届世界互联网大会开始，桐乡市档案馆充分总结首届大会档案工作的经验，配合桐乡市世界互联网大会承办工作委员会专门制定印发了《桐乡市世界互联网大会承办工作委员会档案管理办法》，并以附件形式详细规定了档案分类方案、档案管理规章制度、大会文件材料归档范围和保管期限表，尤其是归档范围和保管期限表详细列明了近380种各类型载体须归档管理的文件材料、照片、视频、实物等的名称和保管期限。就连2016年召开的G20杭州峰会相关部门也向桐乡市档案馆取经，借鉴其成功经验。

【背景】

世界互联网大会（World Internet Conference，WIC）是由中华人民共和国倡导并每年在浙江省桐乡举办的世界性互联网盛会。大会由中华人民共和国国家互联网信息办公室和浙江省人民政府共同主办，旨在搭建中国与世界互联互通的国际平台和国际互联网共享共治的中国平台，让各国在争议中求共识、在共识中谋合作、在合作中创共赢。

① 案例来源于宁宇龙：《用“洪荒之力”留住所有精彩》，《中国档案报》，2016年11月14日，第1版。

首届世界互联网大会于2014年11月19日至21日在乌镇举办。国家主席习近平出席开幕式并发表主旨演讲，强调互联网是人类的共同家园，各国应该共同构建网络空间命运共同体，推动网络空间互联互通、共享共治，为开创人类发展更加美好的未来助力。

【原理】

档案收集的工作内容可以概括为两个方面，即档案的接收和征集。档案接收是指档案馆（室）收存档案的活动过程。它是档案收集工作的中心内容，是档案部门取得和积累档案的主渠道。档案征集是指档案馆按照国家规定征收散存在社会上的档案和有关文献的活动。它是档案馆取得和积累档案史料的必要补充渠道。档案收集工作的基本要求：加强馆（室）外的调查和指导，积极推行入馆（室）档案的标准化，保证归档和进馆档案的齐全完整，维护全宗和全宗群的相对完整性。重大活动档案具有历史价值高、阶段性、形成相对分散的特点，建立重大活动档案不仅可以保存历史资料，优化馆藏结构，还能为今后的重大活动提供参考。

【案例解读】

为更好地完成世界互联网大会档案材料的收集工作，桐乡市档案馆从以下三方面着手：

一是制定针对会议活动的档案管理办法。本次桐乡市档案馆接到的档案收集任务是针对首届世界互联网大会的，没有经验可以借鉴，但是有相关的档案管理办法可进行指导，因此首先应当集中研究出针对所有重大活动档案管理的基本办法，再筛选和细化，制定出符合本次重大活动的具体规章、办法。

二是与资料生产部门保持黏性。资料生产部门虽然是产生文档资料的部门，但不一定有资料移交的意识和相关知识，因此需要档案收集部门与其保持日常沟通，进行档案移交的宣传和培训，使资料生产部门在日常工作中能妥善保管重要档案并及时移交档案部门。

三是深入挖掘可收集的档案。由于是首届互联网大会，需要收集整理的档案没有可参考的经验，因此需要全面了解本次会议的论坛主题、参与单位等，多方探寻每个工作部门的职责、可能产生的文件材料，进而深入挖掘可以收集的档案。

世界互联网大会本身具有重要意义，过程中形成的档案材料对于我国的信息化建设极富价值。桐乡市档案馆通过此次重大活动档案收集工作积攒了丰富经验，为其他机构提供了成功经验和借鉴。

【思考题】

1. 档案馆收集重大会议档案工作的基本要求有哪些？
2. 档案馆接收和征集重大会议档案的范围是什么？

案例 1-9　焦作市档案馆开展南水北调绿化带工程建档工作[①]

【案例简介】

南水北调工程是我国的重大战略性工程，焦作市作为南水北调中线工程唯一从中心城区穿过的城市，情况较为特殊。2017 年 3 月，在南水北调中线一期工程正式通水 3 周年到来之际，焦作市启动了南水北调城区段绿化带建设工程。绿化带位于城区段总干渠两侧，全长约 10 公里，单侧宽 100 米左右。绿化带建成后，对确保南水北调总干渠水质安全、改善城市生态环境、提升当地城市品位等方面都将起到重要作用。该工程征迁共涉及 13 个城中村 4008 户 1.8 万人。

随着绿化带工程的启动，村民曾经的记忆即将化作一抹绿色留在这条清渠两侧。为了守护好这份“绿色记忆”，让住上大房子、居住条件改善的拆迁群众还能得到“精神补偿”，尽可能地解决群众的思乡之愁，焦作市档案馆将南水北调中线工程焦作城区段绿化带征迁档案工作作为年度重点工作，主动介入，对全市各单位形成的文件材料和社会上散存的各类资料进行广泛征集，采取多项措施采集好、记录好、保存好、利用好相关资料，积极做好这一重大历史事件的见证者和参与者。

焦作市档案馆对绿化带征迁和建设过程中涉及拆迁村落的历史原貌、工作进程、典型事例、老宅院及修渠沿岸居民家庭变迁情况等进行跟踪采集，形成了大量的第一手资料。为了更有针对性地开展征集工作，市档案馆成立了征迁档案采集工作组。据统计，工作组共采集照片 2000 多张、视频 50 段，收集相关资料 100 余件。

同时，为使工作更加有力地推进，确保征迁和建设过程中文件材料的齐全、完整、系统，市档案局与市南水北调中线工程城区段建设指挥部办公室联合印发了《南水北调中线工程焦作城区段专题档案建设方案》，明确了专题档案建设的指导思想及具体措施等。其中，依法实施土地征收、房屋拆迁、补偿安置、生态建设过程中形成的具有保存和参考利用价值的文字、图表等各类记录都被纳入归档范围。方案将市城区办、解放区、山阳区、焦作日报社、焦作广播电视台、指挥部、各专项工作组、市直机关等单位纳入其中，明确了相关部门的职责，提出了工作要求。

此外，市档案馆专门下发《关于成立南水北调中线工程焦作城区段专题档案收集工作小组的通知》，成立专题档案收集工作小组，负责绿化带征迁和建设过程中文件材料收集工作的安排部署和组织实施，确保反映南水北调城区段以及城区段绿化带区域内人民生产生活原貌的典型文件材料应归尽归、应收尽收。

根据专题档案收集工作小组的分工，具体负责指导和采集的 10 名工作人员每人专门对口联系 4 家至 5 家南水北调中线工程城区段领导小组成员单位，持续跟踪工作开展

① 案例来源于孙昊：《南北一江水中涌动的绿色记忆》，《中国档案报》，2018 年 2 月 5 日，第 1 版。

情况，做好相关业务指导，收集各单位形成的与南水北调绿化带征迁相关的文件材料。

工作全面铺开后，工作小组以市档案馆的名义面向全市特别是绿化带征迁涉及的两个城区 13 个城中村发布了《征集公告》，并由各驻村工作组将《征集公告》带至分包村张贴，广泛征集散存在社会上的反映南水北调主干渠和绿化带周边地域地貌、民俗民风、名胜古迹、老宅院等情况的相关资料。

通过多渠道、多方联手宣传，形成了人人关心绿化带征迁、人人关注档案工作的浓厚氛围。他们还利用“焦作档案”微信公众号及时发布征迁文件材料收集工作动态，焦作广播电视台、《东方今报》等媒体的微信公众号都对南水北调绿化带征迁档案征集工作的消息进行了转发。此外，市档案馆与焦作日报社、市文联、市摄影家协会等团体合作，在《焦作日报》上刊登“焦作市南水北调城区段绿化带征迁安置主题摄影比赛征稿启事”，征集有关城市风光、人文、纪实等摄影作品，并将作品印刷成画册留存市档案馆。活动期间，很多市民来电咨询，征集工作在社会上引起了热烈反响。下一步，市档案馆将不断完善专题档案数据库，对相关档案优先数字化，将通过政府网站、微信公众号等平台，实现专题档案资源的信息共享，并筹备举办南水北调中线工程焦作城区段专题展览。

【背景】

南水北调工程是我国的一项战略性工程，分为东、中、西三条路线，旨在解决我国北方地区的水资源短缺问题。焦作市是南水北调中线工程中唯一穿越中心城区的城市，为了保证南水北调穿越焦作市城区段的水质安全，在南水北调总干渠中心城区段两侧分别规划建设了绿化带。南水北调的巨大治水工程及规模巨大的绿化带建设都是关乎民生福祉的举措，绿化带工程更是焦作市南水北调工程的一大特色。在中心城区迁移如此大规模人口也是第一次，对于所有焦作人民来说，也是记忆深刻的重大事件。尽管很多人因为拆迁建设从砖瓦房住进了宽敞、干净的楼房中，但对搬迁的人而言，曾经居住的房屋意味着他们的“家”，承载着他们的情感。

【原理】

《重大活动与突发事件中的档案管理办法》(国家档案局第 16 号令）规定，重大活动是指在中华人民共和国境内外组织举办的，对党和国家、行业、地方具有重大意义或者重要国际影响的会议、会展、赛事、纪念、庆典等大型活动；并特别指出档案馆可以根据需要，提前介入重大活动档案工作，采取拍照、录音、录像等方式直接形成重大活动档案以及建设专题数据库。焦作市档案馆针对这一重大事件，建立专题档案，既全面记录了绿化带工程的开展，也留存了焦作市人民对绿化带工程实施前后的记忆。

【案例解读】

根据《重大活动与突发事件中的档案管理办法》的规定，针对南水北调绿化带这一重大事件，焦作市档案馆成立专题小组，下发《关于成立南水北调中线工程焦作城区段专题档案收集工作小组的通知》，以保证相关材料的齐全、完整。焦作市档案馆对专题档案收集的范围作出了明确规定，并通过多个途径收集该专题的档案材料，工作档案应归尽归。焦作市档案馆协调绿化带工程所涉及的各个职能部门和单位，指派收集工作小组专人对接，对工程实施中所形成的工作档案进行及时归档。利用媒体线上线下征集民间散存材料。收集工作小组利用微信公众号、电视台、报纸等方式，向社会征集反映南水北调工程和绿化带工程相关的地域风貌、民生风俗、房屋建筑、名胜古迹等情况的相关材料，并与其他机构共同开展了主题摄影比赛，丰富了专题档案的内容，获得了民众的热烈反响和大力支持。从专题档案收集工作小组所开展的工作来看，均已将专题所涉内容纳入归档范围。其中，在向社会征集时，提出需要遵循以下原则：确保征集档案材料真实可靠，保持多方特色、避免征集材料的主题千篇一律。

专题档案收集工作在工程结束后也可继续开展，后期可通过收集的专题档案建设专题档案数据库，以档案展览、纪录片等形式展示南水北调绿化带工程给焦作市人民带来的变化，展示绿化带工程的积极意义和档案工作的成果，也进一步向社会宣传、征收专题档案。

【思考题】

1. 专题档案与专门档案的区别是什么？
2. 专题档案的收集途径一般有哪些？

案例 1－10　大庆油田热电厂扩建工程档案的归档实践①

【案例简介】

大庆油田热电厂在扩建工程档案的收集与归档中总结了如下经验：

一是超前介入，主动服务，档案管理实施“三个同步”。项目部成立与档案管理组成立同步。在项目立项之初，公司档案管理人员主动参与到项目初步设计工作中。扩建工程项目经理部成立时，档案管理组也随之成立，档案管理组的负责人和档案管理人员均是经过精挑细选、有经验、业务能力强、责任心强的业务骨干。档案管理组还及时制定了《档案管理实施细则》等制度，明确了项目文件编制规范、归档范围、管理流程以及归档责任。施工例会与档案例会同步。项目部主持的设计、施工、安全等工作例会，档案管理人员参加是硬性规定。档案管理人员在每次会议上都要提醒设计、施工方到时间应归档的文件资料、整理归档标准等具体内容，在现场讨论有关资料是否归档的问题上，档案管理人员也都一一给予解答。设备入场与资料归档同步。档案管理人员与临时设立的工程设备验收人员联合，对预进入工程设备场所的运输车辆，先查看所备资料是

① 案例来源于薛德军：《大庆油田热电厂扩建工程档案管理实践》，《中国档案》，2019 年第 2 期，第 62～63 页。

否齐全，再看设备是否与资料一一对应。施工单位所拉运的每一件设备都必须做到资料齐全方可落地。在该电厂扩建工程建设过程中，入场设备达到 3000 多种，档案管理组不辞辛苦，能把每一种设备资料完整地收集齐全，其办法就是设备落地资料必须归档，且缺一不可。

二是动态跟踪，过程控制，档案管理做到“无死角”。项目建设期间，资料管理工作庞杂烦琐，每天都有车辆拉来成百上千份图纸文件，有时甚至多达上万份，这就需要档案管理人员第一时间进行接收、分类、登记，然后联系监理单位、施工单位等取走。只有档案管理人员实施好动态的过程控制，才能保证不耽误施工工期。资料管理和档案管理合二为一。档案管理人员在做好项目技术资料接收、分发的同时，也需留存一套作为日后核对竣工图完整性的依据。项目建设过程中设计图纸发生多少次变更、升过几次版本，也均记录在案。隐蔽工程记录和影像资料合二为一。针对以往工程施工隐蔽工程记录缺少影像资料、影像收集难等问题，档案管理人员应向项目经理建议“如果隐蔽工程缺少必要的影像资料，重新挖开也要把资料采集全”。施工结算必须以影像资料为依据，确保隐蔽工程记录与相应的影像资料齐全完整、相互印证。施工检查和资料检查合二为一。项目部在工程关键节点组织设计、监理、施工、检测、供货等各参建单位进行施工质量检查的同时，对项目文件的完整性、准确性、有效性和规范性进行审查，并列入工程质量考核。为把握施工关键节点，项目部组织参建各方定期对项目文件的编制质量进行检查。

三是精细管理，联动制约，档案管理把好“三道关”。资料验收一票否决，把好部门联签控制关。按照规定，施工单位办理完工程交工验收证书，方能进行财务结算。同时，必须要有包括档案管理部门在内的基建、财务等多个部门联合签字、盖章才能生效。部门分工协作，把好自查整改关。档案管理组从建设、监理等单位，挑选出有档案管理经验的人员组成检查组。对发现的问题要求相关单位举一反三，全面整改，若在档案专项验收中再次发现类似问题，则对检查组成员单位再次进行严格考核。专项验收机制约束，把好竣工资料归档关。由上级档案馆、工程质量监督站、企管法规部、物资管理部等职能部门相关业务人员组成的档案专项验收组，对工程项目档案进行专项验收。档案专项验收组通过听取汇报、现场查看、抽查档案、质询等方式对工程档案进行验收，并出具验收意见。

近年来，档案管理人员对建设项目涉及的 2 个监理单位、5 个施工单位、上千个大小设备厂家的数万份纸介文书、声像、设计图纸以及相应电子资料，进行了及时、完整、规范的记录、整理、归档，形成了建设项目档案 2018 卷，基本实现了竣工资料全生命周期性管理、电子化归档移交。

【背景】

工程项目具有特殊性及复杂性，电力工程项目档案在管理过程中存在一定难点，需要在各个环节中都有多方参与。随着工程项目档案管理的相关规定出台，各个建设单位也开始重视工程项目档案的管理工作。大庆油田热电厂是国家“七五”期间特批、“八五”期间建成的重点工程。在 2018 年国家档案局关于建设项目档案工作专题片评选中，大庆油田热电厂提交的项目建档纪实荣获优秀奖。

【原理】

工程项目档案应按完整化、规范化、标准化的要求建设，必须做到及时、准确、系统、科学。基层科技档案部门在收集工程设计档案时，对于大型工程或设计周期比较长的工程，一般实行分阶段收集归档，即初步设计完成阶段、设计结束和总结阶段。在收集工程施工和竣工档案时，关键是要抓住竣工验收阶段。《企业档案工作规范》（2010年）规定企业档案部门或档案人员应参加产品鉴定、科研课题成果审定、项目验收、设备开箱验收等活动，负责检查应归档文件的完整、系统。《建设项目档案管理规范》（DA/T 28—2018）规定，施工文件组卷完毕经施工单位自查后，依次由监理单位、建设单位工程管理部门、建设单位档案管理机构进行审查。

【案例解读】

大庆油田热电厂在工程档案的收集、归档工作方面出色的表现，主要可归因于以下几个方面：

一是公司领导层对档案管理工作的重视是前提。项目一经成立，公司就挑选业务骨干成立了档案管理组，使其超前介入项目文件的归档工作中，档案管理组成员在项目的鉴定、验收、设备的开箱验收等活动中都有参与，从而向前延伸了档案管理的职能，能够及时查验应归档文件的完整性与系统性。

二是档案管理组认真负责的态度与强大的业务能力是关键。项目刚刚立项时，档案管理组就制定了《档案管理实施细则》等制度，对项目文件编制、归档等内容进行了说明，保证了其编制的规范化、标准化；在设备入场阶段，档案管理人员与工程设备验收人员联手，完整收集每一种设备资料。档案管理组形成了建设项目档案千余卷，这得益于档案管理组成员认真的态度与强大的能力，在项目建设期间及时、准确、系统、科学地收集整理应归档的项目文件。

三是严密的审查与验收制度是保障。档案管理部门积极参与项目档案专项验收工作，能够有效约束参建单位的项目文件管理与归档行为。该单位牢牢抓住了竣工验收阶段，先对项目文件进行定期自查，以便能够及时发现问题并整改，然后交由监理单位、建设单位档案管理机关进行审查，能够有效保障归档文件的质量。

在基层科技档案部门的项目档案管理工作中，单位高层的重视能够快速推动档案管理工作，便于其工作的开展。档案管理人员优秀的业务能力与工作素养能够使档案管理工作更加高效；同时，过程与竣工验收阶段的审查也能减少档案管理工作中的失误。

【思考题】

1. 在工程项目中形成的电子文件应该如何归档？
2. 工程档案的收集归档应当遵循哪些标准规范？

案例1-11 广西电网公司电力科学研究院设备档案的精细化收集[①]

【案例简介】

设备的安全、有效、正常使用是为电网服务，搞好监督工作的武器，注重设备档案的管理，可对提高单位的工作效率和经济效率，为基层单位解决生产中的难题，为全电网的安全、经济、稳定运行提供强有力的技术支撑。广西电网公司电力科学研究院在收集设备档案时，主要包括以下阶段的工作：

一是计划、审批阶段：部门申请，可行性方案论证报告，一般会形成设备购置申请表、购置计划可行性方案等材料，购买仪器设备的审批文件，一般会形成红头批文、权威人士在申请表上的批示等。

二是商务阶段：很多立卷单位会忽略或不太重视这一阶段的材料收集工作，也有单位在立卷工作中把商务工作形成的材料独立地组为一卷。根据《科学技术档案案卷构成的一般要求》（GB/T 11822—2008）中“遵循科技文件的形成规律，保持案卷内科技文件的有机联系和案卷的成套、系统，便于档案的保管和利用”的组卷原则，应该把购置设备时商务阶段形成的材料整体地组合在一起。科研技术单位每年外购设备所形成的商务文件很多，档案工作人员应协同设备管理专责、设备采购专责分类分阶段地进行材料的收集和移交。商务阶段形成的材料有：设备招标邀请书、供应商推荐表、评标委员会评委抽取表、投标设备技术规范（要求）、投标函（回应及法定代表人授权书）、投标方报价单、投标书（商务部分及技术部分）、开标情况登记表、评标技术组技术评分表、评标技术组技术评标报告、评标商务组商务评分表、评标商务组商务评标报告、评标委员会综合评标报告、评标委员会定标会议纪要、中标通知书、设备采购合同（五万元以上设备同时附双方签订的设备采购项目廉政责任书）。

三是开稿验收阶段：装箱单；随箱材料：技术手册、使用维护手册、说明书、校验报告、图样、出厂证明、合格证、保修卡等；开箱验收单，即参加设备开箱验收人员（一般有设备使用部门、单位设备管理专责、设备采购专责、档案管理专责）填签的表格，表格内容是对设备信息的简单描述及设备性能测试时的记录。随箱材料原件归档，复印件交付使用记录表。

四是运行及维护修理报废阶段：设备仪器维护、保养和安全技术操作规程，设备仪器报废申请、技术鉴定书，报废批文。

设备档案的整理立卷工作是开展档案工作的重要基础工作，是档案部门为了方便档

① 案例来源于郑晓艳：《浅谈设备档案全过程管理——以广西电网公司电力科学研究院设备档案管理为例》，《广西档案》，2010年第5期，第18～19页。

案的保管和利用，遵循一定的规律与原则，对接收的档案进行条理化、系统化整理、分类排列与编目的过程。它包括系统整理和科学编目两部分。具体步骤为：

一是组卷排序：设备项目文件材料以项目为单位组卷，组成一卷或数卷；组卷以反映设备文件材料的形成规律和内在联系为原则。其中，最能反映设备购置概况的文件材料，如购置申请、批复文件招投标材料、订购合同、中标通知等应置于该项目案卷之首，设备运行过程中形成的档案主要包括设备的使用情况记录、操作规程、维修保养情况记录，每年的使用率与完好率统计等。这些资料一般按年度归入设备档案；原则上文字材料在前，图表在后。

二是检查案卷文件材料：当案卷组织好后，应首先检查案卷文件材料是否齐全、完整、准确、系统；检查案卷文件材料用笔是否符合归档要求，如有使用铅笔、圆珠笔、红色或纯蓝色笔书写的文件材料应予纠正。必要时可对其进行复制并附在文件后。

三是整理：对装订线以外有字迹或破损的文件材料及与文件材料不可分割的照片、小字条，要进行加边、修补和裱糊；对较大的表格，要进行折叠；除掉文件材料上的金属物；对引进设备随机资料中的专用文件夹，可以保持原状。

四是页号编写、卷内目录、卷内备考表的编制：根据《科学技术档案案卷构成的一般要求》（GB/T 11822—2008）进行。

五是案卷脊背、封面的编写：编制工作案卷题名，应简明、准确地揭示卷内设备档案的内容，建议直接使用设备名称，并将设备型号规格一并列入。脊背目录的粘贴推荐使用不干胶脊背纸进行，以保持整洁、统一、美观。

【背景】

国家电网在2020年设备管理重点工作任务的通知中提出，要在设备的全寿命资产管理、全过程技术监督与全面质量管理上求突破，提升设备管理质效。设备档案记载反映了设备的各类信息，它的全过程管理对于设备的全面质量管理具有重要意义。广西电网公司电力科学研究院作为广西电网主设备监测评估中心、新技术应用推广中心、广西电网科研中心、机网协调中心及高级技术培训中心，非常重视设备档案的管理。

【原理】

设备档案全称为仪器设备类档案，是指在各种设备、仪器、仪表的整个生命周期活动中形成的科技档案，外购设备的生命周期是设备的申请购置、开箱验收、安装调试、管理使用、维修维护、技术改造、封存调迁直至报废处理的整个过程。设备档案具有成套性、依附性、现行性的特点，设备档案的特点决定了设备档案管理的特殊性，其中最重要的是遵循成套性的特点。档案齐全完整的程度与整理质量的高低，都可以通过收集工作直接反映出来。要完整、齐全地将材料收集归档，必须根据设备档案的管理要求，结合实际情况，划定归档范围，明确归档内容。

【案例解读】

广西电网公司电力科学研究院在设备档案的收集与归档中做了以下几点：一是制定

规划，归档范围及内容清晰。该研究所对设备档案的归档范围进行了梳理，从计划、审批阶段到商务阶段，到开稿验收阶段，再到运行及维护修理报废阶段，详细说明了各阶段应归档的档案内容。二是有理有据，归档工作意识强烈。研究所充分遵守《科学技术档案案卷构成的一般要求》（GB/T 11822—2008）中的组件原则，把购置设备时商务阶段形成的材料整体地组合一起，保持案卷内科技文件的有机联系和案卷的成套、系统。三是协同合作，注重总结工作经验。在外购设备时，该单位形成了非常多的商务文件，档案工作人员与设备相关负责人协商、交接，共同完成档案管理工作，在实践中总结经验，对于应当收集归档的商务文件进行列举，有利于维护设备档案的完整性、成套性、系统性。

从广西电网公司电力研究院的设备档案收集归档工作中可得出如下启示：单位在确定归档范围及内容时，一方面要充分参考相关法律法规、标准与规范性文件等；另一方面还要从单位自身情况出发，总结以往档案收集工作经验，形成本单位收集、归档标准。在具体操作中，档案管理人员还要与设备相关负责人及时沟通、联络，做好档案的移交工作，避免因设备相关负责人不知收集内容而难以保证设备档案的完整性等。

【思考题】

1. 在实际工作中，各个单位应如何制定档案工作中的归档与收集规范？
2. 与一般文书档案的收集工作相比，设备档案收集工作有哪些特点？

案例 1-12　昆明中药厂有限公司开展非物质文化遗产建档[①]

【案例简介】

“中华老字号”企业昆明中药厂有限公司（简称“昆中药”）从2012年8月起开展非物质文化遗产建档保护。2016年5月，云南省文化厅授予该公司“云南省非物质文化遗产传承保护基地”称号，表彰了该企业的非物质文化遗产建档保护。

一、企业非物质文化遗产建档过程

（1）搜集。昆中药公司组成有档案员参加的非物质文化遗产调查小组，于2012年8月—2013年5月，通过查阅档案、搜集文献、访问老药铺后代、走访老药工、拜访老药师、咨询中医药专家等方式，对公司的非物质文化遗产资源展开全面调查，初步掌握了非物质文化遗产资源状况。撰写了《昆中药非物质文化遗产调查报告》并拟定了《昆

① 案例来源于杨祝庆：《企业非物质文化遗产建档实践——以昆明中药厂有限公司为例》，《云南档案》，2017年第3期，第41～44页。

中药非物质文化遗产十年（2012—2022）保护规划》，明确非遗建档保护的措施和目标。

（2）记录。该企业成立非物质文化遗产办公室，组成非物质文化遗产记录组，制定和实施“分批抢救，分项保护”的策略。根据前期调查，分批记录70岁以上、60～70岁、60岁以下及在岗的老药工技艺，记录了一批非物质文化遗产档案。记录组由组长、采访员、摄影师和录像师四人组成。调研前编制采访提纲。采访时，同时采用文字、摄影、录像等手段记录。记录后及时转录归档。

（3）分类、编目和保存。首先，公司参照《国有企业文件材料归档办法》，在原十一大类企业档案中，增设“非物质文化遗产档案”一个大类，单独作为一级类目。在“非物质文化遗产档案”项下，继续分二级类目，将企业非物质文化遗产管理机构设立、变更等10多项非物质文化遗产业务档案归入二级类目，形成分类方案。其次，将搜集和记录的文件，按照文字、照片、音频和视频分类和编目。文字文件转录为电子文件，并与照片、音频和视频文件分类归档。受访者口述纸质文件和电子文件，按照分类方案编写目录。纸质文件立成卷，编写卷内目录和备考表；电子文件直接输入档案电子管理系统，自动形成卷内目录。老药工或传承人档案立专卷，一人一卷或多卷。再次，登记入库。立卷完成后，填写移交清单，移交人、接收人和监督人分别签字确认，将非物质文化遗产文件归入档案室。据统计，四年里昆中药编制非物质文化遗产档案案卷目录53卷，扫描非遗老照片近1000张（4.14GB），编定档号60多个。至此，该企业的非物质文化遗产档案数据库初步建立，基本形成覆盖炮制、制剂和检验等制药关键工序的档案资源。

二、企业非物质文化遗产项目的申报

申报非物质文化遗产项目，事实上是使用“候选档案”。换言之，企业非物质文化遗产项目的申报，是对非物质文化遗产建档的检验和验证。昆中药公司申报省级和国家级非物质文化遗产项目“昆中药传统中药制剂”正是对“候选档案”的检验。

档案员未参与时，该企业的申遗曾陷入困境。作为云南首家中药申遗单位，公司申遗无先例可循。因此，经过多年的试探，申遗进展不大。棘手的问题是无非物质文化遗产材料，巧妇难为无米之炊。档案员未参与申报工作，承办部门难以找到真实、可靠的材料，而这是申报的入口关。《国家级非物质文化遗产代表性项目申报书》特别强调：凡填写内容不实、有虚假成分者，一经发现，取消其申报资格。

档案员参与和组织后，昆中药公司申遗走出盲区，开展了一年多的“五步建档法”建档，申遗走上了正轨。2013年11月，该公司申报的项目因其扎实的精选的档案材料的支撑，入选云南省级非物质文化遗产名录，“建立候选档案”的方法得到初步肯定。经过一年建档，该项目成功入选国家级非物质文化遗产代表性项目名录。申遗材料是优中选优的“候选档案”。建档保护的方法再次显示其有效性和正确性。

实践证明，该公司的国家级非物质文化遗产项目正是使用了建立的非物质文化遗产候选档案，才把这项文化的传承脉络、地方特色、制药工艺和精髓等历史价值、文化价值和科学价值，无可辩驳地叙述和呈现出来。

【背景】

2003 年，联合国教科文组织讨论通过了《保护非物质文化遗产公约》，目的在于保护以传统、口头表述、表演艺术、节庆礼仪、传统手工艺等为代表的非物质文化遗产。自此，非物质文化遗产保护工作开始兴旺地发展。我国于 2004 年加入《保护非物质文化遗产公约》后开展了一系列非物质文化遗产保护工作，包括制定了《非物质文化遗产法》等关于保护非物质文化遗产的法律法规，设置了从国家到地方的各级非物质文化遗产保护机构，申报了多项联合国非物质文化遗产，并确立了国家、省、市、县四级非物质文化遗产名录体系等。在政府的主导下，从国家到地方到机关单位都加强了非物质文化遗产保护工作，并不断探索，逐渐摸索出一套适合的、健全的非物质文化遗产保护体系。

【原理】

根据《中华人民共和国非物质文化遗产法》（2011 年），非物质文化遗产是指各族人民世代相传并视为其文化遗产组成部分的各种传统文化表现形式，以及与传统文化表现形式相关的实物和场所，其中也包括医药。非物质文化遗产保护工作逐渐发展出多种保护模式，如特别权利保护模式、“以人为本”的开发保护模式、档案式保护模式、博物馆保护模式、活态保护模式、生态圈保护模式等，其中档案式保护在实践中已经取得了良好的效果，如云锦、金线金箔、金陵刻经等。非物质文化遗产档案式保护是指将无形的非物质文化遗产用文字或形成图像的手段将其保留下来，并按照特定的管理方式存档。非物质文化遗产的档案式保护不仅有利于非物质文化遗产本身的保护，还可对非物质文化遗产传承人进行建档，有助于非物质文化遗产的传承，对申报我国各级非物质文化遗产名录体系和联合国非物质文化遗产名录大大有益。因此，昆中药用对非物质文化遗产建档的方式来保存本企业的中医传统制剂方法等传统技艺。

【案例解读】

非物质文化遗产建档工作为昆中药带来了极大的益处，不仅永久保存了公司所拥有的中医传统制剂方法，体现了企业的深厚底蕴；而且通过对非物质文化遗产档案的开发利用保障了企业的核心竞争力，进而产生了可观的收益。该公司非物质文化遗产建档工作的成功取决于以下几点：

一是非物质文化遗产建档工作需要档案工作者参与，为其“保驾护航”。周耀林教授在其著作《非物质文化遗产档案管理理论与实践》中指出，非物质文化遗产建档工作的本质是以档案管理的理论为指导，以档案工作的思路、方法和模式为参照，结合非物质文化遗产的特点对非物质文化遗产进行管理。其中涉及档案收集、分类、整理、保管等档案专业内容，结合昆中药的实践来看，非物质文化遗产建档工作需要档案工作者的专业知识为其提供辅助。

二是完整的流程保障非物质文化遗产建档顺利进行。公司在不断探索中，形成了完整的非物质文化遗产建档流程，包括前期准备、抢救性记录、档案整理等内容，加上为非物质文化遗产建档提供的人力、资金等资源的支持，形成了较为完善的非遗建档体系，保障了非遗建档工作顺利进行。

三是将非物质文化遗产动态建档，作为企业工作的重要内容持续运行。非物质文化遗产建档并非将形成的、搜集的档案材料保管起来就结束了。建档的根本目的是将非物质文化遗产永久保存下来，而档案价值的实现是通过对档案的利用。昆中药利用形成的非物质文化遗产档案健全了公司的非物质文化遗产传承体系，构建了非物质文化遗产保护机制，恢复了“师带徒”等制度并开发了多种形式的档案文化产品，如档案文献电视片、企业歌曲等。在此过程中又不断积累档案材料，不仅提升了品牌影响力，还保证了非物质文化遗产建档的可持续性。

昆中药的非物质文化遗产建档工作能够取得成功，是因为公司站在保存传统中医药的非物质文化遗产的高度上，将非物质文化遗产建档工作纳入企业工作规划中并投入资金等各项资源，为非物质文化遗产建档工作提供了完备的支持。公司也从中获益颇丰，对外扩大了企业宣传以及有利于公司发展传统中医药技艺。

【思考题】

1. 非物质文化遗产建档工作的价值与意义是什么？

2. 非物质文化遗产建档工作的流程包含哪些内容？

3. 结合你了解到的实际情况，说说目前我国有哪些非物质文化遗产已经开展了建档工作。

案例 1-13 陕西省铜川市开展乡村建档工作[①]

【案例简介】

近年来，经济社会快速发展，在新型城镇化、“美丽乡村”建设等各项工作如火如荼开展的进程中，陕西省铜川市档案馆不忘对传统历史加以保护和传承，大力开展“村庄记忆”建档和抢救保护工作，为广大人民群众寻根故土、寄托乡情提供了生动的“活化石”。具体工作包括两方面。

一是履职为民有作为。随着城镇化进程及工业园区建设的不断推进，撤乡并村不断加快，许多村庄的原有面貌和百姓生活环境发生重大变化，有部分乡村为了片面追求统一化、整齐划一，对一些传统窑洞、地窖、四合院、木楼牌等古民居、古建筑进行拆除和改造，造成了大量承载乡土传统文化的载体的消失，破坏了乡村原有的建设风貌、历史文化，因此，陕西省铜川市档案部门主动作为，对“村庄记忆”进行拍摄建档和抢救性保护。

① 案例来源于杨太阳：《乡村建档传佳话传承文明留乡愁》，《中国档案报》，2018 年 8 月 6 日，第 1 版。

2015年底，铜川市王益区档案局在全市率先开展该项工作，并得到市委有关领导的肯定。从王益区档案局为义兴村拍摄制作的视频中，不仅可了解村情概况、风土人情、主体产业，还通过乡村风貌、新旧民居、生活农耕用具等一系列对比，感受到了农村百姓生活日新月异的变化和欣欣向荣的乡村文化发展。王益区档案局已为本区原有39个行政村拍摄了1.3万余张照片，为每个村制作了反映村情的短视频，并借助微信公众号等平台广泛征集相关文章、照片、视频，目前已征集到一批地契、票证等反映乡村历史的珍贵资料。同时，王益区档案局还组织开展了本地方言语音建档工作。

耀州区作为全市最大区，下辖8个镇、3个街道，原有178个行政村。耀州区档案局及时成立了“村庄记忆”档案抢救保护工作领导小组，各镇街、村也成立了村庄记忆领导小组并建立了相应的协调机制，将“村庄记忆”工作纳入档案年度工作考核。在具体工作中，将“村庄记忆”工作与“美丽乡村”建设、“一村一品”建设和社会主义新农村建设档案示范区创建相结合并注重对脱贫攻坚资料的收集和留存，重点记录了一些村的民生工程和产业扶持项目。目前，耀州区档案局已对原有的178个村完成了照片和视频拍摄，并以此为契机打造了一批具有地域特色的旅游新村，指导王家砭村等建立了村史馆。在开展“村庄记忆”工作中，一部分古村落、古遗迹的保护也逐渐得到各地的重视和支持。

二是保护传统与乡村发展共赢。王益区档案局和耀州区档案局的具体实践是“村庄记忆”留存档案馆的缩影。截至目前，该市全市4个区县共为“村庄记忆”工作拍摄照片10万余张，为500多个村庄编写了村情简介、拍摄了视频短片，指导一批村庄建立了档案室、村史馆、乡贤馆、民俗馆、乡情展，通过展示乡村沿革变迁、民俗民风、乡贤能人、历史典故等内容，不断唤起村民群众对传统文化的保护意识，激发他们爱家乡、建设家乡的热情。

3年多来，铜川市档案部门开展的“村庄记忆”建档工作已初见成效。为了将“村庄记忆”建档成果更好地传播出去并造福于民，该市各级档案部门将对已经收集到的文件材料进行查漏补缺、规范整理，并通过现代化手段打造“村庄记忆”档案图文数据库，将合力编辑出版《村庄记忆》画册。同时，借鉴“村庄记忆”建档工作所积累的丰富经验，适时启动“城镇记忆”建档工作，进而构建更为全面、丰富、立体的“城市记忆”档案数据库，为铜川人民寄托乡愁提供更多档案文化载体，从而保护传统文化，留住美丽乡愁，为乡村振兴贡献档案部门的一份力量。

【背景】

2014年，《住房城乡建设部、文化部、国家文物局、财政部关于切实加强中国传统村落保护的指导意见》发布，要求尽快建立传统村落档案，加强传统村落保护工作。2015年，习近平总书记提出“农村要留得住绿水青山，记得住乡愁”。据此，铜川市档案部门以“记录乡情、留住乡貌、记住乡愁”为使命，以保存“村庄记忆”为目标，开展了乡村摄制建档工作。

【原理】

通过乡村建档记录乡村社会的变迁，能够有效维系乡村发展的纵向联系，留存“乡村记忆”，真正让乡愁“活起来”，可以通过乡村档案再现乡村记忆，实现记忆的传承。乡村建档是在不泛化乡村传统文化内容的基础上，记录并收集有价值的信息材料，还原传统习俗，增强社会认同，永续时代发展。

【案例解读】

与“城市记忆”相比，乡民保存“乡村记忆”的意识远远落后，乡村基础设施落后，档案材料不规范，乡村情况复杂，变化频繁，这些都增加了乡村建档的难度。乡村建档是一项需要长期投入的持续性工作，铜川市档案局借鉴成功经验，找准自身特色，开展的乡村建档工作有声有色。

摄制音视频，再现村庄面貌。市档案局以摄制照片、视频为主要手段，主动记录村庄概况、风土人情等，通过微信公众号等平台征集音视频资料，丰富乡村档案的内容，指导部分村庄开展方言语音建档，以最大限度还原和完善村庄历史。

打造文化基地，传承乡土文化，承载乡愁乡情。通过指导村庄建立档案室、村史馆、民俗馆、乡情展，打造具有村庄特色的文化基地，全面展现村庄的历史底蕴、文化面貌和发展变化，加深乡民对村庄的认识，激发对村庄的热爱，愿意主动肩负起乡村文化的传承、发扬。

依托乡村发展，顺势推进乡村建档工作。乡村建档工作十分复杂，铜川市档案局做好了顶层设计，成立领导小组、建立协调机制，把“村庄记忆”纳入年度档案工作考核，强化档案部门的职责。独木难支，该市乡村建档工作与“美丽乡村”建设、“一村一品”建设、社会主义新农村建设档案示范区等活动结合起来，推进各项工作同步进行。既增加了对乡村建档的重视，也提高了乡村建档的标准。

把握村庄不同特色，打造特色记忆。铜川市的乡村建档工作并无统一规范的模板，而是根据村庄的风土人情和主体产业，聚焦不同村庄的重点，如王益区档案局开展了方言语音建档工作、耀州区档案局助力打造了具有地域特色的旅游新村。

无疑，该市以传承“村庄记忆”为目标的乡村建档工作取得了一定的成果，但仍有可进一步完善的内容。乡村建档不仅仅是档案部门的工作内容，与乡民更是有紧密的联系，以乡村建档推进“村庄记忆”的传承需要乡民的积极加入。首先，此过程中，档案部门主要承担指导作用，通过组织乡民参与，真正落实乡村建档工作。其次，明确乡村建档工作的最终目的，不仅是通过摄制手段记录当下村庄的古楼、古树、风俗习惯等内容，也包括利用采访等方式捕捉乡民对村庄的认知和感情，弥补乡民表达较弱的缺陷。

【思考题】

1. 乡村建档工作的顺利开展需要哪些条件的支持？
2. 乡村建档工作包括哪些具体环节？
3. 乡村建档工作和乡村记忆的关系是什么？

案例 1-14　江西省信丰县实施基层党建工作“一村一档”[①]

【案例简介】

江西省信丰县实施基层党建工作“一村一档”的做法如下：

分级分类建档。信丰县委组织部专门下发文件要求对档案实施“分级分类”管理模式，县、乡、村三级共同履行建档责任。具体流程是：各行政村负责对各类党建资料进行建档，档案主要包括村情档案、村“两委”班子建设档案、民情与群众工作档案、村委会及其他村级组织工作档案、村民主政治建设及党风廉政建设档案、党员队伍建设档案、党组织活动档案 7 个类别，并实行“一档一盒”建档制度，每个档案盒都需要注明所属类型，保证档案管理中内容规范、资料齐全，然后递送给乡镇党委，由乡镇负责为各村建立电子档案，最后由县委组织部负责汇总所有档案。

多方保障建档。信丰县实施“有专人管理、有专项制度、有实体档案、有查档目录、有专柜存放”的“五有”建档方针，对建档过程中的人才、制度、资金问题实施保障，确保高效率、高质量建档。人才保障方面，每村派出 1 名党支部委员，每个乡镇派出 2 名组织干事，县委组织部派出专门工作人员，组成工作组全力负责“一村一档”工作。同时，该县要求各村党组织在每月召开的党（总）支部委员会上收集、分类并更新党建资料；制度保障方面，县委组织部制定了农村党建档案管理制度，就建档责任、资料收集、档案更新等环节规范管控，同时建立“一村一档”工作专项督导制度，工作组不仅负责指导基层组织对党建档案的资料分类、装订、装盒工作，还通过随机抽查、专项督查、点名调阅等方式对三级政府进行不定期督查，同时将“一村一档”工作纳入乡镇党委和村级党组织日常与年终考评指标之一；资金保障方面，县、乡两级为每个行政村提供专项资金用于购买档案盒柜等建档办公用品。

开展创新活动。该县将“一村一档”制度作为村级组织规范化、标准化建设的主要内容，将其列为农村党建工作督查考评的重点。为确保“一村一档”制度的顺利实施，信丰县对制度、队伍、活动和保障等多方面进行规范，并已陆续开展了“基层党组织规范化建设年”活动，实施了“强基活力”工程、“头雁培养”工程和农村党员“关爱激励”工程，并积极探索和试行“党建指导员立体网络体系”建设、“农村党员活动日”“远程教育+IP 广播”“流动党员网络党支部”等一系列创新举措，其中，“远程教育+IP 广播”模式被评为全国基层党建工作创新案例。

信丰县“一村一档”制度的实施促进了农村党建工作的规范化发展，并为当地的长远发展提供了坚固的制度保障与人才后盾。2012 年至今，信丰县财政为农村党建工作提供资金多达 1200 多万元，为 63 个行政村提供了新建改建组织活动场所，为 300 名农

---

① 案例来源于王飞虎：《“一村一档”制度给力农村基层党建》，《中国档案报》，2014 年 4 月 7 日，第 2 版。

村党员提供了创业贷款贴息，为 618 名困难党员发放了“一卡通”，并培养和发展了 700 多名农村党员。

【背景】

农村党建工作是党建工作的最后一环，做好农村党建工作是提升党的执政能力的重要内容。在市场经济的不断发展和改革开放不断推进的背景下，农村正在发生着前所未有的深刻变化，农村基层党建工作面临着许多亟待解决的矛盾和问题。因为思想认识、综合素质、机制管理不到位等原因，可能造成党组织的地位和作用“弱化”、组织教育活动不到位、抓中心议大事能力不强、党员干部教育管理“序化”等问题，导致一些农村基层党建工作混乱、停滞不前的局面。做好农村党建工作既是历史发展进程的要求，也是全面从严治党的需要。为基层党建工作建档可完整记录党建工作的所有内容，辅助推进农村基层工作，满足新时代的要求和发展需要。

【原理】

有学者提出，推行基层党建工作全程纪实机制，以实现全面从严治党。对基层党建工作建档，是对其进行全程纪实，还包括对党建档案的管理和开发利用，管理层级更高。党建档案主要是对党建工作的记录，通过党建档案不仅能真实反映党建工作的全部内容，也可以为党建工作的开展提供信息资源的支持，并能从档案中总结历史经验，推进基层党建工作朝着规范化、制度化、条理化的方向发展。

【案例解读】

基层党建工作具有复杂性，涉及的活动多样、主题多种，而基层党建人员的管理意识不到位、管理条件落后等问题会导致基层党建工作的混乱。江西省信丰县创新农村党建工作，推行“一村一档”制，为每个行政村建立了规范的党建档案，以提升党建工作的科学水平。信丰县能够成功实行“一村一档”，最根本的是实现了从县、乡、村的上下同步，要求县、乡、村三级切实履行建档责任。指派专人负责各级单位的党建建档工作和检查、监督工作，并将党建材料根据主题分为 7 类。对党建工作档案实施分级分类管理，也契合档案管理理念。在国家信息化建设的背景下，基层党建档案工作也需要不断向信息化发展。推进实现农村党建档案信息化建设，不仅契合档案工作的发展方向，更有助于提高党建工作及党建档案工作的效率。信丰县的基层党建工作实现了“一村一档”，三级联动，农村党建档案不仅包含原始材料，同时也为每个行政村建立了电子档案，但这仅仅是迈向信息化的基础。农村党建工作除了保证录入、保存的电子档案的真实性、安全性外，还需要高水平的管理系统、规范的管理制度、专业人才等多方面的支持，以促进基层党建工作向规范化、信息化、常态化发展。

【思考题】

1. 基层党建档案有哪些分类？基层党建档案管理工作包含哪些内容？
2. 基层党建档案工作与一般档案工作相比，有何特殊性？

3. 基层党建建档工作有何必要性?

案例1-15 安徽省六安市档案局馆规范农产品质量安全档案建档流程①

【案例简介】

近年来，安徽省六安市档案局馆按照“生产有记录，流向可追踪，信息可查询，安全可追溯”的目标要求，建立了农产品质量安全档案。农产品生产企业的模式主要有两种：一是以生产、销售为主体，原料依靠区域采购；二是拥有自己的生产基地或者企业联合农户的形式。针对不同模式的生产企业，档案部门采取以相关企业为依托，向采、检、供、监等多项延伸的模式。六安市档案局馆建立农产品质量安全档案流程大致分为以下5个步骤：

第一步：明确建档对象

建档对象包括：农产品生产企业、生产基地；农民专业合作经济组织、种植养殖大户；从事农产品加工、收购、销售的单位或个人，包括农产品批发市场、农产品商场（超市）、专卖店、仓储、配送中心的开办者；从事农业投入品销售的单位或个人；农产品质量安全检测机构；负责农产品质量安全监管工作的相关部门。

第二步：确定建档内容

农产品生产档案：农产品产地环境；农业投入品的名称、产品标准、生产许可证号、生产企业和销售单位名称、采购日期、数量、用法、用量和使用、停用的日期等；动物疫病、植物病虫草害的发生、防治以及动植物死亡、无害化销毁处理情况；收获、屠宰或者捕捞的日期；农产品生产工艺、配方，农产品包装设计、商标注册材料，技术发明、专利申报审批材料，农产品登记、审批、认证材料，农产品生产许可证、合格证、荣誉证书，农产品实物样品等档案。

农产品经营档案：农产品进货记录，记载产品名称、产地、数量、进货时间、进货人、供货商及其联系方式等；农产品销售记录，记载产品名称、规格、数量、等级、流向等；农产品包装和标识，记载产品名称、产地、生产者、生产日期、保质期、产品质量、添加剂名称等；农产品质量安全协议，检验、检疫合格证明、产品标识等。

农业投入品销售档案：农业投入品的名称、生产日期、保质期、产品登记号或者产品批准文号、采购日期、采购来源、采购数量、销售时间、对象、数量等。

农产品质量安全检测档案：样品名称、被抽样单位名称、抽样日期、产地、批号、数量、检测项目、检测结果、检测方法、检测机构或质检员姓名，以及检测制度、方

① 案例来源于陈平：《安徽六安市农产品质量安全档案建档流程》，《中国档案报》，2011年7月8日，第2版。

案、程序、规范、标准、报告等。

农产品质量安全监管档案：监管工作中形成的政策、法规、标准、规范、农产品质量安全检查、监管记录、违法行为调查处理、农产品认证审批等文件材料及时归档。

第三步：建立管理机制

要求各立档单位因地制宜、因档制宜，确定农产品质量安全档案管理机制，建立切实可行的管理制度，明确责任管理人员，实现农产品质量安全档案的常态化管理。

第四步：规范整理建档

农产品质量安全工作中形成的管理性文件材料，按《归档文件整理规则》的要求整理归档，保管期限按“国家档案局8号令”规定执行。农产品生产档案、农产品经营销售档案、农业投入品销售档案、农产品检测档案，应分类装订成册，立卷归档，其保管期限不得低于产品主体的质保期，原则上一般不少于2年。

第五步：严格工作要求

农产品质量安全档案必须如实记录，不得事后追记。所记录内容字迹工整，数据准确，信息完整，具有可追溯性和重现性。相关责任人、承办人、记录人应有签字手续。电子记录应确保其真实、完整和有效。

在利用、公布农产品质量安全档案不得损害国家、社会、其他组织和个人利益的前提下，对农产品质量安全档案进行系统的整理、编目，编制检索工具，鼓励有条件的单位和个人，依法网上公布可公开的农产品质量安全档案，为各方面利用创造条件。

【背景】

2009年，安徽省档案局探索建立健全农产品质量安全档案，使之应用到农产品的生产、加工、运输和销售环节，以完善农产品质量安全追溯体系，让大众餐桌更安全。安徽省档案局根据《中华人民共和国农产品质量安全法》《中华人民共和国档案法》制定出台了《安徽省建立健全农产品质量安全档案试行办法》，并在霍山县开展试点。

【原理】

2014年中共中央办公厅、国务院办公厅印发的《关于加强和改进新形势下档案工作的意见》提出要建立健全覆盖人民群众的档案资源体系，其中第一点是要加大档案收集力度，特别是对重点工作、重大活动、重大建设项目、重大科研项目、重大生态保护项目以及新领域、新专业、新机构、新社会组织等，要监督指导有关方面及时建立档案工作制度。农产品的质量规范和安全监督正是档案可以拓展的新领域。农产品质量安全档案是指对农产品在生产、经营、销售、检测、监管等各个环节进行实时记录而形成的档案。通过建立农产品质量安全档案，对农产品在生产、经营、销售、检测、监管等各个环节进行实时记录。在农产品质量安全档案建档工作的过程中，档案部门协调好建档工作的指导者、档案信息的发布者和农产品质量安全的有效监管者多重角色，通过规范农产品质量安全建档，解决农产品的质量安全问题。

由于缺乏农产品质量规范和安全监督，农产品质量问题比较突出，建立农产品质量安全档案则是有效的解决办法，也是农产品质量安全管理的基础。档案部门应担任好农产品质量安全档案建构者角色，以保障消费者购买到高质量、安全的农产品。

【案例解读】

安徽省档案局率先制定并出台了关于农产品质量安全档案的办法——《安徽省建立健全农产品质量安全档案试行办法》（以下简称《办法》），并最先在全省范围内推行。《办法》对农产品质量安全档案的建档主体、主要内容、农产品质量安全档案规范管理及工作要求四个方面作出了规定。六安市档案馆的农产品质量安全档案建档流程正是基于《办法》提出的。尽管市档案馆的农产品质量安全档案建档流程对建档对象、建档内容、管理机制等都进行了明确的说明，具有一定的可操作性，但要农产品质量安全档案真正发挥作用，通过档案实现农产品质量安全的可追溯，还需要其他多方面的协同与支持。

一是建立体制机制，增强建档的参与度。农产品质量安全档案并非完成建档即可，要实现该档案的作用和价值，需要构建完整的农产品质量安全档案体系，建立起“政府负责、档案部门指导、各方联动”的工作机制。档案部门在建档过程中，应加强与农产品质量安全监管部门的协调与配合，形成工作合力，规范建档流程，提高档案质量。可将农产品质量安全档案纳入社会征信体系建设中，建立农产品质量安全等级体系，以此增强建档主体参与建档的主动性、积极性，增强对农产品质量安全档案的重视。

二是构建农产品质量安全档案信息追溯平台。尽管农产品质量安全档案已经在全国范围内多个试点地区建立起来，但农产品质量安全档案信息追溯平台仍未建成。需要在地方政府的支持下，建立完善的追溯平台，民众可以通过该平台查询所购买农产品的质量情况及其他产品的质量安全档案信息，并将不符合规范的农产品信息及时反馈给相关部门。

三是推进农产品质量安全档案信息化发展。电子信息已成为常态，农产品质量安全档案也需要考虑档案数字化和电子信息建档等问题。将农产品质量安全档案进行数字化，并规范管理，建立科学的农产品质量安全的数据库，既能辅助实现农产品质量安全信息追溯平台的构建，也是档案管理发展的新方向。开发技术和工具，实现农产品质量安全信息的全程追踪和电子化录入，既能方便建档主体的建档操作，也能保障农产品质量安全信息的真实性。

【思考题】

1. 在县级档案机构中，负责农产品质量安全档案管理的是什么部门？
2. 农产品质量安全档案体系包含哪些内容？
3. 农产品质量安全档案建档需要档案部门与哪些政府职能部门共同完成？

案例 1－16　西南财经大学开展口述校史项目[①]

【案例简介】

随着“口述史”的勃兴，在国内高校中各种形式和类型的口述校史项目和成果陆续出现。西南财经大学开展口述校史项目过程如下：

筹备阶段。2014 年，西南财经大学为筹备建校 90 周年庆典和开展校园文化重点建设，由校档案馆牵头正式启动了“口述校史”项目。因为 1925 年以来的许多档案已经无从查考，挖掘建校过程中许多不为人知的东西，能够更好地补充学校记忆。为扎实稳妥推进该项工作，校档案馆拟定了《西南财经大学口述校史工作执行方案》，依据“抢救式”采访原则，围绕 1925 年建校以来发生的重大历史事件和知名专家、学者，确定口述校史系列访谈对象，全面开展口述校史工作。同时，还联系离退休处、宣传统战部、各学院(中心)，请其推荐口述校史受访者，根据受访者的寻找难度，选择有代表性的口述者。由于访谈对象分布地域广，需要花费大量的人力、物力、财力。口述档案工作的费用支出主要包括设备器材、差旅交通、餐饮、抄本制作、影印、通信等。西南财经大学将“口述校史”列为专项项目，下拨专用经费，联合宣传统战部、信息与教育技术中心组织了口述校史采访队伍，选拔学生记者团和校史讲解队的学生担任工作助手并进行了动员培训。在收集口述校史资料的基础上，确定采访提纲，征求采访者意见或建议。

正式访谈阶段。访谈前，通过沟通确定访谈地点。了解受访者身体情况，尽量熟悉受访者，在正式访谈进行前使受访者认同采访，为采访顺利进行打好基础。访谈中注意以下内容：提出的问题清晰、具体、简洁和明确；访谈结束后，对受访者的姓名、年龄、职业等基本信息加以确认。有笔录的访谈，让受访者过目之后，签名盖章，确保真实可信；对于有录音、录像的，贴上标签以免混淆。日后这些信息材料会涉及所有权、使用权、署名权、著作权等法律问题，无论受访者是个人的行为还是机构委托的行为，都要及时与受访者协商好日后可能遇到的法律问题。

口述档案的保存。2013 年以来，按照抢救式和顺藤摸瓜式原则采访老校友、老教授、老领导 57 人，整理采访实录、录音、文字、实物，编印《西南财经大学口述校史辑录（一）（二）》合计 55 万字，同时积极挖掘收集名师和校友捐赠的档案、实物、照片等千余件。

【背景】

伴随着高等教育的发展、高校社会功能的拓展，高校越来越重视总结、梳理自身的

---

① 案例来源于邓晓娇、金元平：《高校口述档案资源建设的途径和利用策略——以西南财经大学为例》，《黑龙江档案》，2017 年第 5 期，第 45 页。

办学经验、办学传统与办学理念，作为“活档案”“活历史”“口述证据”的口述档案的征集、整理、研究工作越来越受到社会各界的重视。随着“口述史”的勃兴，在国内高校中各种形式类型的口述校史项目和成果也陆续出现。

【原理】

口述档案的产生与档案机构介入“口述史”和“口头传说”的收集和管理有着密切的关系。在我国，口述档案没有完全统一的定义。通常认为口述档案是以抢救和保护历史记忆为目的而存在的原始记录，从狭义来说只是口述史和口头调查的结果，表现形式通常为录音磁带、录像和其解释说明的文字信息；从广义上来说包括新闻采访、会议的录音等一切有保存价值的记录。2008 年修订的《高等学校档案管理办法》（中华人民共和国教育部令第 27 号）第八条指出了高校档案机构的管理职责，其中包括接收（征集）学校的各类档案及有关资料，编研、出版档案史料。因此，口述校史项目是高等学校档案工作的必要内容。口述档案在整理之前并不像档案一样看得见摸得着，它隐藏在人们的记忆中，必须有人去收集和记录，才能成为看得见、摸得着的实物。

【案例解读】

口述校史档案的重要意义在于以下两个方面：

口述校史档案是学校发展历程的反映与总结。将学校的发展历程通过口述校史的方式系统收集与整理，是对学校悠久历史的记载与尊重。通过学校的建校历史，可以看到各个时期学校的办学理念、教育改革、教学成果等，这对于学校后续的发展有着良好的指导与参考作用。

口述校史档案有利于构建学校精神文化氛围。通过口述的方式收集校历，还能从不同的访谈人群中了解他们对于学校的看法与感情，可以从中深入发掘与学校有关的励志故事、感人故事等，将其进行宣传和学习，让全校师生甚至各界人士看到学校的发展路上的坎坷与成就，进一步弘扬与构建学校的精神文化。

从本案例中可以获得的重要经验：注重口述史收集整理后的多媒体传播。口述史的意义不仅在于收集，更在于收集整理之后，如何将口述史里蕴含的教学理念和办学精神向广大师生以及社会各界人士传播。西南财经大学口述校史的档案建设采取了多样化的传播方式，例如在档案馆网页开设校史栏目、推出校史系列短片、出版校史访谈刊辑及通过创建专门宣传校史的微信公众号等新媒体传播方式。这些宣传方式可以使收集整理的校史得到更好的传播与了解，让更多的人认识到校史的重要性。

【思考题】

1. 建立校史档案的意义是什么？
2. 校史馆陈列的档案类型有哪些？
3. 简述高校收集口述史的对象与途径。

案例 1-17　苏州市吴江区开弦弓村口述历史资料的采集[①]

【案例简介】

近年来，江苏省苏州市吴江区档案局以费孝通 26 次访问的“江村”（开弦弓村）为样本，携手复旦大学社会学院，开展乡村口述历史资料采集试点工作，在留存乡村记忆、传承乡村文明、服务乡村振兴方面逐渐走出了一条吴江特色之路。

2015 年，吴江区档案局决定选择开弦弓村开展口述史调研试点，主要基于两个有利因素：一是社会影响大。费孝通先生曾 26 次访问开弦弓村，获取研究中国农村改革方向的“灵感”，国内外一些著名学者也在开弦弓村进行实地调查，形成了一批重要的研究成果。如今，每年到开弦弓村访问的国内外学者有近千人次，国内数十家高校在开弦弓村设立社会实践基地。二是人物故事多。开弦弓村虽是个小村落，但有着悠久的历史和深厚的底蕴。尤其近现代以来，与开弦弓村相关的名人很多。另外，启动开弦弓村口述史还有一个内在的因素，是缘于对《开弦弓村志》编纂中一些遗憾的弥补。当时在资料收集过程中，方志编纂人员曾经访问过不少老人。但当时没有录音，回头再想找老人核实时，有的已经过世，留下永久的遗憾。口述历史能弥补志书通常“只见社会不见人”（费孝通语）的缺憾。

为保证采集的口述史质量，吴江区档案局选择了此前有过合作项目的复旦大学社会学院，委托刘豪兴教授带队开展开弦弓村口述史的调研。他是费老的学生，又担任过《开弦弓村志》的主编，扎根开弦弓村搞学术研究几十年。组员有本村退休干部、退休教师，复旦大学学生以及档案局工作人员等。作为研究课题，“江村百人口述史”调研的具体实施过程严谨扎实，由点到面，逐步推进。一是明确口述历史采集目的。主要以个案的口传记忆还原开弦弓村的社会组织、生产劳动、教育文化、社会生活、社会行为、人际关系、生活态度和生活事件等方面的面貌，记载被“遗忘”的历史真相和民众心境，为宏观历史题材补充鲜活、翔实的案例。二是确定口述历史访谈对象。首先对开弦弓村人口状况进行调查摸底，依照个人阅历比较丰富、听力较好、思维较好等条件综合评估，确定访谈对象。访谈对象以 60 岁以上的老年人居多，因为他们大多经历了不同时代，也都是开弦弓村改革开放实践的全程经历者，人生阅历丰富，乐于分享个人故事。三是进行访谈前期准备工作，包括学习并掌握访谈工作的基本技巧；大致了解其个人经历等背景资料，在设计、编制访谈提纲前力争有的放矢；准备好合适的采录设备，特别是保证录音笔的质量以及使用的方便。四是采用个案访谈同步录音（像）。口述史采集工作组对开弦弓村民的访谈大多采用个案访谈的方式，主要是让受访者在不被干扰

① 案例来源于钱晓燕、王来刚：《留存江村记忆　丰富乡土文化——吴江开弦弓村口述历史资料采集工作的实践与思考》，《档案与建设》，2019 年第 2 期，第 51～53 页。

的情况下，访谈进行得更为深入，讲述更有条理。而且，对于同一事件的不同经历者，独立访谈也有助于彼此印证。

由于乡村口述历史采集面广、要求高，工作中也遇到了一些问题。一是访谈质量不能完全保证。比如有的访谈临时确定，准备不足，事倍功半；有的本地人访谈出现为访问人“代言”或自认为“不重要”忽略了部分史实，影响访谈质量；有的访谈因故未能连续完成，带来重复或遗漏；也遇到过拒访。二是文字整理力量严重不足。口述史的整理要求以采访逐字记录稿为主体内容，形成问答实录。开弦弓村采录的很多是高龄老人，不会说普通话；参加采录多为外地人，很难过语言关。三是资金保障没有完全到位。江村口述史调查没有在有关部门立项，主要依靠区档案局划拨专项资金支付工作团队支出，难免捉襟见肘。

总之，开弦弓村的口述历史资料采集本着“抢救历史文化、留存乡村记忆、丰富江村文化”的初心，通过全面、真实、深入地客观记录开弦弓村人的人生历程，折射开弦弓村的社会文化变迁，为地方史籍增加更多资料和细节。

【背景】

开弦弓村学名叫江村，“江村”一名是费先生为写书而起的。20 世纪 30 年代中，一袭土布长衫、面容清瘦的费孝通先生来到江村调研，写成了他在伦敦经济政治学院的博士论文《江村经济》。该文使年轻的费先生名闻天下的同时，也使位处太湖之滨的这座江南小村顷刻间备受世人瞩目。开弦弓村位于七都镇东南，东靠东庄荡，西连西庄荡。该村是中外学者了解和研究中国农村的窗口。2019 年 12 月 24 日，入选全国乡村治理示范村名单。2020 年 10 月，入选第二批江苏传统村落名单。

【原理】

社会学和历史学学者认为，口述史是重视下层民众历史的产物，因为后者的活动和心理很少见诸文献，为了研究他们，必须借助口头资料或口碑。从方法上说，口述史是历史学与社会学、民族学、人类学等注重田野工作即实地调查的学科相结合的产物，因为口述史学家必须通过调查采访等直接手段，从特定主题的当事人或相关人那里了解和收集口述资料，以其为依据写作历史。由于口述史料的直接性，使这些主题的研究，特别是民族史、社会史，从时间上说是现当代史的研究更易接近真实，减少史学家的主观性。特别是口述史可以借助现代化的音像手段，大大简化了资料收集工作。

【案例解读】

口述史料的采集需要注意以下几个问题：

口述史料的乡村选取。在选择口述乡村历史的研究对象时，可根据该乡村是否与著名人物有关、是否有广为流传的历史故事、是否在历史上开创了某个领域或行业的先例等因素进行选取。例如，开弦弓村历史悠久，这里曾诞生了中国农村第一家股份制乡村工业企业——开弦弓村有限责任生丝精制运销合作社（缫丝厂），可从中研究中国近代蚕桑业改革的历史；以著名的社会学家费孝通先生为代表的国内外社会学研究学者曾多次到访此村，进行实体考察，研究中国农村改革方向。这些具有代表性的事例让开弦弓村成了吴江区档案局开展口述史的调研试点。

借助多方合作开展口述史建设工作。口述史档案的建立虽然是档案馆的工作，但只凭专业知识却很难做好开展情况复杂、涉及时间很长的档案收集工作。因此在本次开展的开弦弓村口述史的采集工作中，参与人员中有在 2015 年主持编写《开弦弓村志》的刘豪兴教授（他本人是多次访问开弦弓村的社会学家费孝通先生的学生）；开弦弓村的退休干部、退休教师等见证了本村历史变迁的知识分子；复旦大学的相关专业学生以及长期从事口述史研究的专家学者。通过多元化的专业人员的共同合作，可以使整个口述史项目更具完整性和专业性。

【思考题】

1. 简述口述历史资料采集的过程。
2. 哪些口述史料值得收集归档?

案例 1-18　河北省档案馆采集河北援鄂医疗队抗疫口述史料①

【案例简介】

在河北援鄂医疗队抗疫口述史料的采集工作中，河北省档案馆从主题选择、对象选择、提纲准备、形式选择与采访方面着手，完成了此次口述史料的采集。

口述史料采集的主题选择。口述史料采集主题的选择要以能否为社会活动提供利用为出发点，采集主题的选择要从凭证价值与实用价值双重角度考虑。此次采集援鄂医疗队口述史料，从凭证价值考虑，医护人员以个人定位和视角讲述的口述资料可以从侧面客观记述此次抗击新冠肺炎的历史事件，作为未来调查、研究、总结问题的依据与佐证。从实用价值考虑，又可分为现实价值和长远价值。现实价值是积极向社会宣传河北省援鄂医疗队抗疫的典型人物和典型事迹，医护人员身为普通民众可以参与社会记忆的建构，使历史展现的层次更丰富；长远价值是此次口述史料采集用最生动、内容最通俗的方式来还原与记录河北省援鄂医疗队的真实故事。

口述史料采集的对象选择。采集对象的选择，首先考虑横向的全面性，河北省先后派出 1100 名援鄂医疗人员，采访对象要兼顾，既要有代表性又不单一。采集对象选取时，不仅照顾了援鄂对象医疗领域的不同（中医、西医、院感、ICU 病房、普通病房、方舱医院、CT 检验等），而且照顾了行业的各异（卫生健康委、一线医院、疾控中心、媒体），并且兼顾了服务区域的差异（武汉、神农架林区）。其次要考虑纵向的深度，河

① 案例来源于刘慧鑫：《口述档案参与社会记忆建构的实践探索——以河北援鄂医疗队抗疫口述档案采集为例》，《档案天地》，2020 年第 8 期，第 54～56 页。

北援鄂医疗队不仅是省级医疗人员，纵向还要兼顾市、县、区等各个层级。最后要考虑“均衡”，采访对象男女比例均衡、层级均衡（厅局级、乡科级、专家院长、主任、主治、护士、队长、队员等兼顾）、医院分配采访名额均衡。对象的选取，事无巨细，需要通盘考虑，这样才能保证最终形成的口述史料的全面完整和可借鉴性。

口述史料采集的提纲准备。每篇口述史料的采集质量关系着整体口述采集成品的质量水准，因此采访提纲的拟写是成功的决定因素。采访提纲没有固定模式，但也不能千篇一律。口述事件采集背景相同，但是采访对象的身份、服务领域、站位各异，因此对采访对象的前期深入了解至关重要，要做好每个采访对象提纲的“量体裁衣”，善于从点对点收集的档案资料、媒体报道等多渠道发现采访对象身上的闪光点，依据这些材料的挖掘，对采访对象选用不同的切入点，有针对性地撰写采访提纲，这样才能打动被采访者，使他们乐于回忆，从而挖掘出不同采访对象背后的故事，才能做到采集稿件质量的层次提升。还要注意的一点是，在采访提纲拟定后要给受访者审定，受访者有权利拒绝采访某些内容或对问题进行修改。双方对采访提纲沟通修改后，方可进入采访阶段。

口述史料采集的形式选择与采访。在与受访者确定采访时间后，要选择环境幽静不易干扰的环境开展口述史料采集工作，一方面有利于资料采集的清晰性，另一方面有利于受访者被采访时的思维连贯性。口述采访一般有面对面采访、电话采访、微信视频语音形式采访等多种形式，一般情况下的采访要征求被采访者意愿选择采访形式。但是此次抗疫人员口述采集工作，由于抗疫防控工作需要，采取了跨空间的电话和微信语音形式采访。在采谈过程中，采访者要充分展示真诚、尊重与耐心，与被采访者建立良好和谐的关系，要做好倾听者，让被采访者感受到“温度”与“被理解”，这样有利于资料的挖掘；要时刻观察被采访者的情绪变化，适时引导采访主线，防止在采访中由于被采访者的情绪波动造成的主题偏离；要以采访提纲为主脉又不拘泥于提纲中的问题，要随机应变，善于从被采访者已讲述的内容中挖掘有价值的问题，继续跟进做深入的采访。

【背景】

自新冠肺炎疫情在湖北省蔓延以来，全国各地积极增派医疗队伍援鄂，各省各地区坚决贯彻落实中央、省委疫情防控工作决策部署，以高度的政治敏感和政治自觉做好各项工作，同时，积极留存疫情防控期间的各项档案材料，以便能够主动发挥档案资政功能。河北省档案馆审时度势，加强了口述史料的采集工作。

【原理】

国家档案局发布的《口述史料采集与管理规范》（DA/T 59—2017）明确了口述资料采集的流程：确定口述者、采集准备、采集实施。其中在确定口述者时，应遵循多角度、多层次、不同角色、最大限度地弥补历史记录不足的原则；在采集准备阶段包括采集的主题、事件、背景信息以及采集的时间、地点；采集实施阶段包括采集要求、采集技巧、采集协议、口述者基本信息等。口述史料采集应遵循真实性、准确性、完整性的原则和采集流程规范化的要求。

【案例解读】

河北省档案馆在采集援鄂医疗队口述史料的过程中，认真遵守我国行业标准中规定的口述史料采集的流程，首先确定口述对象，然后做采集准备，最后实施采集。具体有以下特点：

一是正确认知，明确采集主题。此次新冠肺炎疫情是近年来传播速度最快、感染范围最广、防控难度最大的重大突发公共卫生事件，带来的损失非常惨重，而援鄂抗疫彰显了我国人民众志成城的伟大精神。通过援鄂医疗人员的口述采集，能够记录这段历史，以便之后能充分发挥作用，因此河北省档案馆在采集时充分考虑了其凭证价值与实用价值，以期为社会活动提供利用。二是通盘考虑，力求真实完整。在确定口述对象时，既考虑到了横向的全面性，也考虑到了纵向的深度，选取不同医疗领域、不同服务地区、不同行业、不同性别、不同层级的采集对象，能够较为全面地了解援鄂抗疫人员的真实情况；在制定采集提纲时，该档案馆没有限制与固定采访的题目内容，而是针对不同的采集对象提前调查并列出合适的问题，使得被采集者能够真实回答。三是换位思考，营造良好氛围。河北省档案馆一方面认真与口述对象事先沟通采访提纲内容，让他们对此次采访有整体的了解，对于不合适的问题及时修改；另一方面采访者建立与口述对象之间的良好关系，真诚提问，使他们能够敞开心扉，积极回应，以便采集者获取最想要的信息。

口述史料在社会发展中具有重要价值，河北省档案馆在采集援鄂医疗队伍的口述史料时，整体流程较为规范，在主题、对象、提纲、方法等的选取方面都遵守相应规则，因而能够完成此次采集工作的目标。

【思考题】

1. 什么是口述史料？口述史料的采集步骤是什么？
2. 抗疫口述史料收集工作面临哪些困难？

案例1-19　辽宁省档案馆建立抗击疫情专题档案全宗[①]

【案例简介】

经过6个月面向社会的公开征集，尽管档案接收工作还在进行，但辽宁省档案馆抗击疫情专题档案全宗已建成，上万件各门类、各载体的战“疫”档案在此“安家”，留住辽宁抗击疫情的历史记忆。

---

① 案例来源于赵乃林：《辽宁省档案馆抗击疫情专题档案全宗建成》，http://www.zgdazxw.com.cn/news/2020-08/19/content_310004.html。

在纳入抗击疫情专题档案全宗的资料中包含两样实物。一是一本湖北籍来辽宁打工的农民工编辑印刷的抗击疫情纪念册。这名农民工叫应传发，在辽宁打工多年，对辽宁的情感很深。他在疫情防控期间通过网络以及自行拍摄的方式，整理出一本抗击疫情图集。这本图集收集了辽宁及全国各大城市抗击疫情的各种场景。二是一套消杀掉色的冲锋服。由中国医科大学附属第四医院援鄂队员捐赠的这套冲锋服，原本是崭新的冲锋衣、裤，驰援武汉期间，工作在一线的战“疫”医护人员穿在身上，经过一个多月的反复消杀，已经严重掉色。这套掉色的冲锋服，不免使人想起医护人员因反复消毒而致手部皮肤严重腐蚀的画面。

其实，不仅是这些实物背后都有感人故事，与抗击疫情有关的每一页纸都映射出在这个特殊时期百姓生活的点点滴滴。在辽宁省档案馆内，还有征集到的1000余首普通市民创作的抗击疫情诗歌、书画作品等，这些都是群众的真情流露。

辽宁省档案馆的这次征集活动在种类和数量上都做到了突破。据统计，省档案馆现已收集了文书、实物、音像、网页等各种形式、载体的抗击疫情档案，主要包括：接收的文书档案103件；征集的实物档案114件，包括医疗队队旗、队服、书画作品、锦旗、警用摩托车模型等；面向社会征集的照片、视频、抗击疫情诗歌、书画作品等2000多件；还有网页抓取198件资料，收集“辽宁医疗队档案馆”资料671件，收集援鄂医疗队相关照片4496张、视频时长5小时24分钟。这些档案资料均纳入了抗击疫情专题档案全宗。

从来源来看，此次抗击疫情专题档案全宗主要包括辽宁省支援湖北疫情防治工作前方指挥部、辽宁省疫情防控指挥部及44家成员单位形成的文书、实物、音像等档案，以及面向社会征集的各种门类、载体的抗疫档案资料和在辽宁省各门户网站抓取的通知、公告、新闻报道等网页档案。

目前，前方指挥部的相关档案资料已经全部移交进馆，后方指挥部及44家成员单位的抗击疫情档案正在整理中，按计划9月1日前全部移交进馆。

一方面辽宁省档案馆按规定接收省疫情防控指挥部及其成员单位、省支援湖北疫情防治工作前方指挥部的档案材料；另一方在省档案局的大力支持下，迅速行动、周密策划，主动通过全方位多渠道进行征集。

与以往相比，此次建立抗击疫情专题档案全宗，所征集到的档案文献、实物更具针对性、时效性和真实性。尤为突出的特点是收集方式新，用更先进的技术、更宽阔的渠道、更多元的角度，全方位立体地收集，保证了档案资料的全面和完整，全景式再现了全省人民抗击疫情的成果。

辽宁省档案馆将在适当时机，依托收集来的档案资料举办抗击疫情的专题展览，让每一个展件背后的故事深入人心。

辽宁省档案馆抗疫专题档案全宗的建立为人们完整地留住了非常时期的辽宁记忆，是国家档案全宗的重要组成部分，所承载的是代表着国家在这次疫情防控工作中产生重大影响的有价值信息。其价值体现在：为政府提供决策建议，提升政府治理能力；留存社会记录，宣传爱国主义精神；提供数据分析，保障科学研究的开展；总结经验教训，提升社会防范意识和群众的健康意识。

【背景】

新冠肺炎疫情发生以来，在党中央的坚强领导下，全国人民迅速行动，同舟共济、共克时艰，积极参与疫情防控工作，为坚决打赢疫情防控战争贡献了力量，涌现出了许多感人肺腑的英雄事迹。2020 年 11 月，国家档案局公布了《重大活动和突发事件档案管理办法》。为保留疫情防控历史的真实记录，保护党和国家的宝贵财富，辽宁省档案馆面向社会各界征集新冠肺炎疫情防控工作相关的档案资料，并建立了抗击疫情专题档案全宗。

【原理】

我国《档案馆工作通则》规定，档案馆的基本任务是在维护党和国家历史真实面貌的前提下，集中统一地管理党和国家的档案及有关资料，维护档案的完整与安全，积极提供利用，为社会主义现代化建设服务。《重大活动和突发事件档案管理办法》第十六条规定，责任部门应将印章、题词、活动标志、证件、证书、纪念册、纪念章、奖杯、奖牌、奖章、奖状、牌匾、锦旗等实物档案及照片、录音、音像、网页信息、社交媒体信息等材料纳入收集范围。根据我国《档案法》规定，档案馆除按照国家有关规定接收移交的档案外，还可以通过接受捐献、购买、代存等方式收集档案。档案是人类文明的伴生物，在社会的行政、业务、文化、法律、教育等方面具有重要作用。

【案例解读】

抗击疫情，是举国上下共同的责任，辽宁省档案馆理清职责，快速行动，为该省建立了抗击疫情专题档案全宗。在该全宗的档案收集中，辽宁省档案馆积极作为，主要表现在以下几个方面：

一是明确全宗价值，实现以用促收。辽宁省档案馆抗击疫情档案全宗的建立能够留存这一时期的真实记录，能够为政府提供决策建议，向人民宣传爱国主义精神，帮助人们总结经验教训，为社会主义现代化建设提供服务。正是认识到了该全宗的重要价值，辽宁省档案馆计划周密，积极收集抗疫档案，极力促成该全宗的形成。

二是注重背后故事，保证真实与针对性。一些实物档案往往蕴含着真实、丰富的故事内容，辽宁省档案馆征集到了医疗队队旗、队服、书画作品等在内的实物档案百余件，还有千余首市民创作的诗歌，真实记录了抗击疫情期间的事迹；此外，省档案馆还针对抗击疫情期间的照片、视频、网页等档案资料进行收集，丰富了该全宗内档案载体的形式。

三是实行多措并举，扩大收集范围。辽宁省档案馆在此次抗击疫情专题档案全宗建立的过程中，大大增强了收集力度，一方面按规定接收相关部门移交的抗击疫情相关档案；另一方面利用现代信息技术，多渠道、多角度、多层面地向社会征集各种类型、各种载体的档案，使得该抗击疫情专题档案全宗更加具有全面性和完整性。

辽宁省档案馆抗击疫情专题档案全宗的建立为其他省市建立类似有价值的全宗提供了一些借鉴：首先确认其建立的价值；其次理清要收集档案的内容、对象、方式等；最后采取行动，建立较为全面、完整、真实的档案全宗。

【思考题】

1. 档案馆接收进馆档案应满足哪些要求？
2. 我国新修订的档案法关于档案的收集归档方面有哪些新规定？

案例1-20　泰州市档案馆编制《泰州防控新冠肺炎疫情实录》[①]

【案例简介】

《泰州防控新冠肺炎疫情实录》（以下简称防控实录）是泰州市第一本围绕重大事件编纂的专题志书，也是该市党史方志领域编纂的第一本全媒体志书，在实录编写的过程中，泰州市档案馆全方位抓好新媒体时代新冠肺炎疫情防控档案资料收集处置工作。

在收集的内容方面，市档案馆向公众发布了疫情防控档案征集公告，收集内容包括反映该市范围疫情防控感人事件、做出贡献的人物事迹的相关资料、社会各界捐赠款物记录、纪实资料和宣传报道材料等，载体形式有文字、照片、音视频、实物等。同时，馆内成立防控实录编辑小组，主动深入政府部门网站、微信公众号等新媒体系统，全方位收集档案资料。

在收集的对象上，主要面向当地的政府网站、政务微博以及当地政府部门和相关机构单位的官方微信公众号。政府网站是各级政府信息化建设的起点，公民、企业与政府工作人员通过这类综合的跨部门的业务应用系统，能快速便捷地接入所有相关政府部门的政务信息与业务应用。政务微博具有即时性、分享性、互动性的独特传播优势，可推送信息动态、鲜为人知的小故事等，还可进行交流互动，征求群众意见、接受网上申办等，是公共服务的新渠道。政府通过微信公众号可广泛地传播图文、音视频等各种形式的信息，实现无时限、无人工的政府信息服务。人民群众通过手机服务号就可以了解政策、行业动态等线下传统服务内容，还能根据个人喜好订阅或接受精准推荐等智能化的服务。

在收集的流程方面，首先馆内成立编辑小组，制定收集规则，确定收集对象，分别确定收集对象的网站、微博、公众号等新媒体的网址和名称，明确责任分工，同步向社会发布征集公告，全方位收集新媒体档案。其次根据收集的档案，建立类目，同步到总库。最后在总库上进行去重、清洗过滤、主题词确定等细致化工作，校对无误后归档到档案库，形成防控实录最终版。防控实录确定三级类目：一级类目为各部门单位名称，二级类目为媒体类型名称加图片和视频两个文件类型，三级类目为档案的日期。类目中

---

① 案例来源于金凤：《新媒体档案收集工作探索与实践——以〈泰州防控新冠肺炎疫情实录〉编制为例》，《档案与建设》，2020年第6期，第59～61页。

的日期为档案内容的时间，区别于档案发布时间、档案采集时间、档案过滤时间和档案收集时间。

在收集方法的使用方面，在页面内容复制工作中，打开疫情期间政府部门媒体页面，复制所选内容，粘贴保存到本地文档中。这种方法的优点是简单直接，门槛较低，会操作电脑的人都可以采用此方法；缺点是有些网站设置了不可复制，有些只能复制文字，图片则要另外复制保存后插入，因此需要大规模批量收集新媒体信息时，效率较低。在防控实录收集微信公众号文章过程中，主要尝试了三种工具：一是使用腾讯公司自有产品。微信公众号和QQ空间都是腾讯公司的产品，具有共享性，通过QQ空间可以将微信公众号的文章导出。二是使用微信公众号编辑、查看网站完整内容。三是使用成品抓取工具导出助手。该工具能批量下载指定公众号所有文章，也可以根据文章链接下载单个文章，缺点是视频不能下载保存。在网络爬取防控实录编辑过程中，充分使用新技术与新手段，采用八爪鱼和Python爬取等方法来抓取内容，主要方法为模拟真实用户或者解析HTML。

【背景】

在新冠肺炎疫情防控工作中产生的档案反映了全国人民抗击新冠肺炎疫情斗争的真实面貌，具有资政查考作用，是各级档案部门当下需要收集的重点档案。2020年2月，国家档案局发布了《关于做好新型冠状病毒感染肺炎疫情防控期间档案工作的通知》，要求各级档案部门充分利用现代通信技术，灵活采用微信、移动客户端等多种方式，加强对疫情防控材料收集归档工作的业务指导，积极争取将档案工作纳入防控工作的总体部署中。2020年11月，国家档案局公布了《重大活动和突发事件档案管理办法》，进一步推动了新冠肺炎疫情档案的收集工作。

【原理】

根据《重大活动和突发事件档案管理办法》第十六条规定，责任部门应将重大活动和突发事件中形成的业务数据、网页信息、社交媒体信息纳入收集范围，做到应收尽收、应归尽归。第十九条规定，重大活动与突发事件档案一般与责任部门履行其他职能形成的档案进行统一管理；确有必要的，可以设立专题进行管理。

新媒体档案是迎合人们碎片化阅读的习惯，依托信息技术和互联网技术，实现不受时空限制、互动性强、及时性高的电子档案，其载体形式包括文字、图片、音视频等，常见的新媒体主要有网站、博客、微信、微博等。新媒体档案具有传递实时、海量存储、传播面广等特点。

【案例解读】

此次新冠疫情作为一次重大突发公共卫生事件，泰州市档案馆积极响应国家政策，正面应对，在收集新媒体档案及编制防控实录的过程中做到了以下几点：

一是充分重视此次事件，积极建立疫情防控实录专题。泰州市档案馆考虑到此次疫情的重大程度以及影响力，专门针对疫情期间形成的感人事件、人物事迹的相关资料、纪实资料、宣传报道等多种载体的新媒体档案进行多种方式的收集，尽可能做到应收尽收，并形成专题志书，以便对疫情期间的防控档案进行统一集中管理，形成该档案馆特色馆藏的一部分。

二是整体统筹、任务分工，有序推进防控档案收集工作。基于新媒体档案的传递实时性、海量存储性、传播范围广的特点，这些档案的收集工作任务量较大，从开始的成立小组、制定规则，一直到最后的版本确定，泰州市档案局对其进行了详细的责任分工，并且面向公众发布通知，以便能够获得公众的配合与支持，最大限度确保了此次收集工作能够顺利完成。

三是努力提高收集效率，合理推出针对性的收集方法。对于不同收集内容，市档案馆充分利用现代通信技术，提出了三种方法，并通过分析其优缺点来帮助人们根据实际情况及需要适当选用，以收集新媒体中的网页信息、社交媒体信息等，能够在一定程度上提高疫情防控中新媒体档案的收集效率。

对于新媒体档案的收集工作来讲，由于新媒体档案所独具的特点，因此必须注重整个收集过程中各项琐碎的细节，尤其是在任务分工与方法的选用阶段，只有对症下药，才能取得一定的成绩。

【思考题】

1. 什么是新媒体档案？
2. 新媒体档案具有哪些特点？
3. 收集新媒体档案要注意哪些问题？

案例 1-21　多国共建新冠肺炎在线档案馆项目[①]

【案例简介】

新冠肺炎档案馆在线项目是专门用来收集疫情期间世界各国人民真实故事的档案网站，由摄影师、讲师和设计师詹姆斯·瑞格利（James Wrigley）与乔纳森·汤姆林森（Jonathan Tomlinson）共同发起。他们希望将疫情期间一些积极的东西拼凑在一起，目的就是展示全球摄影师和作家记录新冠肺炎疫情暴发期间生活的作品，以便为公众提供回忆及其他功用。其总部设在曼彻斯特，是由世界上多个国家共同参与组建的。

当新冠肺炎在全世界蔓延开来的时候，不少人民都处在病毒带来的恐慌之下，尤其是疫情比较严重、管控比较严格的地区，人们往往会在不经意之间采取一些手段来自我调整，例如，詹姆斯·瑞格利就看到了意大利每个人都在阳台上唱歌的视频。而在我

① 案例来源于 Marigold Warner：Public Source is building a collaborative archive of life during COVID－19，https://www.bjp－online.com/2020/03/public－source－coronavirus－covid－19－archive/。

国，受疫情影响，被封闭在家的公众产生了许多自娱自乐的玩法并拍下了视频与照片，在抗疫前线的英雄也留下了他们奋斗的痕迹。詹姆斯·瑞格利与乔纳森·汤姆林森认为他们应该做点什么来避免恐慌的加剧，而新冠肺炎疫情期间人们发生的故事、照片、摄影记录等则应该被永久、长期地记录、留存下来，并能够不受时限地向人们展示，以便人们用来回忆及发挥其他功用，从而给人们带来一定的积极影响。因此，他们主动编写了网站代码，迅速成立了一个新冠肺炎在线档案网站并将网站上线，之后，鼓励世界各国人民自发上传他们在疫情期间的图片、故事作品等。但是他们对于所要上传分享记录的图片、故事等是有选择的，要求他们是独立的、完整的，而不是像空空的街道和超市这种没有任何意义的照片。而是类似这样的：在奥地利南部的卡林西亚州，为了防止感染，摄影师阿诺德 Pöschl 透过玻璃窗拍下了他妻子的祖母的照片，也拍下了当地居民从阳台上播放音乐来振奋被隔离的邻居们精神的情景；在中国上海，杰克·斯普林索普（Jack Springthorpe）记录了在全国封锁之前，聚集在这座城市异常安静的天际线上的游客；在意大利边境，马特奥·德·梅达（Matteo de Mayda）记录了用于执行斯洛文尼亚边境控制的临时建筑。这些照片、记录资料深刻展现了新冠肺炎疫情期间社会、人民的故事百态。

新冠肺炎疫情在线档案馆项目自上线以来，便受到了世界多国人民的大力支持，人们积极将自己的摄影作品及其他档案资料上传到该档案网站，目前，网站已上传了中国、意大利、美国、德国和奥地利等多国摄影师的作品，维护了世界人民的共同记忆。

【背景】

2020 年 3 月，受新冠肺炎疫情影响，政府对广大居民提出了“尽量避免外出，保持社交距离，做好个人防护”等疫情防控相关要求，造成部分居民产生心理和精神上的不安和紧张。一些居民通过室内运动、收听广播、兴趣阅读等途径让自己变得积极起来。新冠肺炎在线档案馆项目旨在收集全球摄影师和作家记录新冠肺炎疫情暴发期间居民生活的故事作品，以鼓励大家振作精神，坚定战胜疫情的信心。

【原理】

声像档案是指以声音或者视频等方式进行记录的一种档案形式，它以音响和形象等方式为载体，并辅以文字说明，具有保存价值。声像档案也被称为音像档案、视听档案，主要包含照片、录像、音频等多种形式。其中，照片档案是国家机构、社会组织或个人在社会活动中直接形成的、以静止摄影影像为主要反映方式、有保存价值的历史记录。声像档案具有为宣传报道服务、广泛交流信息、艺术欣赏价值等作用，打破了时间和空间对人们认识问题的限制，拓展了人们观察与认识事物的范围，并凭借其艺术感染力拉近了人与人之间的距离，为新闻部门宣传报道正能量提供了便利。因而，声像档案的收集对于发挥档案的现实参考价值及历史证据价值等都具有重要意义。

【案例解读】

新冠肺炎在线档案馆项目是多国人民共同参与协作而建立的档案网站，它的建立充分体现了世界各国人民在面对突发公共卫生事件时积极应对的态度，在它的形成和发展过程中，有以下做法可以为人们提供参考借鉴：

一是注重自身吸引力，丰富档案征集内容。新冠肺炎在线档案馆作为一个专门用来收集疫情期间世界各国人民真实故事的档案网站，对于世界广大人民来说具有较大的吸引力，一经上线就得到多个国家的大力支持与配合。它能够将疫情期间的故事收集起来，维护人们共同的记忆，因此，在面向更加广泛的群体时，该档案网站能够收集到更加丰富的、真实的与完整的档案内容。二是顺应时代背景，多国共同参与。新冠肺炎疫情是世界各国人民共同经历的沉重灾难，人们都承受了疫情所带来的不安与恐慌，也都拥有共同惨痛的抗疫经历。因此，该档案网站是疫情之下的应时之作，世界多国人民的共同参与能够提高该档案网站的知名度与影响力，从而有利于网站的疫情档案资源建设。三是创新征集理念，提供在线征集。受新冠肺炎疫情影响，且该项目是在全球范围内开展的活动，该在线档案馆没有采用购买、代为保管等常规的征集方式，而是特地推出了在线档案征集，为想要向网站提供摄影作品等档案资料的公众提供不出国门甚至不出家门的征集方式，一定程度上减少了疫情期间外出的感染风险，保障了公众的人身安全，也节省了交通费用。

新冠肺炎在线档案馆项目的建立留存了世界人民在此次重大疫情期间真实的故事，维护了世界人民的财富记忆，同时也为以后发生重大突发事件及时、全面收集档案材料提供了相关经验。

【思考题】

1. 与传统的纸质档案相比，声像档案具有哪些新特点？
2. 声像档案在记录社会方面的重要作用如何？
3. 在收集声像档案过程中应注意哪些问题？

第二章　档案整理

案例 2-1　南京市浦口区江浦手狮舞传承人档案的全宗群管理模式①

【案例简介】

江浦手狮舞的故乡位于南京市浦口区，此舞源于太平天国时期，为当时驻守在永宁地区的太平军战士健体强身及与民同乐时用，之后便被保存流传下来。新中国成立后，此舞很少有人能舞。20 世纪 80 年代末，江浦手狮舞被本地区文艺工作者采风时发现，经挖掘整理和再加工，参加国内国际舞蹈节艺术节并多次获奖，受到了广泛的欢迎。江浦手狮舞作为太平天国时期遗留下来的一支民间文艺奇葩，从历史角度和文化角度都具有重大的史料价值和文献价值，在架构精神桥梁、对外文化交流、构建和谐社会方面具有积极的传承发展价值。

江浦手狮舞传承人既有个体的也有群体的，因此其档案建立方法需要从非物质文化遗产传承人全宗和非物质文化遗产项目全宗两个方面进行有效管理：①建立传承人全宗。江浦手狮舞传承人分布地域虽然较为集中，但档案资料散落在民间，鲜有人进行收集、整理，而对相关档案资料的收集整理正是建立江浦手狮舞传承人档案全宗的前提。相关档案资料保护散落在个人手中的照片、技术文稿、往来书信、参加表演资料、荣誉证书等。随之，将此资料进行分类、排序、立卷、编号、编写案卷目录，为每个传承人建立一个全宗，包括个人全宗和团体全宗两类。②形成全宗群。对于江浦手狮舞传承人档案全宗按照相关顺序（如手狮舞表演队成立时间、成立地点、指导老师等）进行排序，并编排全宗号，使江浦手狮舞传承人档案从更高层面上构成总体系统，方便管理和利用。这种全宗群的管理方法有助于将同一个非物质文化遗产项目的全部档案进行相对集中的管理，有助于保持非物质文化遗产项目内档案的完整性和系统性。

非物质文化遗产传承人档案实行由全宗到全宗群的层级管理，不仅能够全面、细致地收纳个人、团体传承人的具体资料，同时能够从更高的层次和更大的范围加强全宗之

---

① 案例来源于周耀林、戴旸、程齐凯等：《非物质文化遗产档案管理理论与实践》，武汉大学出版社，2013 年，232～237 页。

间的联系，使多个全宗有机结合，方便保管、鉴定、检索、编研及利用。

【背景】

传承人建档属于非物质文化遗产保护和档案管理的交叉领域，受到了文化部门和档案部门的重视，在《中华人民共和国非物质遗产法》和《中华人民共和国档案法》中均有所体现。在档案学术领域已有一些学者对非物质文化遗产传承人建档保护的价值与必要性、现状及路径、传承人档案征集与管理、传承人个人存档等问题进行了相关研究，在档案实践领域，传承人建档工作如何有效开展还有待进一步探索与落实。

【原理】

全宗是一个国家机构、社会组织、个人形成的具有有机联系的档案整体。我国档案全宗的类型，按形成全宗的单位和全宗内容的性质，分为机关组织全宗和个人全宗两种。联系密切的若干全宗的群体，称为全宗群。这也是全宗的分类方法之一。为了便于保管和利用，应该把互有联系的全宗组织到一起，维护一定类型全宗的不可分散性。

【案例解读】

江浦手狮舞在长期的保存流传中受到了地方政府、文艺工作者和民间团体组织的重视，形成了江浦手狮舞三代传承人谱系，为我国非物质文化遗产传承人的保护树立了典范。江浦手狮舞传承人既有个人，也有团队，在传承和发扬江浦手狮舞非物质文化遗产文化中形成了多种形式的档案，但是目前这些珍贵的档案都散落在民间个人或团队手中，地区文化部门和档案部门均没有集中保管，造成档案资源分散、资源数量较少和质量较差的问题。

基于当前的管理状况，浦口区相关政府部门和非物质文化遗产传承人能够有所作为，努力做到更好地保护和传承这份珍贵的精神文化遗产，其做法值得肯定和借鉴。浦口区档案部门通过建立个人全宗和团体全宗群的方式对手舞狮传承人档案进行收集整理，符合档案的形成规律及特点，遵循了档案整理的基本原则之一——来源原则，即同一来源的档案不可分散、不同来源的档案不可混淆。在此基础上，再对全宗内的档案进行分类、排序、立卷、编号、编写案卷目录等操作，便于档案的管理与利用。但是，由于分散在不同传承人手中的档案可能存在重复性问题，例如针同一次活动形成的档案可能有多个传承人进行保存。因此，本案例中为每位传承人建立全宗的做法也可能会导致同一事件的档案实体出现较多重复材料的问题；还可能导致整个手舞狮传承人档案资源体系较为分散，不够系统完整。针对这些问题，浦口区档案部门在收集整理江浦手狮舞传承人档案工作中，创造性地采用全宗群管理的方式，按照相关顺序对全宗进行排列，将同一类型的全宗进行集中，有利于构建层次清晰、系统完整的传承人档案资源体系。同时，由于江浦手狮舞传承人档案来源广泛、内容丰富、类型多样，亦可进一步探索更为科学合理的管理方式，为我国非物质文化遗产文化的传承打下坚实的基础。

【思考题】

1. 非物质文化遗产传承人档案包含哪些内容？
2. 档案部门在参与非物质文化遗产传承人保护中的优势是什么？
3. 各非物质文化遗产传承人档案管理主体之间如何更好地开展协作？

案例2-2 长株潭三市企业全宗内档案的分类模式①

【案例简介】

有学者在2013年对长株潭三市档案资源拥有的情况进行网上调查，选取了若干个有代表性的档案馆藏单位的统计数据开展研究。资料显示，长沙市档案馆现有馆藏档案、资料187个全宗20万卷（册），录音、录像、影片、照片共3800多盘（册）；长沙市城建档案馆馆藏1808年至今的各类城市建设档案23万余卷，录像带800盒，照片60000张；长沙市房地产档案馆馆藏房屋产权纸质档案和电子档案85万多卷，房屋抵押档案近20万卷；中南大学档案馆馆藏中南大学、中南工业大学、长沙工业高等专科学校、湖南医科大学、长沙铁道学院和湘雅医学院行政、教学、科研、产品生产与科技开发、基建、仪器设备、出版、外事、财会、声像等档案78929卷；湖南大学档案馆馆藏1950年以来的党群、行政、教学、科研、基建、财会、外事、出版、设备、产业等各类档案142196卷（册、张），其中照片档案26295张，图片（基建底图等）档案2539张。

株洲市档案馆馆藏档案209个全宗，文书档案179390卷，音像档案610盘，照片档案19026张，底图648张，磁带268盘，实物档案104件，资料41842册；南方公司档案馆集中管理中航工业南方公司的产品、科研、基建、高精尖设备仪器、文书、声像、实物档案，计有10大类60000多卷50多万份；中车株洲电力机车有限公司档案馆馆藏文书档案、科技档案、人事档案、会计档案、声像档案、实物档案等，共计53798卷。

湘潭市第一档案馆馆藏档案148个全宗41798卷；湘潭市第二档案馆现有馆藏档案174个全宗90193卷，资料15461册；湘潭市国土资源档案馆现管理建设用地、矿产、土地详查、土地使用权证和抵押等档案90000卷，其中地籍档案约80000卷。

【背景】

随着我国经济建设与社会发展的进步，企业档案管理工作也发生了很大的变化，企

① 案例来源于肖文建、杨倩、钟敏：《“两型社会”建设背景下档案信息资源优化整合的思考——以长株潭三市为例》，《档案时空》，2013年第4期，第10～13页。

业档案是企业存储经营管理信息的一个非常重要的载体，记录着企业生产经营管理过程中的全部数据，是企业管理中不可缺少的要素，企业档案对于企业的发展有非常重要的作用。档案管理水平的高低对于企业实现经营战略、提高管理效率具有深远的影响，做好档案管理工作对于不断提升企业在市场经济中的竞争力具有重要意义。

【原理】

全宗内档案的分类，是根据立档单位内部档案在来源、时间、内容或形式的联系，按照一定的规律与标准，开展科学、系统的分门别类工作，逐层逐级地细分和整理档案。全宗内档案的分类，要以科学的档案分类理论和方法为指导，从立档单位职能职责及具体工作的实际情况出发，因地制宜地确定各个档案门类，确定分类层级，确定排序组卷方法，合理地设置类目，准确地归类，使全宗内的分类体系和层级能够比较系统地反映出该立档单位全部活动的真实面貌，同时也为档案的管理和利用打下良好基础。

【案例解读】

一个立档单位的综合档案室档案的分类方法归纳起来主要有以下三种：

一是门类分类法，将一个立档单位的全部档案分为文书档案、科技档案、专门档案、特殊载体档案等若干门类，在各门类档案中可做进一步的分类，并从便于检索利用角度出发，赋予每种门类及其下一层级的档案类型以一定的代码。

二是组织机构分类法，即按照内部组织机构的设置情况对立档单位的全部档案进行划分。

三是问题分类法，即突破档案门类界限及其下一层的区分，将一个立档单位的全部档案按其内容所涉及的职能或问题分成若干平行层级的类型。

在本案例中，我们可以看到，长株潭三市具有代表性的几个企业，其室藏档案数量都比较庞大且所涉及的档案类型也较为丰富，全宗内档案的分类可谓相当典型地诠释了前述三种模式。如中车株洲电力机车有限公司档案馆严格按照传统的档案门类分类法，将馆藏档案区分为文书档案、科技档案、人事档案、会计档案、声像档案、实物档案等门类。这种分类方式的有利之处在于：对档案门类的界定比较明晰、类目较为稳定，一般情况下不会有太大的变动且符合业界及学界长期以来对档案门类的认知，有利于保持每一门类档案外在形态的一致性，基本能够反映档案所涉及的工作事务类型。但其不足之处在于：每一门类所涵盖的档案范围较广，不能够非常清晰地揭示出立档单位具体的职能活动，一定程度上切断了档案在来源方面的联系。

位于长株潭三市的另一家大型企业——中航工业南方公司，馆藏档案分为产品、科研、基建、高精尖设备仪器、文书、声像、实物等门类，既没有严格按照档案门类模式进行区分，也没有完全执行工业企业分类法的标准，而是两种模式的综合，大致上是依据该企业所涉及的若干主要工作内容与业务类型来设计的分类体系。这种分类方式的有利之处在于：能够直观地反映出该企业的具体职能分工状况，能够较好地保持档案在来源上的有机联系。但由于企业现有的一些职能职责有可能会随着企业的发展战略调整而发生变化，导致相对应的档案内容发生相应变化，这种变化如果较为频繁地发生，将不利于保持整个全宗内档案类别的一致性，档案的保管与利用也较为不便。同时，这种分类法要求档案工作人员须对本单位的各项职能活动及其变化、调整有非常清晰和及时的了解，才能较为准确地区分各类型档案，实际工作中，操作难度会比较大。

我们由此可知，不同的全宗内档案的分类方法各有利弊，每个立档单位的综合档案室都应当立足于自身工作与档案实际情况，充分权衡利弊，科学划分档案类别，使分类方法既能反映立档单位活动的真实面貌，也能够方便档案的日常管理和利用。

【思考题】

1. 为什么要进行全宗内档案的分类？
2. 全宗内档案的分类方法有哪些？每种方法各有什么利弊？
3. 在进行全宗内档案分类时应当考虑哪些因素？

案例 2-3　安徽师范大学档案馆的“卷件融合”整理模式①

【案例简介】

安徽师范大学档案馆在高校档案整理工作的实践中，总结出了如下经验与做法：

一、高校学生类、教学类等业务档案应“立卷”

高校档案中学生类档案和教学类档案数量最多、利用率最高。据统计，安徽师范大学档案馆藏有学生类和教学类档案 26100 余卷，占馆藏总量的 25%；仅 2018 年一年就有 1500 余人次基于升学、就业、校验学历等目的查询、利用学生类和教学类档案。有些高校对学生类、教学类档案实行了“卷改件”的整理模式，将这些材料在形成单位以“年度-专业-班级”成册的学籍材料按人分“件”。这种做法虽然在查找时能精准定位到个人，具有较高查准率，但在档案数字化管理中存在着一些问题，如：在目录和全文数据库建设过程中，过多的著录条目往往带来较大的工作量，双层 PDF 文件在挂接至相应条目时存在错挂、漏挂等问题。根据《机关档案管理规定》，“其他门类档案根据需要以卷或件为单位进行整理”，高校的业务档案应当维持形成时的原貌，按年度、专业、班级、学号等排序进行“立卷”整理，在保证条理清晰、查找方便的同时又能避免“卷改件”带来的问题。

① 案例来源于朱力：《“卷件融合”管理模式在高校档案工作中的实际运用》，《北京档案》，2019 年第 4 期，第 24～26 页。

二、高校党群类、行政类、外事类档案应“组件”

在数字化管理背景下，高校党群类、行政类和外事类档案适用于《归档文件整理规则》的要求，即采用组织机构分类法，以“件”为单位整理：一可简化整理，便于利用。党群类、行政类、外事类档案数量较大且内容分散，若仍以“卷”为单位整理，则需将同类问题的文件材料集中在一起后排序、打页码、填写案卷，这不仅对档案专业知识要求较高，而且耗费大量时间和精力。按“件”整理则无须以上步骤，节省大量人力物力。同时，在利用时也可能出现同部门的档案分散于各案卷中的情况，若无全文数据库，查档极为不便。二可随办随归，及时归档。若某个部门的材料已应收尽收，则可按“年度-机构-保管期限-件号”的分类方式归档，无须等待其他部门的档案移交后再统一按问题分类，保证了文件材料归档的及时性和齐全完整。在利用时，同一部门的档案集中排列，可使用户快捷地查询到所需信息。“组织机构”分类法按照档案的形成，如实、客观地反映出组织机构工作的历史面貌，维护了归档文件来源的真实性和相关文件的系统性，是遵循文件形成规律的最好体现，有利于提高工作效率，弥补“问题”分类法的不足。三可保护档案实体安全。实践中，多数党群类、行政类和外事类档案的利用者通常只需利用案卷中的某一“件”，若以“卷”为单位进行整理则需调取整个案卷；复制、扫描时的重复拆装也对档案损伤较大，无益于档案实体安全。四可保障档案信息安全。党群类、行政类和外事类档案中往往含有保密文件或涉及个人隐私的不适宜公开的信息，以“件”为单位整理可以区分不同密级、保存价值和查阅权限，在利用时精准定位到“件”，保证归档文件的信息安全。

【背景】

在企事业单位中，科技档案、业务档案等类型档案应按这类档案文件的形成规律，以“组卷”的方式进行整理，但要考虑这类“按卷”组成的档案，在进行数字化加工形成数字化档案后，如果不进行一定的技术转换处理，会普遍存在着查准率不高的问题。而日常管理活动中形成的党群类、行政类、外事类、声像类等档案类型，更适合按件进行整理，以便于日后的数字化加工、保管与利用。不同类型的档案实体，在确定整理方式时，须充分考虑日后数字化加工与档案信息利用的便利问题，不能“一刀切”。

【原理】

管理类档案的整理应按照《归档文件整理规则》（DA/T 22—2015）的要求进行。为适应办公自动化和文档管理信息化建设的需要，自2000年起，对原立卷方法进行了较大幅度的改革，将“按卷整理”改革为“按件整理”。这次立卷方式的改革，改变了过往文书档案整理以“卷”为单位的思路；允许各立档单位根据具体情况组合并简化档案的分类层次；整理完成的档案装订以“件”为单位进行，简化了归档文件整理工序。

科技档案的整理方式，则未受到文书档案立卷改革的影响，仍然以“卷”为单位开展整理工作。“按卷整理”，是通过分类与组合的方式将有密切联系的零散文件有序化，并集中装订成卷的整理工作。“案卷”是整理科技文件的结果，也是科技档案管理的单位。按“卷”整理，首先要对零散文件进行分类，选择适当的分类方法并制定分类方案；其次，要将逐层细分出来的每一类文件按照一定的规律组成一个个案卷。

【案例解读】

一方面，本案例中，安徽师范大学对高校党群类、行政类、外事类档案采取了以“件”为单位的整理模式，即按“件”整理模式。党群类、行政类、外事类档案本属于内部管理活动中产生的，归入文书档案范畴，因产生部门固定、文件数量大，且每份文件产生的背景、目的及文件内容联系较小，甚至完全相异，不宜采取按“卷”整理模式，故采取按“件”整理的模式，主要有以下几点优势：

首先，可充分判别每一份文件的价值和保管期限，有利于未来档案进馆前的价值鉴定和定期价值再鉴定工作。

其次，无须考虑文件的具体内容分类组卷、确定案卷主题，可减轻因所定的案卷题名与卷内文件内容不完全匹配的弊端。

再次，在计算机环境之下，以“件”为单位整理，易于设计档案管理信息系统，可快捷地针对每份文件进行检索。以件为单位整理，只有卷内文件目录而无案卷目录；既使检索层次得到减少，亦可降低设计档案管理信息系统难度。

最后，以“件”为单位整理一方面可满足文档一体化管理与即办即归的要求。文档一体化有利于明晰办理文书和管理档案两个环节的关系，使归档整理工作简化，提高效率。另一方面，无须等到每年规定的集中归档时间才统一分类、整理、组卷，办毕的文件，通过档案管理信息系统进行不复杂的著录工作，并对档案实体编号后即可完成归档工作。

综上，通过分析高校党群类、行政类、外事类等档案的内容构成，形成规律等相关特征，采用按“件”整理的模式是符合实际工作情况与需求的。

另一方面，本案例中，安徽师范大学档案馆认为当前许多高校的学生类、教学类档案的“卷改件”模式不妥，应当保持原有的“立卷”模式，即按“卷”整理模式，也有一定道理。正如案例原文中所描述的，高校中学生类、教学类档案属于高校独有的业务档案，具有一定的特殊性。在管理过程中，由于高校学生类、教学类等业务档案内容较为固定，数量较多，且利用率较高，较之按“件”整理，按“卷”整理的优势会更加突出。

(1) 学生类档案。

每个学生形成的学籍档案因个人的学习经历、工作经历不同而存在文件数量、内容和形式上的不同；如果实行按“件”整理，会割裂同一个人形成的文件之间的历史联系。反之，按“卷”整理，则可不必在意每个学生形成的档案内容，只需参照人事档案管理方式，将一个学生的全部档案组成一个案卷，案卷内档案按顺序排放，不同案卷按年度、专业、班级、学号等排序。在目录数据库和全文数据库建设过程中，也只需要著录案卷目录，无须著录每个学生的卷内文件目录，可大大减少工作量以及工作中的失误。

(2) 教学类档案。

教学类档案的内容来自专业教学活动，文件之间的联系主要体现为文件内容方面的联系，而非来源的联系，具有专业性、成套性、多样性的特征。这一特征与科技档案特征较为相似。因此，对教学类档案采用与科技档案类似的按“卷”整理模式是非常科学合理的。只是在整理过程中需要注意两个问题：一是案卷的密级和保管期限要以整个教学活动为主，二是案卷内文件的排列要遵循整个教学活动文件的形成规律。这一整理模式可充分保持教学类档案卷内文件，以及案卷之间的有机联系，使之排列有序，也能在档案的实体管理中便于清点、核对和统计。

因此，通过分析高校学生类、教学类等业务档案的内容构成、形成规律等特征，将其归入业务档案范畴，采用按“卷”整理的模式进行整理，更能提高整理效能，便于利用。

【思考题】

1. 请结合实际谈谈对高校党群类、行政类、外事类档案按“卷”整理的缺点。
2. 就目前高校针对学生类、教学类档案采取的两种整理模式（按“件”整理、按“卷”整理）而言，你更倾向于哪一种？请说明理由。
3. 请简述按“件”整理与按“卷”整理各自的适用范围及优缺点。
4. 请简述按“件”整理与按“卷”整理的原则和方法。
5. 请结合案例原文谈谈你对立卷改革应把握的主要环节的看法。

案例 2-4　辽宁省建平县万寿街道小平房村的档案整理流程①

【案例简介】

2019 年初，辽宁省建平县万寿街道小平房村紧张有序地开展了档案整理工作。首先，发动村干部对原有散存、累积的材料全面清理并收集，分别在各个村干部办公室和库房等空间中收集到大量档案资料。为确保档案工作的规范化与标准化，建平县档案局依据国家档案局、中华人民共和国民政部、中华人民共和国农业部令第 12 号《村级档案管理办法》和小平房村实际情况，因地制宜制定相应的档案整理方法。大体包括鉴定、分类、编号、盖章等四个具体步骤。

(1) 文件鉴定。

在档案整理过程中，鉴定文件是否需要保存，剔除无价值的文件和重份文件，保存原件，对照标准一一整理；设法补救破损、字迹不清的文件，针对缺失的材料，小平房

---

① 案例来源于李颖、张海涛：《加强村级档案建设管理工作的实践与思考——以辽宁省建平县万寿街道小平房村档案整理工作为例》，《兰台内外》，2020 年第 9 期，第 13～14 页。

村档案人员及时向村中老干部请教相关情况，并进行核实和补全工作。

（2）档案分类。

小平房村采用类目、年限、保管期限三级分类法，将归档文件按类目分类，不同类目下再区分不同年度，最后在年度下按保管期限划分类别。村内档案可分为 10 大类：文书档案、科技档案、土地管理、精准扶贫、社会保障、村民档案、会计档案、原石灰窑子村档案、声像档案、实物档案。其下再设小类，包括该村矿山工程、新农村建设、基础设施建设、粮改果工程、敬老院、学校等各方面的档案。

（3）编号。

每个类目都赋予独一无二的序列号。

（4）盖章、装盒、上架。

每一件档案都需要加盖印章，印章内容包括类别、保管期限、序号、年限等。盖好章后，将每件档案装入档案盒，背脊盖章或粘贴简略内容、类别、年限、保管期限、顺序号。最后上架放入档案柜，对每个档案柜编顺序号，档案盒按类别、年限、保管期限顺序排放。

历时 10 个月，克服重重困难，小平房村已完成了近 40 年的文书档案与财务档案的整理工作。共整理文书档案 7000 余件，财务档案 1000 余件，已全部上架。当前正在进行档案管理软件录入工作。

【背景】

在我国建设美丽乡村的实践中，随着经济和社会各项事业的发展，农村的村社积累了大量的有价值的档案资料，这些档案资料不仅真实记录了村社的发展变化过程和历史面貌，而且还是建设社会主义新农村实践活动的真实写照和原始记录，对于农村村社今后的工作查考、经验借鉴、历史见证等具有重要作用，但由于缺乏技术支持和整理经验，农村村社逐年积累的资料不能及时完整归档，普遍处于无序管理的状态。

【原理】

根据《村级档案管理办法》，村级档案是指村党组织、村民委员会、村集体经济组织等（以下简称村级组织）在党组织建设、村民自治、生产经营等活动中形成的具有保存价值的文字、图表、音像等不同形式和载体的历史记录。村级档案的整理需要根据不同的档案门类，依照不同的国家标准、行业标准进行。

【案例解读】

在本案例中，辽宁省建平县万寿街道小平房村对该村建村 40 年来产生的各类档案资料进行了整理，大致有鉴定、分类、编号、盖章、编目等工序。

就档案鉴定而言，文件的来源、内容、时间与时效及形式特征可作为鉴定档案价值的标准。在分析文件价值时，主要应站在立档单位的角度，先制定该村档案的归档范围和保管期限表等鉴定标准，再对照鉴定标准开展鉴定。但案例中没有介绍这方面内容，仅指出开展了“剔除无价值的文件和重份文件”的工作，因此，我们判断，该村鉴定档案的主要做法就是剔除重复文件。在鉴定档案价值时，仅做这一项工作是不够的，还应根据 2006 年国家档案局颁发的《机关文件材料归档范围和文书档案保管期限规定》确定的不归档文件范围，开展剔除工作，并将确定为不应归档的文件作销毁处理。

在档案分类方面，小平房村的档案分类有一些符合档案门类分类法，但层级有些混淆：一是土地管理、精准扶贫、社会保障等，这几项是村委会根据社会发展和国家相关政策在不同时期开展的专项工作，应该属于专业档案范畴。二是原石灰窑子村档案，如果一个村的档案属于一个全宗，那么小平房村的档案属于一个全宗，原石灰窑子村档案应属于另一个全宗，即使原石灰窑子村可能已经撤销，该村档案暂时放置在小平房村，也应分属两个不同的全宗，不能混淆。

另外，文书档案、会计档案、声像档案等可以按年度、保管期限再进行区分，但科技档案因其成套性、跨年度等特性，不适合按年度、保管期限再做划分。这个案例在分类时制定的一级分类类目在一定程度上考虑了小平房村的工作实际，有一定的现实指导作用，但对各门类档案的特点和整理要求把握不准确，也出现了不适当的分类类目，在二、三级分类类目设置上，犯了一刀切的错误。整理时的分类不准确，类目设置和层级设置不科学，会影响后续档案的保管与利用，带来不便。就小平房村的情况而言，其科技档案的二级类目可以设置为土地管理、精准扶贫、社会保障、基础设施建设等。

本案例对档案编号的介绍非常简单。实际上，档案编号由一系列号码构成，专业术语称为档号。档号包含以下几个号码：全宗号、案卷目录号、案卷号、件号。全宗号是一个立档单位的代号，案卷目录号现为分类号代替，文书档案没有案卷号，分类号之后接件号，除文书档案以外的其他门类档案均有案卷号，案卷号是组卷形成的成盒或成册档案的流水号，档案卷内仍然会有件号。这些号码编定之后不能随意改动，代表着每一份经过整理的文件在众多文件里的秩序不容混乱。

分类、排序，给出编号后，需要将分类和排序的结果在档案实体上呈现出来，达到固化的目的，因此需要在每一份文件上盖归档章（文书档案类）或档号章（科技档案类），或者在每一卷（盒）封面或背脊上填写关于这一卷（盒）档案的主要信息如分类号、案卷题名、保管期限、盒号等。这方面，小平房村的工作做得还比较细致。

根据国家档案局发布的《归档文件整理规则》，编目工作应在档案编号之后进行，而不是在档案整理上架后再进行档案的软件录入工作。只有进行了详细的编目工作后，工作人员才能更好发现和调整彼此之间有密切关联性的文件的分类与顺序，才能对档案的上架顺序有更全面的认识和了解。如果最后才进行档案的录入和编目，那么可能会出现档案文件归类不够准确，档案盒上件号与实际档案件号不符等问题。整理完成后再重新拿出档案文件对其进行录入，一方面降低了整理工作的效率；另一方面也可能会造成档案盒损坏、档案排序混乱及档案丢失等问题，影响档案整理工作整体质量，为未来档案保管和利用带来不便。因此建议小平房村在未来的档案整理工作中需认识到档案编目的重要性，合理安排工序，在文书档案编目时要严格参照《归档文件整理规则》（DA/T 22—2015）的规定：归档文件目录设置序号、档号、文号、责任者、题名、日期、密级、页数、备注等项目；归档文件目录推荐由系统生成或使用电子表格进行编制；归档文件目录推荐由系统生成或使用电子表格进行编制；目录表格采用 A4 幅面，页面宜横向设置；归档文件目录除保存电子版本外，还应打印装订成册；装订成册的归档文件目录，应编制封面。封面设置全宗号、全宗名称、年度、保管期限、机构（问题），其中全宗名称即立档单位名称，填写时应使用全称或规范化简称。归档文件目录可以按年装订成册，也可每年区分保管期限装订成册。编目内容要详细和准确，便于检索，从而达到档案实体管理中简化和方便利用的原则。

【思考题】

1. 请简述归档文件整理工作的原则。
2. 请简述全宗内复式分类法有哪些，它们的适用范围分别是什么。
3. 请简述编制档号过程中应遵循的原则与方法。
4. 请简述档案编目的两个部分分别是什么。
5. 通过学习本案例，谈谈你认为在档案整理过程中应该怎么做才能更好地提高档案利用效率。

案例 2-5　国电汉川发电有限公司基建档案的预立卷整理方式①

【案例简介】

国电汉川发电有限公司在对火电工程基建档案进行整理时，结合《火电建设项目文件收集及档案整理规范》与《电力建设施工质量验收及评价规程》等要求，创新采用以单位工程为基础单元的“文件包”管理模式，即通过对整个项目中所可能产生的文件进行统计、整理、归纳，把各种报审文件、施工文件、试验报告等在形成的同时就按照模版的要求归入相应的“文件包”内，每个包内文件按照档案的标准规范进行排序、整理，从而最终自动形成档案案卷。

主要环节如下：首先，制定档案业务标准。在项目建设初期，编制《工程常用表式使用代码及编号规则》《工程文件、图纸流转制度》等有关业务标准，使工程建设中繁杂的各种流转文件统一以“单位工程”为基础单位进行编号管理、有序流转和收集，促使项目文件的产生、收集、整理与工程实体建设相统一。其次，编制“文件包”模版，指导实施。在综合考虑整个工程建设中所有可能产生的文件的基础上，对整个标段所产生的文件进行分类，将标段文件分为综合专业技术管理文件、土建（安装）综合文件、单位工程文件、设备资料、竣工图与声像档案六个大包，再将各单位工程所产生的文件细化，分为单位工程综合文件、施工（安装）记录、试验报告、质量验评记录等四部分

① 案例来源于黄建新、黄丽萍：《大型火电工程基建档案管理研究与实践》，《2017 年中国电力企业管理创新实践——2017 年度中国电力企业管理创新实践优秀论文大赛论文集（下册）》，《中国电力企业管理》杂志社，2018 年，第 4 页。

（小包），并按档案标准的要求研究预分卷，使日常文件管理与竣工档案的整理形成有机的联系，督促各施工单位在基建工作中将所产生的文件按照模版要求及时进行分类管理。再次，实行“预立卷”登记制度。根据每个单位工程“文件包”执行情况，结合实体工程进度，对已竣工的单位工程“文件包”文件的齐全、完整情况进行复查与整改，确保文件闭环资料齐全，排列整齐不出差错，按照竣工档案的标准要求完成最后“预立卷”工作，而后明确每卷档案号，整理排列上架，并做好登记，随后进行扫描、录入、打页码等工作。

【背景】

随着经济的快速发展，各类基础建设工程项目日益增多，其中不乏省级甚至国家级重点建设项目。建设项目档案作为记录工程项目建设内容和成果的重要载体，其重要作用不言而喻。建设项目档案管理工作的质量和效能日益引起社会的关注和重视。

【原理】

基建档案又称工程项目档案，亦称建设项目档案，是指在一个建设项目的立项、审批、招投标、勘察、设计、施工、监理及竣工验收等各阶段活动中形成的并应归档保存的文字、表格、声像图纸等各种载体材料。建设项目的周期通常较长，为提升建设项目档案管理质量，管理中，档案工作人员通常会引入前端控制理论。前端控制理论由法国档案学者诺加雷提出，是指从文件形成之前将档案管理要求提前预置到文档管理系统中，在文件形成和维护阶段进行监督管理。

【案例解读】

一般来说，基建档案的整理需要将基建活动过程中形成的、具有保存价值的各种形式的原始记录，以卷为单位进行分类、立卷、卷内文件整理、编写卷内目录与备考表、填写案卷封面、装订、编制检索工具等具体操作，使之有序化。由于基建项目通常周期比较长，且形成的档案材料内容复杂，包括文字材料、表格、图纸等，收集整理难度较大，往往会出现文件移交滞后、材料不齐全、档案整理的质量和效率低等问题。如果不对项目建设过程中产生的文件材料进行及时干预，必定会影响到档案的齐全完整性，甚至会影响到建设项目的整体竣工验收工作。发端于电子文件管理的前端控制理论强调文件从形成、收集、整理、鉴定到归档利用，不同阶段都需要实行全程管理与前端控制，确保归档文件的真实性、完整性、可靠性、可用性，保证档案的质量，这同样适用于基建档案的管理。

在本案例中，国电汉川发电有限公司为预防基建档案工作滞后于工程建设进度，防止建设项目档案资料收集、整理和归档不及时、不规范，防止档案组卷和编目质量低下等问题，创造性地设计了“文件包”的管理方式，提前进行工程难点重点调研、制定相关标准，将建设项目开展全过程中所可能产生的文件事先进行分类，并归入相应的“文件包”内，开展了“预立卷”工作。这种管理方式使得建设项目档案的整理工作贯穿于建设项目日常工作中，于项目文件形成之时就进行分类处理，使之有序化，避免了档案管理人员在工程竣工后对所有文件再重新进行分类整理的重复劳动，使档案工作与工程建设工作同步进行，有效保证了建设项目档案的齐全完整、真实可靠，从而保证了整个建设项目档案的系统化、标准化。该模式是值得各个建设项目参建各方借鉴的档案管理模式。

【思考题】

1. 工程项目档案整理的难点有哪些？
2. 采用“文件包”的方式进行工程项目档案整理有哪些优势？
3. 结合实际谈谈工程项目档案是否有其他可借鉴的整理方法。

案例2-6　绵阳九院神光-Ⅲ激光装置建设项目档案的分类整理①

【案例简介】

神光-Ⅲ激光装置建设项目包含神光-Ⅲ激光装置、神光-Ⅲ项目标记实验室、神光-Ⅲ精密装校系统、神光-Ⅲ光学元件供货网络以及神光-Ⅲ精密光学制造车间共计五个子项。其中，神光-Ⅲ项目标记实验室、神光-Ⅲ精密装校系统、神光-Ⅲ光学元件供货网络三个子项为主工艺设备建造，另外两个子项则为土建工程。基于此，神光-Ⅲ激光装置建设项目档案人员构建起了本项目档案的分类框架，将该建设项目档案整体上划分为三大类：三个主工艺设备建造子项按照设备类档案管理，其余两个土建工程子项档案按基建类档案管理。项目报批等管理过程中形成的管理文件则划分为管理类档案进行管理。其中复杂程度较高的主工艺设备类又可按系统、组件、单元组件等层次划分进行分类组卷。该项目档案整理组卷分别按照《归档文件整理规则》和《科学技术档案案卷构成的一般要求》执行。

神光-Ⅲ激光装置工艺设备在研制过程中常会出现技术改动，因此会形成多个版本的技术图纸，为了便于日后装置的运维，则须标识最终版图纸并存档。但这类图纸既与工艺定型图纸不同，也区别于基建竣工图纸，没有可供直接使用的标识图章。神光-Ⅲ激光装置建设项目档案人员选择在基建竣工图的基础上略加修改，将图纸命名为“工程验收图”，并将基建竣工图图章（见图1）调整为“工程验收图章”（见图2）。编写了《神光-Ⅲ激光装置工程验收图归档要求与管理规范》，强化对主工艺设备图纸的审核与管理。

① 案例来源于王伟国、张茜：《大科学工程项目档案管理实践——以神光-Ⅲ激光装置建设项目为例》，《兰台世界》，2017年第23期，第43～47页。

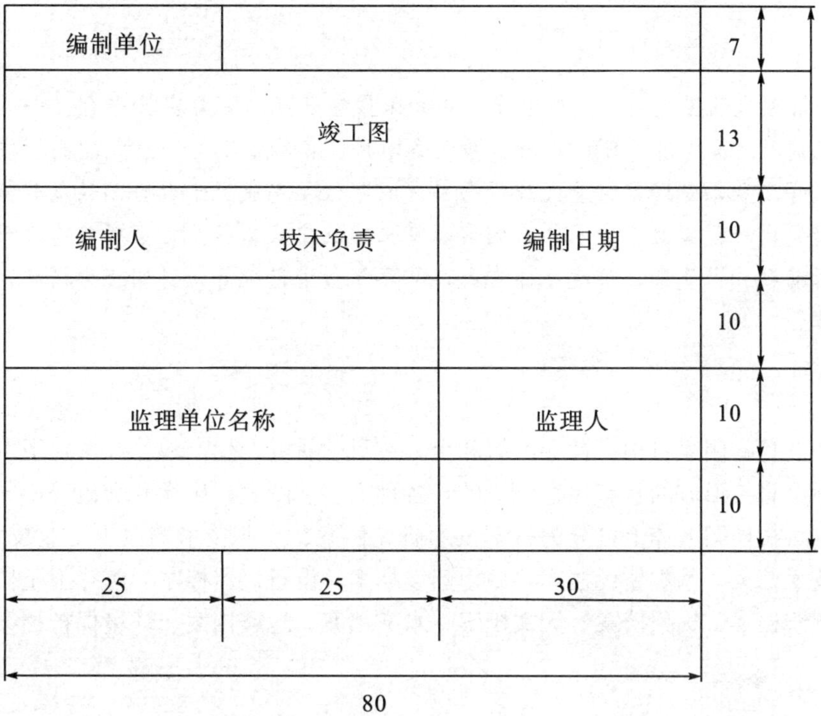

图 1　基建竣工图章

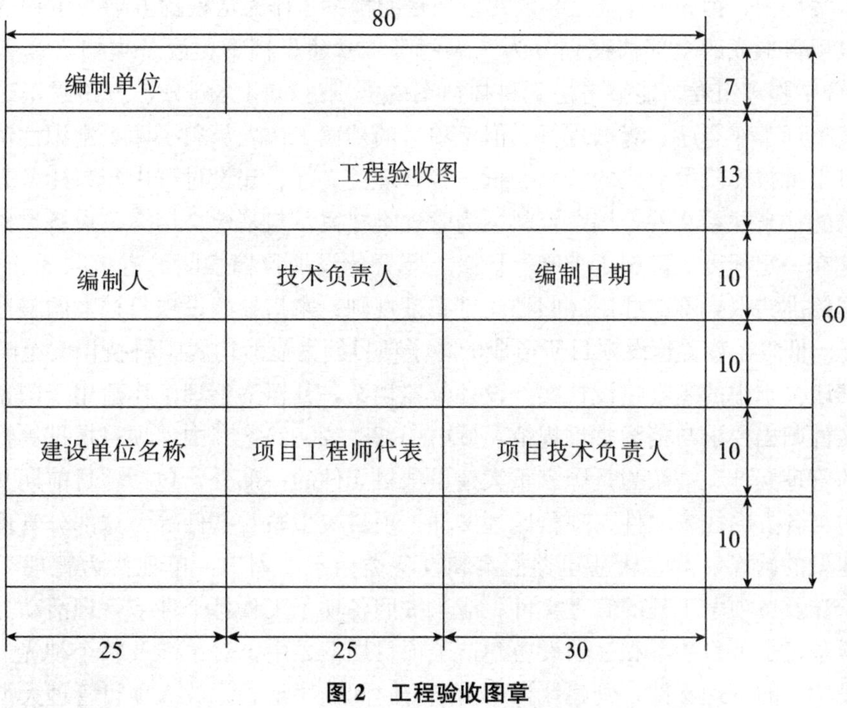

图 2　工程验收图章

【背景】

神光－Ⅲ激光装置是我国开展激光惯性约束聚变研究的主要实验平台之一。该建设项目（以下简称神光－Ⅲ项目）是一个涉及多学科、多单位参与、集成度高、技术复杂度高的大科学工程，是国家级重大建设项目。它不仅要完成上千台套高精度非标设备的研制，还要完成规模庞大、技术复杂的实验室土建及安装工程。贯穿项目建设全过程的档案管理活动也相当复杂，难度也非常大，需要精心进行统筹，谋划得力措施，才能做好这项工作。

【原理】

科技档案是指国家机构、社会组织和个人在科学研究、生产建设和医疗卫生等科技生产活动中，直接形成的具有保存价值的，各种文字、图表、声像和数码等不同形式的信息记录。科技档案大体上可分为科学技术研究档案、农业技术档案、工业技术档案、交通运输技术档案、基本建设档案、城市建设档案、设备仪器档案、医疗卫生档案、地质档案、测绘档案、气象档案、天文档案、水文档案、地震档案、环境保护档案等多种类型。

【案例解读】

在本案例中，神光－Ⅲ激光装置建设项目的档案工作人员根据五项子工程的工作内容，将该项目形成的全部档案划分为三大门类（基建类档案、设备类档案和管理类档案），并分别整理组卷。能够考虑到科技档案的类别进行门类划分，思路是正确的，能保证档案整理工作有序、有据进行。但该项目的档案工作人员犯了两个常识性错误：一是把项目报批报建阶段形成的请示、批复等管理类文件、建设过程中与参建各方以及上下级机构的往来联系文件等档案资料视为管理类档案，与基建类档案、设备类档案截然分开，这在一定程度上割裂了神光－Ⅲ激光装置建设项目档案间的有机联系和整体性；二是适用标准错误，不应选用《归档文件整理规则》来指导建设项目档案的整理。

神光－Ⅲ激光装置建设项目所形成的各子项目档案显然均属于科技档案范畴，属于科技档案诸类别中的基本建设档案、设备仪器档案，其档案整理工作适用《国家重大建设项目文件归档要求与档案整理规范》（DA/T 28—2002）。其中“项目报批等管理过程中形成的管理文件”被认为是国家重大建设项目文件的一部分，包括项目前期文件、建设过程中与各方的往来文件、项目监理文件、项目竣工验收文件等，这部分管理文件贯穿项目建设的始终，不应从基建类档案和设备类档案中剔出，单独作为管理类档案整理。对于涉及各项子工程的管理文件，应当按照各项子工程各个环节管理活动分别纳入前述两项基建子项目档案和三项设备建造子项目档案之中；对于涉及整个神光－Ⅲ激光装置建设项目的管理文件，则建议按事由结合时间顺序组卷，放入项目管理大类中，参照《国家重大建设项目文件归档要求与档案整理规范》进行整理。

本案例提出参照执行的《归档文件整理规则》，主要适用于立档单位日常各类管理职能工作中形成的管理类档案的整理工作。神光－Ⅲ激光装置建设项目档案属于科技档案，与文书档案有较大差异。因此建议以《国家重大建设项目文件归档要求与档案整理规范》与《科学技术档案案卷构成的一般要求》作为指导性文件指导神光－Ⅲ激光装置建设项目档案的整理工作。

在本案例中神光－Ⅲ激光装置建设项目的档案工作人员还根据工作实际，基于《国家重大建设项目文件归档要求与档案整理规范》规定的基建竣工图章，将该项目主工艺设备的竣工图更名为“工程验收图”，并使用“工程验收图章”作为标识。

从图1、图2中不难看出，两种式样的印章尺寸一致，均为80mm×60mm；主要的改动在于印章的内容：一是将印章第二排的“竣工图”字样改为“工程验收图”；二是将竣工图章上的“监理单位名称”项和“监理人”项改为“建设单位名称”项和“项目技术负责人”项，并在二者之间新增了“项目工程师代表”项。这种基于工作实际略微调整规定竣工图章的做法有优势之处：

首先，正如神光－Ⅲ激光装置建设项目的档案工作人员所言，该装置主工艺设备在研制过程中形成的图纸不同于工艺定型图纸，也不同于基建竣工图纸；将这种高精尖设备的研制成功统称为“竣工”亦有不当之处。将“竣工图”改称“工程验收图”，将“竣工图章”调整为“工程验收图章”，能充分体现其作为具有世界顶尖技术的国家重点科研工程与普通建设项目的区别。

其次，由于该装置主工艺设备涉及的前沿理论和技术较多，建设单位和项目工程师以及项目技术负责人对这些前沿理论和技术具有较为深刻的理解，将竣工图章上的“监理单位名称”项和“监理人”项改为“建设单位名称”项和“项目技术负责人”项，并在二者之间新增“项目工程师代表”项也能保障主工艺设备在研制成功并验收时符合建设单位的技术要求。

最后，尽管神光－Ⅲ激光装置建设项目的档案工作人员针对工程验收图的归档工作做了一定的创新，但在实际的整理工作中，仍需注意几个问题：一是整理前要检查竣工图和竣工图章是否完整、准确、规范、清晰、修改到位；二是组卷时要注意文字在前，图样在后；三是装盒时，竣工图的折叠要参照《技术制图复制图的折叠方法》操作，根据不同的竣工图装订形式采取不同的折叠方法。

【思考题】

1. 为什么管理类档案不能和该项目涉及的基建类档案和设备类档案截然分开？

2. 简述基建档案、设备档案及基建档案整理工作和设备档案整理工作的联系与区别。

3. 神光－Ⅲ激光装置建设项目档案中也有文书档案，为什么不适用《归档文件整理规则》？

4. 竣工图章是由档案工作人员加盖吗？

5. 为什么重大建设项目档案组卷时需要文字在前，图样在后？

6. 简述你了解的几种竣工图折叠方法。

案例2-7 湖南城建职业技术学院学生档案的整理①

【案例简介】

湖南城建职业技术学院学生档案工作在现有管理模式下主要存在以下问题：

一是“无头档案”问题。该院学生档案管理部门现存档案共计16015份，其中在校生档案共计11216份，历届遗留学生档案3962份，遗留高考档案614份，择业期内遗留档案223份。可见，学生档案的存量规模较大，未来还将不断扩大，档案工作压力巨大。

二是学生档案审核问题。在现有档案管理模式下，学生档案质量不高。目前，该院学生档案基本是“一人一档”，档案具有完整性，但档案质量普遍不高，具体表现在档案填写较为随意，个人信息不全、不准确的现象普遍存在，导致档案信息真实性、价值性不足，学生难以吸引用人单位。

为此，湖南城建职业技术学院改进了原有的基于生命周期理论的档案管理模式。基于学院工作实际，学生档案信息化建设可依托AIC系统，以求实现学生档案工作的转型升级，推动档案工作由管理纸质档案向管理数字化信息资源转变，并通过管理信息资源，实现业务提质增效与服务能力全面升级。

建立基于AIC系统平台学生档案管理系统有助于完善档案工作流程，实现档案信息化，更有利于实现档案“收集”智能化。以前端控制理论为指导，在学院AIC系统平台提前设定“归档要求”与“归档期限”，从源头把控档案材料的质量，实现档案信息的按时按质归档，有利于实现档案“管理”规范化。通过建立档案“管理”部门与“收集”部门（单位）的二级管理体制，明确了各部门的工作职责与归档范围，推动实施实时更新与定期移交，建立起共建共享共用的学生档案工作网络。

【背景】

2015年，中共中央组织部发布《干部人事档案造假问题处理办法（试行）》，要求坚决整治干部人事档案造假问题，维护干部人事档案的真实性、严肃性。学生档案是指本校在学生管理活动中形成的，记录和反映学生个人经历、德才能绩、学习和工作表现的，以学生个人为单位集中保存起来以备查考的文字、表格及其他各种形式的历史记录。作为干部人事档案的前身，学生档案的归档、整理质量将直接影响到干部人事档案的真实性和严肃性。为此，必须对学生档案管理工作进行完善。

---

① 案例来源于沈玲：《基于AIC系统的学生档案信息化建设——以湖南城建职业技术学院为例》，《兰台世界》，2020年第8期，第83～88页。

【原理】

人事档案是组织、人事、劳动（或人力资源管理）部门在人事管理活动中形成的，国有的，记述和反映个人履历、德才和工作表现的，以个人为单位集中保存以备查考的各种形式和载体的真实记录。

人事档案的转递是指人事档案随着干部任免权限的改变、员工主管单位的变化，自原属单位转置新的主管部门的过程；人事档案的专项审核是指对已归档、整理的人事档案进行审查核实，逐页逐项核对材料内容和相关信息，以确保人事档案内容真实可靠、信息准确无误、材料齐全完整的工作，审查的重点是三龄两历一身份。

双套制模式是指对一份文件实行纸质版本和电子版本的双套存储管理，这是一种依存于纸质文件的电子文件管理，根据依存程度的不同还分为双轨双套和单轨双套两种不同的情况。

【案例解读】

在本案例中，湖南城建职业技术学院学生档案管理存在的问题集中体现为：学生档案转递工作不及时，导致档案部门积存了部分“无头档案”以及学生档案归档质量不高，档案内容缺乏审核和监管。针对此问题，湖南城建职业技术学院拟建立基于 AIC 系统平台的学生档案管理系统，以完善档案工作流程，实现档案信息化，实现档案“收集”智能化。

首先，从湖南城建职业技术学院学生档案结构来看，历届遗留学生档案、遗留高考档案以及择业期内遗留档案等“无头档案”共计 4799 份，已达到学生档案总数的 30%，可见该校“无头档案”现象很严重。“无头档案”是由于不知学生去向而积存在学校档案部门的学生档案材料。“无头档案”长期积压在学生档案部门，无处可去，亦不能抛弃。其档案作用与价值得不到发挥，还需浪费大量人力、物力对其进行管理。针对该校现有学生档案存在的严重“无头档案”现象，建议采用下述方法整理、处理“无头档案”：先对“无头档案”清理鉴别，分清有无价值。无价值的档案，造册登记，报领导审核批准后予以销毁。有价值的档案应详细登记，积极查询该生的主管单位。其方法可以先内后外，先近后远，内查外调，可以通过当事人的亲朋好友，查阅毕业生就业报到证、公安局的户口簿，必要时人事部门印发被查询学生基本情况名单，发向学生户籍所属各人事部门广泛确认。若经多方查找仍难以确认其去向，可将值得保存的学生档案材料转至学生原户籍的县级组织部门、人事部门继续查找；亦可转至其户籍所在地县级综合档案馆保管。为缓解未来可能出现的“无头档案”现象，建议该校必须及时转递学生档案。要达到上述要求，学生管理部门与学生档案部门应密切合作，相互衔接好。学生管理部门在学生毕业、就业、升学、留学、休学、停学等决定或通知下达后，应及时抄送或通知学生档案部门，以便续填学生情况变更登记表和转递学生档案。

其次，根据案例原文的描述，该校学生档案审核工作存在严重瑕疵。建议该校学生档案管理部门采取下述做法：一方面，应重新整理并审核在校生档案，在审核过程中，主要审核其学生档案材料是否完整；内容是否可信，涂抹、篡改、伪造等情况如何；档案材料办理手续是否完备，填写规范情况如何；是否存在装错袋、档案混装等情况；档案材料整理是否合规有序。档案审核要确保档案材料完备、真实，内容准确可信；要逐一登记缺少的材料，并及时补充完整；对档案中涉及学生出生日期、入党日期以及学历学位等信息前后不一致的，要合规、合理地通过各种方式予以确认；还要逐一登记档案审核过程中出现的各种问题，找出产生问题原因所在，并根据实际研究并采取合适的解决措施。另一方面，在未来新入校学生的档案审核中也应根据实际情况，合理采取以上措施。

最后，从该校拟建立的基于 AIC 系统平台的学生档案管理系统来看，该系统实际上是对学生档案实施双套制管理：学生档案归档部门线上采集学生档案信息并录入 AIC 系统，线下将纸质学生档案移交学生档案管理部门并由学生档案管理部门进行纸质档案的数字化加工与数据再录入；外网用户和内网用户都能在身份认证后通过线上查询到完整的学生档案。这一做法能通过在系统中设定数据采集的各项规则以实现学生档案信息的规范化，减轻过往人工审核的工作量，同时也能避免人工审核的随意性。但该系统仍有值得改进之处：其一，既然该校决定对学生档案实施双套制管理，则在将学生档案移交至档案管理部门时不应仅移交纸质学生档案，原始的电子文件亦应通过逻辑归档或物理归档的方式移交档案管理部门。其二，在学生档案归档部门已在 AIC 系统中录入了学生档案信息的情况下，学生档案管理部门则已无必要再扫描纸质学生档案全文图像，否则造成工作重复和数据冗余。其三，该系统未规定双套制之下学生档案的整理方式，学生档案来自教务处、团委、各院系等多个部门，是按形成部门整理，还是以学生个人为单位整理尚不够明确。

【思考题】

1. 请简述学生档案转递工作的要求。
2. 请简述“无头档案”产生的原因及其处理方法。
3. 请谈谈毕业生“学生档案”和“人事档案”的区别和联系。
4. 请联系生活谈谈对于毕业生来说学生档案的重要性。
5. 请简述学生档案审核工作的内容和方法。

案例 2-8　上海市虹口区图书馆业务档案的类型划分及整理①

【案例简介】

由于新媒体技术的应用和图书馆业务活动的增加，上海市虹口区图书馆的档案工作人员在实际的业务档案整理工作存在如下疑惑。

一、读者意见的档案类型划分与整理问题

随着图书馆公共服务质量不断提升，当下读者与图书馆之间沟通的渠道日渐多元，除本身设置在馆内服务台的读者意见表外，还增设了意见箱、馆长接待日等沟通渠道；上海市的市民热线近年来也不断完善，严格规定各单位的回复效率和回复满意率；同时，图书馆的官方微信公众号、微博账号也可随时接受读者留言。可以说，当前读者同上海市虹口区图书馆之间的交流沟通已经非常便利顺畅。

读者的意见建议一直是公共图书馆公共服务事业发展中不可缺少的部分，上海市虹口区图书馆意欲将读者意见作为业务档案应收尽收。但如今日趋多元的沟通渠道，虽然使图书馆能多方面收集读者意见，但也为对读者意见归档整理增加了难度，若只是单纯将来自不同渠道的读者意见保存下来，将会只是一堆凌乱的材料，不便于未来查考利用，反而会让宝贵的读者数据闲置，成为废品。因此，需要一种更为系统有效的归档整理方式来保存、利用这些读者意见。

二、新书采编材料的档案类型划分与整理问题

上海市虹口区图书馆的图书采购工作一直都是保证图书馆正常运转最不可或缺的一项工作。一方面，当前图书馆承受着藏书量、年新购图书量等图书馆评价指标要求而不断增加新书；另一方面，图书馆又面临上级对图书采购的严格审核，要求采购全过程都要有记录。因此，新书购书明细等各种材料早已超出原有档案整理的范围，数量和种类不断增多，以至于近年来每年都是满满一箱新书采购材料。

三、志愿服务材料的档案类型划分与整理问题

由于上海市要求全市中学生参加志愿活动，上海市虹口区图书馆时常迎来学生志愿

① 案例来源于吴添意：《新媒体时代图书馆业务档案现状分析——以上海市虹口区图书馆为例》，《档案天地》，2020 年第 2 期，第 60～62 页。

者，志愿活动覆盖全时间、全时段，以及图书馆各项工作，因而每年都形成大量的志愿者签到表。和新书采编材料一样，这些材料对于档案工作来说较为鸡肋，其内容并非十分重要，但也不乏一些值得归档保存的信息，以目前图书馆内的档案分类，难以找到合适的位置处理这些材料。

【背景】

近年来，随着社会各行各业的迅猛发展和行业细分，各行业不断涌现出新的工作职能与新的经营管理领域，各机构的档案类型除传统的几大门类外，还出现了一些新的档案种类，如业务档案这一类别。随着时代的不断发展，用传统的档案整理方式来应对新的档案类型整理难免开始出现一些新矛盾，已无法满足当前的业务档案整理工作。

【原理】

业务档案是指各行业企业、事业单位和国家机关在开展具体业务活动过程中直接形成的、具有保存价值的文字、图表、数码、声像等不同形式的历史记录。业务档案的整理需要根据具体的档案门类和载体形式而采取不同的整理方式。

【案例解读】

本案例中，上海市虹口区图书馆的档案工作人员列举出来的三种档案材料实际上都可划分为图书馆业务档案，可按照“年度－保管期限－业务类型”的方式对其分类，如：2019年－永久－读者意见。

首先，读者意见不论其来源和形式，都记录了读者反馈意见的信息，都应视为读者意见材料。针对电子和纸质两种不同形式的读者意见材料，可参照双套制的管理模式整理：将纸质的读者意见材料扫描为电子版的同时，把电子版的读者意见材料打印出来，并分别按照《电子文件归档与电子档案管理规范》和《归档文件整理规则》的要求对其进行整理。其中尤需注意纸质读者意见材料扫描成电子版后的文件格式需要可读，并按照档号等标识符构成要素在图书馆档案室电脑中按类目级别建立文件夹有序保存相关文件。

其次，上海市虹口区图书馆新书采编材料超出整理范围的原因实际上应当是此前制定整理范围时，图书馆档案工作人员对新书采编材料的认识不够充分。一套完整的新书采编材料应当包括制订计划和购书明细、请示审批、招投标比选、款项支付、验货清点、入库上架等全过程形成的材料，这样的过程中形成一整箱采编材料是完全可以接受的。对于此类新书采编材料，应当按“套”整理，一次采编工作即形成一套采编材料。

最后，对于志愿服务材料，上海市虹口区图书馆档案工作人员意识到了志愿服务材料的档案价值，但认为这些材料“鸡肋”且“找不到合适的位置”。事实上是他们没有意识到此类志愿服务材料同样是图书馆在开展业务活动时形成的业务档案，以至于无从划分其保管期限。既然志愿服务材料同样属于图书馆的业务档案，那么就应根据图书馆档案保管期限表以及志愿服务材料的属性、相对价值和社会需求综合判定每一份志愿服务材料的价值，对其中“鸡肋”的部分予以销毁或短期保存，对其中具有一定价值的部分予以长期保存。

【思考题】

1. 为什么说读者意见材料、新书采编材料和志愿服务材料都属于图书馆的业务档案?

2. 请简述双套制归档的优势和劣势。

3. 为什么新书采编材料需要按“套”整理?

4. 对于难以鉴别是否具有保存价值的档案，应该销毁还是保存?

案例 2-9 南京市不动产登记中心房产丘号卷的流水号整理模式①

【案例简介】

南京市不动产登记中心自 2017 年 6 月成立以来，将房地产交易产生的材料统称为不动产登记档案。其中包括成立后交易产生的新不动产登记档案（2016 年 6 月至今）和原房产丘号卷（1953 年至 2016 年 6 月）两类。房产丘号卷是指房地产设立、变更、转让和消灭经相关部门登记后，按照丘号独立形成的卷。它分为老卷和新卷两类。老卷建于 1953 年，止于 2004 年 6 月 30 号，现有几十万卷。老丘号卷实为一丘内登记卷的合订卷，登记卷按丘立卷，房地产权属的来龙去脉反映于一丘内。新卷建于 2004 年 7 月 1 日，现有档案一百多万卷。新卷是登记卷按权属单元立卷，统称按户立卷，区别于按丘立卷的老卷。立卷方法与按丘立卷方法相同，仅仅是保管单位改小，权属材料更为集中，便于查阅使用。

不动产登记档案中房产丘号卷主要需要整理的案件有五种类型：所有权案、抵押权案、注销案、挂失案和查封案。整理方法较为烦琐，既费时又费力，为不动产档案的管理带来诸多不便，急需改革和创新。南京市不动产登记中心根据 2012 年发布的《房地产登记技术规程》相关规定，将所有权案和抵押案采用按分类流水编号整理方式，即档案号以每卷档案的类别和整理的顺序编号，其编号由“年度号+分类号+保管期限+流水号”组成，以一定卷数档案装成一册，注明时间区域，易于电脑检索查找。挂失案可采取和查封案相同的整理方法，完成扫描的电子录入后，按时间清册独立装订成册。

档案采用流水号整理的特点：①用计算机自动生成编码，准确性高，也便于档案数量的精确、档案的统计和查找，相对于丘号卷的整理、立卷、调阅、变更速度加快，工作效率得到进一步提高，更加省时省力。②储存空间大大提高。采用流水号整理可以按顺序上架摆放，到一定卷数装在一个档案盒内，每个档案盒注明时间区域，不需要将每

① 案例来源于严凌：《不动产登记档案中房产丘号卷的整理方法及改进》，《“决策论坛——创新思维与领导决策学术研讨会”论文集（上）》，《决策与信息》杂志社，《科技与企业》编辑部，2017 年，第 224 页。

个丘号卷单独装档案盒，大大节约了储存空间。③档案类别得到有效区分，既便于对永久性权属档案的安全保护，又方便过程性鉴定、销毁工作的开展。同时，避免了丘号卷易盖错、易放错的问题，最大化提高档案的利用率。④所有权案、抵押权案和挂失案都将独立完成，同一丘号的案件不会反复调阅、填写和拆装等，增强对档案的保护，延长档案的寿命。⑤档案的管理成本进一步下降。采用流水号整理，不需要为每个丘号单独立卷，从而使人力成本、整理档案的材料成本、库房设备成本都进一步下降。⑥建立档案检索体系，快捷高效地利用档案。通过流水号的整理方法建立的检索系统，是档案现代化管理和发展的趋势，更利于档案的保管、保密和提供利用。

【背景】

国务院在2013年底的常务会议上正式提出构建不动产统一登记的相关制度。有关不动产登记暂行条例于2014年11月正式实行，这也标志着我国不动产登记工作正式铺开。在不动产登记制度构建过程中，为了保障各项工作的顺利开展，就必须要求档案管理与不动产工作开展形成匹配，在此基础上才能对不动产登记工作的顺利推进和体系构建形成促进作用。

【原理】

专门档案是在某些专业范围内产生，有比较稳定的文件名称、格式和形成规律，有各自的整理和管理方法的各种门类档案的总称。专门档案一般按文件的内容结合形式进行立卷，同类文件材料装订成册，单独进行案卷排列。档号是在整理和管理档案过程中，以字符形式赋予档案的代码。档号的编制在档案统计、检索、提供利用以及库房日常管理等业务活动中发挥着巨大的作用。

【案例解读】

丘是指地表上一块有界空间的地块。2001年8月发布的《城市房地产权属档案管理办法》规定，在房地产权属档案的整理过程中，应当将一丘内所有房产相关的材料按照一定顺序装订为一卷，以丘号作为档案号。许多房地产档案管理部门严格按照此规定，以丘为单元进行建档。这种整理方式的优点是将一丘内的所有档案材料进行集中，能够反映出一丘内房产权属变化的来龙去脉，同时便于保管，不易被查阅者随意抽取或拆卷，有利于保证档案材料的齐全完整性。但是，这种方法也有其缺点，包括归档程序烦琐、不利于保障档案信息的安全、查询利用不便等问题。从2004年开始，根据相关规定，房产档案采用按户立卷的方式，以“丘号-权号”和“丘号-多权号-户号”两种为档案号，但是对于档案管理人员来说，无论是按丘立卷还是按户立卷，都需要掌握大量房地产相关的知识，档案整理的难度较大。

随着信息技术的发展，档案管理过程中日益依赖于计算机辅助整理，房地产档案中纸质文件大量减少，出现了越来越多的电子文件。原有按丘立卷和按户立卷的档案整理方式烦琐且不便于日常的管理和检索利用，显然已经不能适应电子时代的要求。同时，2012年发布的《房屋登记技术规程》规定采用更方便档案管理的流水号管理。南京市不动产登记中心采用“年度号+分类号+保管期限+流水号”的编号方式，能够直观地反映出每一份档案的所属类目、保管期限等信息，使档号的编制与档案的日常管理工作更加简化。一方面，对于档案管理员来说，这样的整理方式更为简单，不需要再进行组卷、编写案卷目录、卷内目录等信息，只需要将档案按照相关标准进行分类，大大降低了档案整理工作的难度。另一方面，在查询利用档案时，利用者只能查阅指定资料，不会泄露其他材料的内容，有利于档案的安全保密，且利用计算机一体化管理的功能，能够极大提高档案检索利用的效率。

【思考题】

1. 不动产登记档案有何特点？与其他类型的档案存在哪些共性和差异？
2. 不动产登记档案按流水号管理有何优势？
3. 结合实际谈谈不动产登记档案管理中还存在哪些问题？

案例 2-10　浙江省档案馆声像档案的著录与检索①

【案例简介】

信息时代，人们对数据的利用提出了更高的要求，对音视频档案的利用也越来越普遍。目前国内各省市档案馆在音视频档案的整理、利用方面，普遍存在以下主要问题：①音视频文件整理过程中，需要打开文件逐一听取或观看才能区分内容，大量音视频相同属性封装格式编码、码率等重复填写；②音视频文件著录过程中，题名著录项至少需要完整观看或听取一遍才能判定，处理效率低、速度慢；③音视频档案利用过程中，音视频的内容无法通过有限著录条目得以体现；④在查找特定人物的视频档案时，只能通过人工查阅定位、分类、整理。

浙江省档案馆目前馆藏数字音视频档案 129GB、录音录像档案数字化成果 736GB，音视频档案的高效整理、便捷利用一直是个难题。业内专家一致认为，实现音视频档案的文本化是盘活音视频档案最有效且可行的途径。而人工智能在音视频领域的发展应用使音视频档案的文字离线转写、档案征集实时转写、规范化著录成为可能。2019 年 8 月 6 日，国家档案局科技项目“人工智能技术在音视频档案整理利用中的应用研究”在浙江正式启动。该课题由科大讯飞与浙江省档案馆共同组建项目组开展合作研究。历时一年，于 2020 年 6 月底完成产品研发馆内应用部署。9 月 3 日，项目成果由课题负责人浙江省档案馆副馆长郑金月、科大讯飞智慧档案业务部总经理张海剑正式在浙江发布。

① 案例来源于孟修竹：《人工智能技术如何应用于音视频档案的整理、利用：创新与成效》，《档案那些事儿》，https://mp.weixin.qq.com/s/TT1nIdM965buY3t6f54hQw。

音视频档案智慧利用系统针对音视频档案的特殊性，以突出特色为重点，利用最新声像技术、手段和方法，提高声像档案管理利用水平，保存最直观的历史发展和建设成果的永久记忆，为政府和社会大众提供更高效、优质的信息共享利用服务。浙江省档案馆副馆长郑金月认为，将人工智能应用于音视频档案的整理、利用，最显著的成效体现为音视频档案文本化输出、通过文本内容检索音视频、通过人脸识别检索音视频，大大提高了可用性和检索效率。

【背景】

在多媒体时代，音视频档案作为一种特殊载体的档案资源发挥着重要的作用，传统对音视频档案的整理仅限于著录一些简单的主题、责任者、文件格式等条目信息。随着信息技术的发展，这些音视频档案原有的整理方式逐渐落后，无法涵盖其核心要素，难以满足公众的利用需求。用户通过计算机检索音视频档案时，仅能看到有限的著录信息，要想真正了解内容则需要打开音视频档案逐一观看、收听，使得音视频档案的保管利用极为不便。

【原理】

音视频档案即录音录像档案，是国家机构、社会组织或个人在社会活动中直接形成的以记载在物理载体上的影像或声音为主要反映方式的有保存价值的历史记录。档案内容信息的开发利用是档案管理的最终目的，因此在对档案实体进行管理的过程中，应当遵循简化与方便利用的原则，最大限度满足用户的利用需求。

【案例解读】

档案检索是开展档案信息服务的必要条件，也是开发档案信息资源的重要手段。档案检索过程中，一般可以按照档号、保管期限、题名、责任者等信息进行快速查找，最常见的是关键词检索。对于常见的档案类型，例如文书档案、会计档案、科技档案等，采用关键词检索一般来说能够准确定位到所需信息，且较为简单方便、适应性强，便于利用者掌握。但是对于特殊载体的档案，例如声像档案来说，其内容主要以语音或图像的形式存在，如果按照传统的著录方法或关键词查找，利用者只能够找到其实体所在的位置，然后再对声像档案进行收听或观看，从中提取需要的信息，检索利用的难度较大。同时，在对声像档案进行开发利用时，也需要人工逐一转换为对应的文字副本，效率低下且稍不注意就会容易出错。因此，在信息大爆炸和信息传播日益便捷化、高速化的时代，声像档案传统的开发利用方式已经不适应目前的发展。浙江省档案馆立足于录音录像档案整理的难点，通过语音识别、自然语言理解等人工智能技术实现音视频档案的全文数据化。一方面能够实现对音视频档案数据化结果内容要素的自动提取、人工标注、完成部分著录项的著录，满足档案管理人员对音视频内容自动编目的需求，提高著录的效率。另一方面，在全文数据化的基础上实现“文字+图像”的双重检索，能够满足档案用户对录音录像档案进行碎片化精确查找的需要。

【思考题】

1. 传统录音录像档案整理存在哪些不足？

2. 全文数据化为录音录像档案的整理带来哪些好处？

3. 结合实际谈谈人工智能技术还可以运用于档案管理的哪些方面。

案例 2-11 山东省地震局印章档案的归档整理“十步工作法”①

【案例简介】

印章档案是一种能够客观记录机构组织沿革情况的特殊载体档案。山东省地震局（全宗号 A227）档案室藏印章档案最早来自 20 世纪 70 年代，有木制、金属和橡胶等材质，行制有圆形和方形。为确保印章档案实体安全，在历史研究、档案考证、文物收藏和艺术鉴赏等方面充分挖掘其价值和发挥其作用，参照《归档文件整理规则》（DA/T 22—2015）和《印章档案整理规则》（DA/T 40—2008），山东省地震局在印章档案归档整理实践中归纳出“十步工作法”，即清洗—编号—制作卡片—确定保管期限—分类排序—分拣装盒—编制档号—制作印模—编制检索工具—上架。

【背景】

国家机构、社会组织和个人在从事政治、军事、经济、科学、技术、文化、宗教等社会活动中形成和使用过的印章，是一种具有特殊载体形态并在历史研究、档案考证、文物收藏和艺术鉴赏等方面有着特殊价值的档案。加强印章档案归档整理工作不仅会丰富馆藏内容，同时也会优化馆藏结构。

【原理】

印章档案属于实物档案，根据《印章档案整理规则》（DA/T 40—2008），印章档案的整理一般包括清洗、集中、划分保管期限、分类、排序、装盒、编制档号、编目以及制作印模等步骤。

【案例解读】

本案例主要分析归纳山东省地震局对印章档案归档整理的十个步骤，称为“十步工作法”。该工作法不仅展示了山东省地震局对印章档案管理的操作规范，同时也体现了其工作的特色之处。具体操作步骤如下：

① 案例来源于孙允明、朱少华：《印章档案归档整理“十步工作法”——以山东省地震局为例》，《山东档案》，2019 年第 6 期，第 39～41 页。

第一，利用医用酒精、清水、煤油、有机溶剂、软毛刷和竹针等对印章进行清洗修整，以确保其归档时可长期保管且不会污染档案装具。

第二，为晾干后的印章编制流水号，并按流水号顺序集中存放，每 16 枚印章为一组装盒（不可超过 16 枚）。

第三，一枚印章一张卡片，选取 A4 纸张制作卡片，于卡片偏左的位置盖上印模，右侧填写鉴定考证内容，并编制与印章相同的流水号。

第四，确定印章的保管期限，时间无法确定的用“□”表示。山东省地震局印章档案的保管期限符合山东省地震局总体划分的档案保管期限要求（永久和 30 年）。

第五，对盖有印模的卡片进行分类排序。山东省地震局印章主要采用形成年度－机构－保管期限分类法，其内设机构排序以机构编制顺序为准。

第六，对印章分拣装盒，并制作备考表。盒内从上到下的排列顺序为保管目录—印模单—备考表。

第七，按照“全宗号－实物档案代号·印章档案代号·形成年度·保管期限代号－印章枚号”的格式，为完成以上流程的印章档案编制档号，用以确定并固化每枚印章的排序位置。

第八，按排放顺序制作印模单，参照印章档案在盒中的摆放位置，在 A4 纸张上面打印出印模格以及档号格，接着在印模单对应印章位置盖章，一枚印章对应一张印模。

第九，根据印章档案整理完成后最终的排列顺序，将卡片中的有效信息登记到档案信息管理系统之中，并编制出科学、高效、易于查找的印章档案保管目录。

第十，印章档案应按分类方案排列顺序逐盒组织上架，平置排放，排列方法应统一，前后保持一致，不要任意变动。

以上步骤相较于《印章档案整理规则》有如下两点创新之处：

首先，山东省地震局规定每 16 枚印章为一组装盒，每盒最多可放置 16 枚，区别于《印章档案整理规则》规定的 24 枚，这在一定程度上可以减少每盒印章过多而相互碰撞造成的损害，也便于上架。

其次，山东省地震局根据单位档案工作实际情况，将《印章档案整理规则》规定的保管期限（永久和 15 年）创新为永久和 30 年，保持与其他门类档案的一致性，有利于实现机构内部档案工作的整体有序进行。

【思考题】

1. 案例原文中提到的山东省地震局印章档案归档整理“十步工作法”与传统档案整理归档有何不同之处？

2. 山东省地震局对印章档案保管期限的划分与其他门类档案划分的保管期限保持一致是否符合印章档案的特性？

3. 为什么《印章档案整理规则》中说档案馆保管的印章档案不宜按来源原则划分全宗？请谈谈你的看法。

案例 2-12　中国第二历史档案馆民国档案整理工序的优化[①]

【案例简介】

中国第二历史档案馆（以下简称二史馆）的民国档案数字化项目始于 2013 年，这一庞大系统的档案数字化工程，包括数字化前整理、扫描、缩微、质检、验收等十余个环节。数字化前整理工作是民国档案数字化工程的基础环节，是指以全宗或专题为单元，依据档案整理的基本原则、程序和方法，对已经过初步整理的民国档案进行系统编目，按照卷内文件的历史联系进行秩序排列，并通过编写页码加以固定，以实现档案实体有序化，方便档案数字化加工的过程。二史馆过去馆藏档案虽然进行了初步整理，但只属于粗放型的整理，存在以下突出问题：①一号多宗。集中存在于国民党政权交通、邮电、铁道、税务、金融等系统。个别卷号多达数百，排列长度近百米，只有一个简单类目式标题。多宗数量估计占馆藏总量超过 10%。②卷内文件混杂，无固定次序。馆藏总量近 95%未编卷内文件页码。③卷内文件不规则，文件排序困难。④部分卷宗内容与标题不一致。⑤特殊档案未加以标识、附注，如邮票、商标、书稿、字画、碑帖、照片、实物等。⑥部分档案霉变、破损严重。⑦未进行开放鉴定。针对以上问题，二史馆根据馆藏民国历史档案实际情况，划分了档案提调出库、分卷顺号（调整编立案卷之一部）、拟写案卷标题、卷内文件排序、卷内文件秩序固定、重份文件处理、档案保护性处理、案卷包装、填写案卷备考表、编制目录条目、质检验收、档案归还入库等十二个环节，形成了一套科学的整理方法。

与此同时，在民国档案数字化工作完成后，二史馆积极开展文件级著录试点工作。原因在于：一是案卷级目录数据概括性强，难以准确反映文件内容；二是档案中有很多重要信息还藏于案卷中未被开发，只有深入文件级目录才能完整揭示；三是案卷级中有不宜开放的档案，只有揭示到文件级才能区分。具体注意三个方面的内容：第一，充分利用已有的数字化成果，直接在计算机上对画幅进行操作，切忌再利用档案原件；第二，更新、开发、制作适合文件级著录软件，如灵活编辑画幅、抽取所需关键词等软件；第三，结合以往文件级著录经验，集思广益，制定文件级著录规范。

【背景】

近年来，我国各项社会事业都有了全新的发展，而历史档案作为一种重要的信息资源，兼具史学研究价值和社会文化价值，日益受到人们的重视和关注。20 世纪 80 年代，我国就制定了开放历史档案的方针和具体办法，随着历史档案存储的网络化信息

---

① 案例来源于喻春生：《对民国档案数字化前整理工作的几点思考》，《北京档案》，2016 年第 1 期，第 18～19 页。

化，其利用状况得到逐步改善。历史档案的整理是开放利用的前提和基础，对于实现历史档案的价值至关重要。

【原理】

综合档案馆馆藏档案按照历史时期可以划分为古代档案（1840 年以前）、近代档案（1840—1949 年）和现代档案（1949 年以后）。民国档案又称旧政权档案，是指 1912 年民国成立至 1949 年中华人民共和国成立之前单位及个人形成的档案。二史馆是集中保存民国时期历届中央政府及直属机构档案的中央级国家档案馆，开展数字化项目对于民国档案的保护和利用有着重要的意义。

【案例解读】

在本案例中，二史馆的民国历史档案馆藏受限于数量和历史因素，在数字化前整理工作中发现存在着一号多宗、卷内文件混乱、案卷内容与标题不一等问题。为此，二史馆采取了以下做法，颇有成效。

首先，二史馆始终坚持对整理过程中出现的问题以及相关的处理经验进行总结，并制定一系列业务规范和标准，使得相关工作有章可循，有利于保障档案数字化前整理工作的有序化、规范化和标准化。该项工作立足于二史馆整理工作实践，能指导二史馆尚未完成的民国历史档案数字化前整理工作，很好地解决了此前面临的民国历史档案亟待整理而又无法可依的情况。

其次，通过档案提调出库、分卷顺号、拟写案卷标题、卷内文件排序等十二个环节，使得二史馆馆藏民国历史档案原有的问题得到了较好的解决，在文件级和案卷级上都实现了有序整理，档案与档案之间、案卷与案卷之间、全宗与全宗之间的历史联系得以体现，便于日后保管与利用。至于档案修复、开放鉴定等工作，随着整理工作的有序推进，则是水到渠成之事。

最后，案卷级整理方式需要进行组卷、编写案卷题名、编制卷号等，难度较大，尤其是随着信息技术的发展，这种整理方式已然不适应计算机辅助管理与检索利用的需求。二史馆提出开展文件级著录试点工作，一方面有利于保持档案之间的有机联系，便于档案实体的日常管理；另一方面能够反映单份文件的内容，更加便于档案的检索和利用。

【思考题】

1. 民国档案数字化前的整理工作需要注意哪些事项？
2. 案卷级著录和文件级著录各有什么特点？
3. 民国档案采用文件级著录有哪些优点？

案例 2-13　甘肃省档案馆民国档案的文件级著录[①]

【案例简介】

甘肃省档案馆馆藏档案丰富，收藏有清代档案、民国档案、革命历史档案和中华人民共和国档案。随着信息技术发展和社会利用需求的提高，原有数据的采集录入方式与现实要求不同步，尤其是馆藏民国档案文件级目录著录采集的实际情况与国家重点档案著录采集标准存在差异。因此，为提升档案文件级目录著录质量，甘肃省档案馆针对国家重点档案文件级目录著录采集工作中的民国档案目录，设计出了与其相对应的质检工具软件，主要功能有三个模块：①数据导入。在接收和审核时，软件支持电子表格格式（XLS）导入，并不受字段顺序影响，导入过程中自动去除了电子表格中的特殊字符（如回车和空格等）。全宗号、目录号、案卷号、文件序号如有空缺，可以自动从档号中提取添加，反之亦然。从数据导入开始标准化，保证了完整和有效。②数据校验。具体分为格式校验、内容校验、逻辑校验。格式校验主要针对著录项各字段长度是否符合规范，如必录项目是否为空，档号是否为空或重复，时间格式和数字格式是否标准等；内容校验主要检查文件题名的要素是否完整，各字段内容之间的逻辑关系是否正确，以及多责任者和多文种的判定，题名中是否缺少规范要求的要素（责任者和文种），题名中的要素和题名关系是否一致，民国纪年是否按要求标记公元纪年；逻辑校验主要检查档号组成项和档号项是否一致，起止页码和页数是否一致，页码是否连续等问题。这样将某些固定类型的错误进行梳理，通过技术手段管控，从而较好地提升了目录录入质量。③数据导出。可导出为 TXT、XLS 等多种格式，支持导入目前馆藏档案管理系统。数据导出还可依据数据校验报告，根据所校对出的正确数量计算正确率，正确率达到规范要求，才可以进行数据上报的导出操作。

从各市州上报数据的情况来看，此举收效明显，各市州数据质量均有不同程度提升。通过审核反馈信息，软件校对可以快速检测出目录中存在的问题，并指出对应具体字段，使后期修改工作变得方便快捷。通过检测与修改的环节又进一步巩固了著录人员对业务培训内容和著录标准规范的理解和认识，实现了以查带教。此外，软件还设置了检测是否虚报著录数据等其他功能供具体业务人员使用。

【背景】

民国档案文件级目录著录与采集工作是《“十三五”时期国家重点档案保护与开发工作总体规划》确定的重要任务。开展民国时期历史档案文件级目录著录，是推进国家

---

① 案例来源于张寅、牟雅娜：《欠发达地区档案数字化的困境与对策——以甘肃省国家重点档案文件级目录数据质量提升为例》，《档案》，2019 年第 4 期，第 58～61 页。

重点档案目录基础体系建设的重要工作内容之一，对于加强全国民国档案基础建设、促进民国档案信息交流、实现民国档案资源共享具有十分重要的意义。

【原理】

档案著录是指在编制档案目录时，对档案的内容和形式特征进行分析、选择和记录的过程。国家档案局 2016 年 7 月发布的《民国档案文件级目录数据采集操作办法》规定，民国档案的著录项目包括必要项目和选择项目，其中必要项目有档案馆代码、档案馆名称、全宗名称、档号［全宗号、目录号、案卷号（含宗号）、文件（序）号］、文件题名、责任者、时间、页数、控制使用标识、语种、载体形态、政权标识、附注。选择项目有受文者、文种、起止页码、文本、分类号、缩微号、电子文档号、主题词或关键词（人物、机构、会议、事件等）、电子画幅数。

【案例解读】

民国档案是在特定的历史环境下形成的，行文风格、用语等与现行文件差别较大，多为文白夹杂、紧写连书、竖排书写、没有断句、不分段落，且多数文件没有题名，责任者信息不完整，文种种类繁多、格式各异，加之多为手工书写，字迹潦草、杂乱无章。因此，民国档案的著录工作难度较大，著录人员不仅要掌握档案著录的基本知识和技能，还要深入了解相关历史背景知识，才能完整揭示档案的内容和形式特征。然而，著录人员的著录水平有高有低、背景知识有多有少，著录质量参差不齐且带有强烈的主观随意性。2017 年 3 月国家档案局印发的《国家重点档案文件级目录数据验收办法（试行）》要求，省级档案部门进行审核时，民国档案的最低抽检比例为 10%，最高差错率不超过 0.3%。因此，民国档案著录的内部质检工作显得尤为重要。

传统的检测方法主要是人工质检，效率较低且容易出错。中国第二历史档案馆相关人员介绍，全国民国档案资料目录中心曾组织专家对 30 个省市报送的 2016 年、2017 年计 3000 余万条民国档案文件级目录数据进行验收审核后发现，每个著录项都存在不规范问题。甘肃省档案馆馆藏民国档案数量众多、内容丰富，在研究民国时期西北地区发展情况方面发挥着巨大的作用。其立足于自身实际，设计出与实际情况相适应的质检工具软件，通过机器全检和人工抽检相结合的办法，实现对著录数据格式、内容、逻辑方面的检验，有利于提高著录效率，保障目录数据准确性、完整性，着力解决数据质量参差不齐、审核管控手段不到位等问题，有效提升档案著录的质量和水平。

【思考题】

1. 质检工具软件对于优化民国档案文件级著录有何优势？
2. 民国档案文件级著录还存在哪些难点？
3. 你认为还可以采取哪些措施提升民国档案文件级目录数据的质量？

案例2-14　甘肃省华池县怀安乡档案馆民生档案的整理①

【案例简介】

近年来，甘肃省庆阳市华池县怀安乡围绕档案资料收集“3+4+n”、档案整理“一条线”、档案查阅“一盘棋”的工作思路，坚持以民生需求为导向，以民生档案建设为中心，以丰富档案资源、完善乡级档案馆服务功能为目标，加强基础设施和基础业务建设，加快建立覆盖人民群众的档案资源体系、方便人民群众的档案利用体系，使档案工作成果更多体现到维护民权、服务群众、保障民生上来，在档案工作便民、利民、为民上创新方法，健全体系，着力打造乡镇建馆、民生档案、服务窗口三大特色，提升了民生档案工作服务水平。2013年怀安乡档案馆晋升为档案规范化管理省特级；怀安、杨坪、丰阳渠3个行政村档案室晋升为档案规范化管理市一级。

尤其近年来惠农政策增多，怀安乡注重对民生档案的收集整理，按照“分类准确、编排有序、目录清楚、装订整齐”的要求做好档案资料归档工作。结合农村工作实际，统一制定了《怀安乡档案分类方案》《行政村档案归档范围和文书档案保管期限》，对档案的收集、分类、编目、组卷做了明确的规定。通过对3类常规档案（文书、科技、会计）、4类特色档案（照片、音像、奖牌证书、题词书画）、n类民生档案（林改、草改、社保、社会救助、宅基地、计生等）的收集工作，确保各类档案收集齐全、整理规范、保管有序。怀安乡档案馆共收集整理1959年以来档案共810卷11590件，其中文书档案341卷2750件，民生档案209卷8530件（低保档案1203件、救灾款档案21卷、婚姻档案24卷970件、危旧房改造档案665件、林改档案1050件、退耕还林档案220件、草原奖补档案855件、计划生育档案59卷2820件、农合档案442件、双联档案180件、财税档案20卷65件、武装档案10卷、妇联档案16卷60件、司法档案28卷、土地档案31卷），科技档案105卷，会计档案120卷，其他档案35卷310件；图书资料46册，各种杂志650册，照片资料12册，影像档案140碟，奖牌118面。

【背景】

民生问题已成为当今社会的热点问题。民生档案与人民群众最关心、最直接、最现实的利益问题息息相关，同时真实地记录了我国民生工作的发展历史，反映了我们党和国家在社会福利和社会保障方面的重大成就。因此，做好民生档案工作是改善民生必不可少的重要环节，是我国当前档案事业的重要内容。

① 案例来源于史胜利：《强化基础优化服务——庆阳市华池县怀安乡打造农村档案工作新亮点》，《档案》，2014年第8期，第57～59页。

【原理】

随着各项专业工作的开展和档案工作的开拓，越来越多的人认识到除文书档案、科技档案外，还有一些形式特殊、功能特殊的材料，应作为档案保存，称为专门档案或专业档案。民生档案是机关、社会组织和个人形成的与人民群众利益直接相关的专门档案，包括劳动就业、社会保障、教育、医疗、食品安全、社会管理等民生领域中形成的档案。民生档案是人民群众生产生活的真实记录，同时也是维护人民群众合法权益的重要凭证。

【案例解读】

近年来，民生问题日益受到社会广泛关注，民生档案工作也面临着新的机遇和挑战。基层组织虽然作为民生档案的主要聚集地，但是由于没有充分重视民生档案的管理，也缺乏统一的制度和标准规范，使得一些基层组织民生档案的管理较为混乱，极大程度影响和制约了民生档案的开发利用。

庆阳市华池县怀安乡注重基层民生档案工作，结合农村工作实际，制定了《怀安乡档案分类方案》《行政村档案归档范围和文书档案保管期限》，并确定了 3 类常规档案、4 类特色档案、n 类民生档案的分类方式，类目设置科学合理、清晰完整，能够较好地保持文件之间的联系，使相同性质的档案得到集中，减少相同类型档案分散的现象，便于档案的查找和利用。同时，将基层组织中所涉及数量和类型较多的林改、草改、社保、社会救助、宅基地等方面的档案进行集中处理，统一划归为民生档案，具有一定的创新性，使得档案类别不至于分得过细，有利于确保档案分类方案的适用性，同时也能够保证每一份档案有类可归，且通过档案所属类型基本可以反映出立档单位的职能活动情况，特别是将民生档案单独作为一类，明确民生档案的重要性，突出了基层组织所涉及的档案主体类型，为民生档案服务公众提供保障。此外，由于民生档案种类繁多、涉及面广泛，需要从实际出发，因地制宜地制定相应的管理办法，对民生档案科学地进行分类整理。同时，结合民生档案利用工作的实际情况，对利用频率较高的民生档案进行优先整理，实现民生档案的有效管理与合理利用。

【思考题】

1. 除了文书档案和科技档案，还有哪些类型的档案？
2. 庆阳市华池县怀安乡的民生档案管理有哪些优点？
3. 结合实际谈谈在对民生档案进行管理时还应当注意哪些问题。

案例 2-15 张家港市档案局河长制档案的分类及管理模式①

【案例简介】

张家港市自 2014 年实施河长制起，产生了大量文书、照片、会计、音视频、专业执法等不同门类和载体的河长制档案。针对这一新事物、新现象，张家港市档案局主动出击，探索河长制档案的采集、整理、保管和信息资源共享的新方式，开展全市河长制建档试点工作，将河流历史、现状、动态监管状况，以及治理保护的全过程信息记录留存下来，建立全市河长制档案信息资源库。

河长制档案是在贯彻落实河长制的过程中直接或间接形成的具有保存和利用价值的各种形式的文字、图表、音视频等的历史记录。立足当地河长制工作实践，张家港市档案局和张家港市全面深化河长制改革工作领导小组办公室共同制发了《关于开展全市河长制档案管理试点工作的通知》，明确了河长制档案的分类大纲，将河长制档案分为四大类（河湖概况、河湖治理保护档案、河长履职档案、河湖音视频档案）；召集相关单位共同制定“河长制档案文件材料归档范围和档案保管期限表”，确保河长制工作落实过程中所形成的各类材料应收尽收、应归尽归。

河长制档案牵涉单位众多，散布于水利、交通、城管、建设、环保系统各单位和河湖流经各区镇及河长联系单位，档案数量多，门类复杂。为此，张家港市档案局探索建立上下联动的河长制档案工作机制，与水利、建设、环保等部门共同建立河长制档案管理责任与任务落实工作机制，构建起河长制档案工作组织体系。研究档案实体收集、分类、整理以及信息化的管理机制和运行体制，制定张家港市河长制档案工作网络推进图，设立主管部门、协助部门并确定相关负责人，通过分工的细化、职责的明确，既便于河长制档案工作的推进，又确保了河长制档案信息资源的齐全、准确、系统、安全和有效利用。

【背景】

全面推行河长制是贯彻落实党的十九大关于加快生态文明体制改革、建设美丽中国决策部署的重要举措，是践行绿色发展理念、推进生态文明建设的实际行动，是完善水治理体系、保障水安全的制度创新，是保障和改善民生，增进人民群众福祉的必然要求。

在这项长期、艰巨和复杂的系统工程中，档案工作无疑是河长制各项工作推行的基础和重要环节。近年来，张家港市档案局及时介入，主动服务，依法推进河长制建档试

① 案例来源于王健、雷科民、董晔文：《规范河湖治理档案 留存治水记忆——张家港市档案局开展河长制建档试点工作》，《档案与建设》，2019 年第 1 期，第 56～60 页。

点工作，为河流建档立卡，肩负好承载历史、传承文明、展现时代风采的重要使命，使档案成为河长制工作的“知情人”和“见证者”，规范河湖治理档案工作，留存治水记忆。

【原理】

全宗内档案分类，是指基于立档单位内档案内容（问题分类法、时间分类法）、形式（按档案种类分、按档案制成材料分、按档案形状分）、来源（组织机构分类法、作者分类法、通信者分类法）、时间（年度分类法、时期分类法）等方面的不同，按照一定的体系，分门别类、系统规律地区分档案以及整理档案的方法。

专题档案是为了研究和反映某一社会实践过程或该过程某一方面问题而收集的原始记录信息。专题档案与全宗汇集具有一定的相似性。

【案例解读】

在本案例中，张家港市档案局将实施河长制过程中形成的档案归纳总结为“河长制档案”。

根据案例简介中张家港市档案局赋予“河长制档案”的定义可看出，河长制档案区别于文书档案和科技档案，而较为契合专门档案的定义。首先，河长制档案的形成主体是政府机关（中国各级党政主要负责人担任“河长”）；其次，建立河长制档案是为了更好地贯彻落实河长制的各项工作；最后，张家港市档案局探索出了“河长制档案文件材料归档范围和档案保管期限表”，说明河长制档案的管理方法具有专业性和特殊性。因此，将河长制档案认定为专业档案的一类是合乎情理的。

既然确认了河长制档案属于专业档案，则可进一步探讨张家港市档案局对河长制档案之下的档案类别划分。张家港市档案局制定了河长制档案的分类方案，将河长制档案分为四大类：河湖概况、河湖治理保护档案、河长履职档案、河湖音视频档案。这一分类方式较为可取，但仍有值得完善之处：一方面，建议将“河湖音视频档案”更名为“河湖声像档案”，更加符合国家现有档案命名方式；另一方面，既然张家口市档案局重视音视频、照片等各种载体形式档案的收集归档，则建议再新增一项“河湖特殊载体档案”（声像档案数量众多且如今已不再特殊，因此此处采取声像档案与特殊载体档案并列的方式）。如此分类，将使张家港市河长制档案归档工作实现“应收尽收、应归尽归”的目标。

在档案管理模式方面，张家港市河长制档案的管理实际上采取了实体分散、信息共享的模式。

（1）实体分散。

根据案例中“河长制档案牵涉单位众多，散布于……”等描述，可看出张家港市河长制档案实体在到达本机关档案保存年限之前，主要分散在各立档单位，与各立档单位的其他档案共同构成各个单位各自的全宗。张家港市河长制档案的分散式管理便于日后档案的归口管理、整理、移交等工作，也能保持各立档单位全宗内档案间的历史联系不被分割；而缺点就在于当前河长制档案的系统性、专题性难以体现，以及查阅不便的问题。

（2）信息共享。

为解决河长制档案实体分散管理带来的系统性、专业性不足及查阅分散不便等问题，张家港市档案局构建了全市河长制档案信息资源专库，实现资源整合与共享。这一信息共享的模式将河长制档案信息资源通过计算机系统和互联网技术集中到某一服务器中，构建起以计算机硬盘为载体的张家港市河长制档案汇集。通过这一模式，可实现河长制档案信息资源的集中整理与保管，保证河长制档案的专题性和系统性。

张家港市河长制档案实体分散、信息共享的管理模式可在不影响张家港市河长制档案实体按立档单位归口整理和保管的前提下，实现河长制档案信息资源按专题汇集，保证河长制档案的系统性与专题性，同时兼顾两种需求。

至于日后分散在各形成单位的河长制档案移交张家港市档案馆后是归入各立档单位全宗中管理，还是建立档案汇集或专题档案，当前张家港市河长制档案的管理实践已给出了答案。

【思考题】

1. 河长制档案应当划分为科技档案还是专门档案？抑或可划分为其他门类档案？
2. 河长制档案内的档案分类还可以怎么分？
3. 请根据文中关于河长制档案的描述，试拟制河长制档案的整理方案。
4. 请合理评价张家港市河长制档案的管理模式。
5. 请思考河长制移交档案馆后按所属立档单位整理的方法与步骤，与按专题整理的方法和步骤有什么区别、联系？

第三章　档案开发利用

案例 3-1　中船重工七二四研究所数字档案编研[①]

【案例简介】

中船重工七二四研究所中心档案室作为军品科研生产保障部门，既要做好档案收集、保管、组卷、利用等档案基础业务工作，又要承担科研生产保障任务；此外，还要开展馆藏存量档案数字化和增量档案的电子化工作，平时工作任务十分繁重，档案编研工作很难持续开展。随着档案信息化的发展，部门日常的档案管理和借阅利用工作已经实现信息化管理，馆藏档案的数字化水平不断提升。为了适应信息化技术发展的速度和数字档案馆（室）建设的需要，结合数字档案编研具有可扩展性、便捷性、表现生动性、利用即时性、经济性等特点，利用档案信息化建设的基础成果开展数字档案编研的探索和实践更能符合新时代档案工作发展理念的需求。

用户需求是数字档案编研工作的方向盘。要以用户需求为导向，做好编研成果的选题工作，重点开展，逐步推进。通过先期调研、选题征集、需求分析、可行性分析等工作的开展，该机构了解到中船重工七二四所对反映人才队伍建设状况系统的编研成果的需求非常迫切。深化干部队伍管理，推进人才队伍建设以及经营发展过程中的决策部署等都需要提供详细准确的信息支撑。

数字档案编研平台是数字档案编研工作的发动机。该平台采用表示层、业务逻辑层、数据访问层三层架构模式，通过 C＃语言设计实现，与档案管理系统形成有机的整体，并拥有高度可扩展性，从而达到档案利用的柔性管理。

中船重工七二四所人才队伍建设数字档案编研成果面向全所范围提供领导干部职务任免、技术人才职称评定、技能人才技术等级、集团公司技术专家、优秀青年科技工作者、江苏省“333”人才工程、中国舰船研究院导师等各类别人才队伍建设信息的查询功能，面向所领导、人力资源管理部门、纪监审部门提供数据分析功能，面向档案编研工作者提供数据采集和维护功能。该编研成果系统平台由信息查询模块、数据分析模

① 案例来源于徐随峰、殷晓峰、夏倩：《数字档案编研初探——基于中船重工七二四研究所人才队伍建设数字档案资源编研成果平台的构建》，《机电兵船档案》，2019 年第 3 期，第 45～47 页。

块、后台管理模块组成。

(1) 信息查询模块。

信息查询模块是人才队伍建设数字档案编研成果平台便捷利用价值的体现。使用者可以通过该页面，查询本所历年人才队伍建设情况，而通过搜索条件可以查询到个人职务、职称等任免情况。如果需要利用原文，可通过原文下载、直接下载或打开对应原文件获取。

(2) 数据分析模块。

数据分析模块是人才队伍建设数字档案编研成果平台中体现数据分析价值的方面。系统可以根据已采集的数据，按照设定好的运算规则，分析得出不同的结果，并可以图表、曲线图等形式呈现，如领导岗位变动与任职年限的关系、领导岗位历年任职人员平均年龄的变化、技术人才队伍的层次结构等信息。

(3) 维护管理模块。

维护管理模块是人才队伍建设编研成果平台的后台管理模块。该模块设有信息采集、数据维护、批量上传、原文下载日志、分类设置、导出管理等功能，档案管理人员可以通过该模块实现对人才队伍建设编研成果的数据扩充、功能维护、运行监控等操作。

【背景】

自联合国教科文组织发起“世界记忆工程”以来，十多年间，人们对数字档案馆的讨论和重视逐渐升温，各国陆续开展了数字档案馆的建设项目，如美国西北数字档案馆、日美关系数字档案馆、英美国家数据数字档案馆等。在我国，深圳数字档案馆、青岛数字档案馆等一批数字档案馆项目的开展，为我国数字档案馆的建设作了卓有成效的探索，取得的成绩也较令人满意。此外，在社会信息化的大环境中，随着现代信息技术在企业档案工作领域的广泛应用和推广，在档案行政部门的要求下，在各机构信息化建设带动下以及管理创新的需求下，各机构档案工作正在自主或者不自主地朝着信息化方向发展，档案信息化建设工作遍地开花，如火如荼。

【原理】

数字档案编研平台利用现有的档案信息化系统，在其基础上进行二次开发，是对档案资源利用中心功能的扩展，是数字档案馆（室）建设要求中的重要组成部分，其主要功能涵盖菜单管理、流程管理、功能管理、利用管理。用户需求分析是指在系统设计之前和设计、开发过程中对用户需求所作的调查与分析，是系统设计、系统完善和系统维护的依据。当完成用户需求调查后，首先对《用户需求说明书》进行细化，对比较复杂的用户需求进行建模分析，以帮助软件开发人员更好地理解需求。

【案例解读】

从中船重工七二四所数字档案编研工作成果系统平台的建立过程中，我们可以学到很多经验，同时也可以思考一些问题：

（1）信息系统需要专业的人员进行管理。

如中船重工七二四所这样承担繁重研究设计任务的事业院所，其档案室如何在科研保障的工作之余，实现信息平台的转型升级，保证不同于传统信息平台的日常信息管理、维护及信息的增添和更改。对于档案管理人员来说，这需要比过去更丰富的知识、更加细化的专业人员，以及更现代化的管理手段，将是一种前所未有的考验。

（2）信息系统的高效利用。

信息化档案管理平台是否能够发挥作用的关键是最终端的档案使用人员是否能够充分有效使用这一平台。如果不能让使用人员方便、快捷、准确地获得所需的结果，那么这一平台最终将失去建立的意义。

根据存在的问题，在信息化档案管理建立过程中，所在事业单位应给予足够多的支持与关心，时刻注意信息化平台的建立、管理、使用的状态，及时给予方向性指导。一是在信息化平台设计之初，就需要考虑到使用的便捷、完善的人机交互、简洁的用户界面，避免今后烦琐的操作。同时，优化信息搜寻及分析模块，可使用人员更容易获得准确且满意的结果。二是需要加强对信息管理人员的培训，可以通过集训、安排学习等方式，使其快速上手。可以安排服务热线，在网上发布使用手册、教学视频等，以方便使用人员快速解决使用中的问题，丰富档案管理人员的信息化知识、提高信息化管理水平、信息化操作技能。选拔一批复合型人才，加强与其他院所的经验交流与合作分享，有利于信息化档案平台的建立发展和纠错补漏。

【思考题】

1. 数字档案涉及哪些技术？
2. 数字档案编研工作目前有哪些可借鉴、参考的实例？

案例 3-2　海外档案文化创意产品的开发①

【案例简介】

档案是一种文化资源，具有文化价值。一方面，档案在内容上囊括了人们社会生活中原始且丰富的经验和智慧。另一方面，档案在形式上兼具多样性和独特性。内容和形式两者结合开发档案文化创意产品可盘活档案文化价值，传播档案文化，满足人们文化教育和文化休闲的需要兼具经济和社会效益。

本案例选取了四家具有代表性的海外档案机构，对其档案文创产品的开发现状进行系统分析，以期获得启示。

① 案例来源于王毅、刘莹：《海外档案文化创意产品开发实践及启示》，《北京档案》，2019 年第 12 期，第 42～44页。

一、深度挖掘多元开发——美国国家档案馆

美国国家档案馆的文创产品以“多元”定位，产品文化元素包括历史事件、传统节日、城市地标、著名人物等。

（一）基金会助力、共同经营商店

美国国家档案馆文创产品开发得益于非营利组织——美国国家档案基金会的助力。文创产品开发项目就是以其为主导，在市场导向下进行开发，以实现产品价值再生产为目的。同时，文创产品也会作为“基金会对募捐会员的福利”进行赠送，同时还会给予购买折扣。

（二）产品体系丰富、主题深度开发

目前，美国国家档案馆文创产品无论是成品数量、产品载体、文化内涵都是最丰富的。另外，产品也兼具多元文化内涵，有政治、军事、宠物文化、酒文化、城市风光、建馆标志等。此外，同一主题还从多载体、多形式进行开发。

（三）多机构合作、取人长补己短

美国国家档案馆在文创产品设计上与专业机构展开合作，档案馆依托丰富的馆藏资源提供设计灵感，专业机构则可弥补其在专业人才、货源渠道、产品市场等方面的不足。

（四）多渠道营销、民众参与活动

营销活动可分为三种：第一，优惠打折活动。第二，民众参与讨论式活动。第三，民众参与制作式活动。

二、历史韵味以古鉴今——英国国家档案馆

英国国家档案馆的网上商店“书店”主要出售关于战争、军事、历史等方面的书籍和融入大量历史元素的文创产品，其文创产品多做旧泛黄，突出其历史悠久的厚重感。

（一）文具用品

其主要有历史地图、笔记本、贺卡、明信片等，在兼具实用性的基础上，档案馆使文具用品实现了美观与独特性。

（二）游戏、谜语书和模型

玩具类文创产品大多起到历史科普和智力开发的作用。

(三) 家居用品

其包含英伦风格的骑兵雕塑和摆件、英国特色动物的植物挂件及以历史事件、名人、故事、徽章图标、风土人情为设计元素做成的冰箱贴、围裙、杯垫、茶巾、购物袋、盆栽等。选取女王、骑士、下午茶文化等最具代表性的英国象征和标志元素进行精心制作，富有历史风情且不失实用价值。

(四) 日记本和日历

每个日历、日记本都有其专有的主题元素，如伦敦地铁、妇女参政、第二次世界大战海报、莎士比亚、国家铁路博物馆、基督降临、圣诞节等。

(五) 文件、奖牌的复制品

档案馆对不同时期颁发的勋章进行复制。除此之外，馆内独特的收藏资源，如第一次世界大战的身份证、著名战役当天的报纸、战时新闻等也制成了复制品。

三、特色专题品控严格——澳大利亚国家档案馆与澳大利亚国立影片和声音档案馆

(一) 澳大利亚国家档案馆

澳大利亚国家档案馆澳大利亚艺术文化部部长西蒙·克林宣布推出“创意澳大利亚”的文化新政，以“你的故事，我们的历史”为口号，也使其产品主要选择以社会历史文化为创意来源。

1. 禁书展览

基于特殊的历史背景和丰富的馆藏记录，澳大利亚国家档案馆 2013 年将其馆内咖啡厅改为“禁书展览”主题咖啡厅，其主要展品多为 20 世纪 20 到 70 年代在澳大利亚被禁书籍。围绕禁书主题，开发了文创产品“禁书”U 盘和海报等。

2. 灯塔海报

灯塔作为澳大利亚丰富航海历史的浪漫象征，在给过往船只引路照明的同时，更是力量和结构之美的象征。馆内共有 5687 件关于灯塔的藏品，而灯塔海报则是基于原始设计新设计制作的，其一个是 1883 年建成的澳大利亚第一座混凝土灯塔——绿色海角灯塔，一个是 1881 年建成的为澳大利亚海事安全局所用灯塔——蒙塔古岛灯塔。

3. 研究指南

其以历届总理为研究主体，澳大利亚档案馆汇编了来自国家档案馆、图书馆以及其他机构所有的记录，以便用户能从专题角度概览相关档案，目前共有八本在售，不仅可

购买实体书，还提供电子书在线免费下载，极大方便了查找与利用。

(二) 澳大利亚国立影片和声音档案馆

澳大利亚国立影片和声音档案馆（NFSA）在国际享誉盛名，是公认的高品质音像资料保存及展示中心。

1. 定制形式、专业化制作

不同于一般先大量产出产品再售卖的库存式销售方法，NFSA 采取先预定再制作的定制形式，在其 230 万馆藏藏品中挑出 30 大类、1005 件独特照片档案供消费者进行选择，选定图片后再根据需求选择定制形式，进行为期 3～5 天的制作，能够有效减小库存压力，降低投入成本。

2. 形式多样、价格分层级

其定制形式有裱框挂画、画布挂画、亚克力挂画、拼图、海报、贺卡、马克杯、鼠标垫、抱枕、玻璃杯垫、玻璃餐具垫、冰箱贴、钥匙扣等 19 种，无论是价格实惠的日常用品还是包装精美的高档礼物都可以制作，满足消费者不同方面、不同层次的需求。

3. 品质可靠、售后有保障

NFSA 作为高品质音像资料保存及展示中心，网站有明确的产品定位，只选用高档材料进行高品质印刷，采取抗褪色技术 100 年不褪色。制作工作室分布于英国、美国和澳大利亚，根据消费者地址就近制作发往全球各地。其消费者评分也是放在网站最醒目的地方。网站售后服务齐全，到货后商品一旦有破损或品质有问题不满意 14 日内可全款退还，网站全权承担责任。

【背景】

利用馆藏藏品开发衍生的文化创意产品已是世界上很多知名博物馆通行的做法。近年来，尽管各档案馆重视开发馆藏文化产品工作并加大了投入，但是开发的产品形式较为单一，有同质化现象，文化价值开发尚有很大提升空间。

【原理】

档案文化创意产品是通过对档案中的历史文化元素进行提取和转化获得内容创意，再通过科学技术将其附着在创意载体上，使有距离感的档案元素获得文化审美和实用并存的诠释，形成高附加值的产品。产品文化元素包括历史事件、传统节日、城市地标、著名人物等。多渠道营销包括优惠打折活动、民众参与讨论式活动和民众参与制作式活动。

【案例解读】

在以上案例中，我们不难看出，档案文化创意产品有利于进一步挖掘档案价值，提高档案内容和文化的传播力和影响力。

在美国国家档案馆案例中，“多元”定位的档案文化创意产品可以从多种角度展示档案馆的文化、历史及该地的著名人物、地标等。文创产品本应该根植于本土文化和特色，并利用可以利用的一切资源，充分展现档案馆特色。首先，美国国家档案馆利用基金会的帮助，以市场为导向进行开发，能更广泛地推广产品。其次，多机构合作不仅可以弥补单一档案馆的不足，还可以将档案馆提供的设计灵感充分付诸实践。最后，民众的参与可以使档案馆的文创产品更受欢迎，被推广得更充分。

英国国家档案馆档案创意开发利用的类型更加多样，涵盖了文具、家居用品、玩具类等。这些文创产品不仅展示了英国悠久的历史，过往的风俗文化，也体现着英国的国家特色。

澳大利亚国家档案馆推出“创意澳大利亚”文化新政，其文创产品主要以社会历史文化为创意来源。其中禁书展览展示了澳大利亚特有的历史背景；而灯塔海报是一种历史的浪漫象征，是档案馆人文特色的展现。除此之外，研究指南能更便于用户概览档案，而影片和声音档案馆补充了普通档案馆没有的文件类型。

【思考题】

1. 你是否了解故宫文创产品？你认为有哪些经验值得在档案文化创意产品开发过程中借鉴？

2. 各国档案馆还可以开展哪些特色业务？

案例 3-3　国网湖南省电力有限公司档案助力抗冰救灾[①]

【案例简介】

从 2018 年 1 月 24 日起，湖南省范围内迎来了新一轮自北向南的强雨雪冰冻过程，天气由冻雨、强降雪、雨夹雪反复交替进行，北风呼啸加剧电网线路、杆塔覆冰，整体呈现覆盖范围广、冰情发展快、覆冰厚度重的特点，其严重程度仅次于 2008 年冰灾。国网湖南省电力有限公司办公室第一时间启动档案工作应急预案，强化各级责任落实，积极为公司抗冰保网服务。

1 月 23 日，收到国网湖南省电力电网覆冰黄色预警后，国网湖南电力办公室立即启动档案工作应急预案，印发《关于加强低温雨雪冰冻天气档案管理工作的通知》，要求各单位强化雨雪冰冻天气下的档案安全工作意识，以防为主，加强安全隐患排查；严格值守，抗冰保网期间，各单位档案室实行值班制度，确保 24 小时电话联系畅通，随

---

① 案例来源于宁政：《“湘电铁军”抗冰保供电　档案出击全力助抢修》，《中国档案报》，2018 年 2 月 5 日，第 3 版。

时办理档案查借阅服务；简化手续，积极联系运维、检修等相关部门，主动提供服务。

公司下属的输电检修公司组织技术骨干和档案人员参加抗冰救灾应急小分队，对负责运维的高海拔地区的线路档案进行分类汇总，启动应急服务机制，做到随时能为前方抢险提供档案利用。

1月25日，得知国网湖南供电公司110千伏长线覆冰情况严重后，公司档案室迅速反应，将线路工程的杆塔一览表、设计说明、基础配置表等资料调阅出来，提供给检修公司输电运检室。得到档案资料支撑后，输电运检室迅速启动线路直流融冰方案，及时解除线路覆冰险情，快速恢复供电，有效地保障了民生用电、缓解了当地供电压力。

供电公司档案人员通过主动为电力抢修人员提供倒杆线路及损毁台区的图纸、资料，为一线人员积极迎战冰雪、尽快恢复供电节约了宝贵的时间，也充分体现了档案资料重要的佐证查考价值。

【背景】

国家档案局根据《中华人民共和国档案法》《中华人民共和国突发事件应对法》等相关法律、法规制定的《重大活动和突发事件档案管理办法》于2021年6月1日起施行。办法要求各地区各部门应当加强对重大活动和突发事件档案工作组织的领导，建立健全工作制度，保证档案管理做到收集齐全完整，整理规范有序，保管安全可靠，鉴定准确及时，利用简捷方便，开发实用有效。

【原理】

突发事件是指突然发生，造成或者可能造成严重社会危害，需要采取应急处置措施予以应对的自然灾害、事故灾难、公共卫生事件和社会安全事件。突发事件档案是指机构在突发事件预防、监测与预警、应急处置与救援、事后恢复与重建等管理过程形成的归档保存的文件材料。根据突发事件的特点，其具有时间、地点的不确定性，后果难以预料性，在突发事件管理中对档案利用也呈现出不同的需求特点。

【案例解读】

公司对突发事件的档案管理，不仅能为业务部门的抗灾工作提供有效支持，还能及时整理归档相关档案，第一时间保留企业档案资源。通过分析总结本案例，可得出以下经验：

一是档案部门应对突发事件，主动提供档案利用。面对重大突发事件，及时从馆（室）藏档案中寻找并选取与突发事件处置有关的档案文献，编制专题档案文件目录，并搜集当前有关现行文件资料，编制专题档案、文件、资料目录，及时提供给有关应急处置部门（机构），以便应急工作过程中的查阅利用。国网湖南供电公司档案人员提前对负责运维的高海拔地区的线路档案进行分类汇总，通过主动为电力抢修人员提供倒杆线路及损毁台区的图纸、资料来应对灾情。

除此以外，可以建立跨地区档案利用绿色通道，针对工作中急需但本地没有的档案，发挥档案系统行业优势，协调开展跨地区、跨部门调用档案，如在汶川特大地震发生后，四川省档案局（馆）第一时间联系了河北、云南等地档案部门，调取了唐山大地震、丽江大地震抗震救灾及灾后重建档案，并提供给抗震救灾指挥部。

二是面对突发事件注重收集，整理专题档案。面对突发事件，档案部门一定要做好收集管理归档工作，明确相关的收集管理规范、保管期限等问题，制作相关收集管理指南来指导单位开展专题档案整理工作。档案馆负责分管范围内重大活动和突发事件档案接收征集、集中保管、编研开发并提供利用。档案馆可以根据需要，提前介入重大活动和突发事件档案工作，并采取拍照、录音、录像等方式直接形成重大活动和突发事件档案。在重大活动和突发事件发生的第一时间下发通知，要求各单位及时做好专题档案资料的收集工作，包括相关文件材料、照片、视频等。

【思考题】

1. 面对重大突发事件，档案工作能在哪些方面提供应对？
2. 举例说明国内外重大突发事件中档案是如何发挥作用的。

案例 3-4　北京市雕窝村民俗旅游档案助力村民致富①

【案例简介】

北京市雕窝村村民利用民俗档案，开展民俗旅游，使得家家都办起农家乐，村里人足不出户过上了好日子。走进雕窝村，整洁的街巷，高低错落的民居，清新自然的乡村风貌让人眼前一亮，挨家挨户的特色农家小院反映着这里民俗旅游经济的红火。在如意农家院主人崔某芝家，两面墙上挂满了照片和荣誉证书，北京市“三八”红旗奖章、特色美食奖、最佳民俗特色宴总成绩第一名、文明之星、文明幸福示范家庭……崔某芝介绍由于购置设备的单据、招工表格、民俗特色菜单等有关民俗旅游的资料越来越多，不知道该如何处置，在区档案局的帮助指导下，让村民学会将这些档案资料进行分类保管，还将照片和奖状上了墙，客人看了这些照片奖状后慕名而来。

民俗旅游档案无形中促进了乡村经济发展。黄松峪乡党委副书记介绍过去老百姓对获的奖都不在意，随便扔放，在区档案局工作人员的帮助下，尤其是秉承“让档案替我说话”的理念，指导各民俗户打造了“荣誉墙”，把每家获得的荣誉及领导名人到家做客的照片放到“荣誉墙”上进行展示，起到了更直观的宣传作用。随之而来，尝到了甜头的民俗户建档意识也明显增强，现在家家户户还能互相交流。民俗旅游档案改变了村里人的生活，2009 年雕窝村还被评为了“北京最美乡村”。

档案是村民致富离不了的“宝贝”。北京市雕窝村是区第一个民俗户建档村，像崔某芝这样建民俗旅游档案的村民不仅雕窝村有，在其他乡镇也有很多。为了让无形的档

① 案例来源于崔志华：《村里富起来　农家乐起来》，《中国档案报》，2013 年 1 月 24 日，第 1 版。

案资源为老百姓创造更多的价值，改善村民们的生活水平，提高幸福指数，自 2006 年起平谷区就以雕窝村为试点，开展了民俗户建档工作。区档案局对全村 24 家民俗旅游接待户进行了指导，并无偿提供档案装具，为他们建立了包括实物、照片和旅游 3 类民俗旅游档案，并将特色产品介绍、名人题字、领导关怀、客户资源信息、票据等材料也全都补充到民俗旅游档案中来。

有了“荣誉墙”以后，民俗接待户的收入比原来提升达五成，旺季时一周收益就超过万元，区档案局还先后在多个信息网上开辟专栏，将有价值的照片进行展示，从而进一步宣传民俗旅游档案。近几年，依托雕窝村的成功经验，区档案局相继在 10 个乡镇的 21 个民俗旅游接待村推广了民俗旅游建档工作，在此基础上，还将深挖民俗村的文化内涵，将民间工艺、艺术文件材料、知名人士来访材料等充实到档案中来，依托民俗旅游档案资源打造区“一乡一品”特色建档。

【背景】

《非物质文化遗产法》第三十五条规定：公共文化机构与研究、保护非物质遗产的机构以及使用财政性资金举办的演出场所经营单位、文艺表演团队必须按照各自的业务范围来整理和研究非物质文化遗产以及做好宣传和展示非物质文化遗产代表性项目。留住民族记忆的背影，一个国家、一个民族才有其生生不息、长远发展的可能和潜能，文明成果才能够千年流淌、源远流长。

【原理】

民俗档案是了解一个地方历史、风土人情不可或缺的档案，具有较高的价值。目前学界对于“民俗档案”的概念主要从“物态文化”“文献资料”“历史记录”三个角度来予以界定。如姜克银、张凤云等人认为，民俗档案是随民俗而传承下来的一种物态文化，反映着各族人民的生产、生活及不同的社会风俗。民俗档案是民俗文化的重要组成部分，正确认识其价值作用对民俗档案研究具有重要意义。

【案例解读】

北京市雕窝村利用民俗档案，开展民俗旅游改变了村民的生活，改变了雕窝村的面貌。这其中档案资源发挥了至关重要的作用，具体特点总结如下：

一是民俗档案有利于建设乡村记忆基地。民俗文化中藏有丰富的档案资源，历代的档案资料中也有大量关于民风民俗的内容，档案部门关注乡村民俗文化不仅是发展国家文化事业的要求，同时也有助于新农村的建设与发展，推动农村社会经济文化生活。乡村记忆作为民族的记忆，保存雕窝村的民俗档案，能够构建雕窝村乡村记忆，保存雕窝村历史，延续乡村记忆的生命，有文化才能有灵魂。积极构建乡村民俗档案，有助于保护传统人文气息，留住人们的精神家园。

二是利用新型网络媒介，促进民俗档案的宣传推广。互联网时代智能应用工具的出现，使得信息的传递突破传统设备的局限，信息的传播范围更广、传播形式更加多样、传播速度更快。档案工作能够利用这些特点，利用互联网来传播档案信息，通过新媒体与公众进行交流，提高公众的互动感与参与性。其中档案网站作为多数档案部门的网络宣传平台，通过利用档案网站将更多的民俗档案通过照片、视频甚至虚拟动画等形式进行传播，一方面发挥档案的宣传作用，让档案推动乡村旅游业的发展；另一方面能够有效记录乡村历史，保存民族特色文化。平谷区档案局在绿谷信息网、雕窝民俗旅游网和平谷档案信息网进行雕窝村的民俗档案宣传，让雕窝村借助网络走向世界。

【思考题】

1. 乡村记忆建设中档案部门能够发挥哪些作用？
2. 举例说明国内外档案参与乡村记忆建设的案例。

案例3-5 云南白药集团档案文化产品的开发利用①

【案例简介】

云南白药集团股份有限公司充分开发利用馆藏资源，及时对零散、凌乱的各类档案资源进行加工、提炼和编纂，大胆尝试开发档案文化产品，受到社会各界热烈的赞誉和关注。《云南白药大事记》就是云南白药集团开发档案文化产品的扛鼎之作，它的编撰具有以下特点。

一、疏而不漏，要而不繁

概要重大史实，而非罗列巨细事项，这是《云南白药大事记》编撰原则。从影响方面分析，把属于全局性、典型性的事件作为编撰的重中之重，尤其是第一次公布了各个历史时期国家领导人关注白药发展的史料、照片；从特色方面分析，把反映公司主要职能活动、发展战略、组织沿革、企业文化、企业理念、经济发展状况等都做了分析梳理，作为大事记的选材对象；从背景方面分析，尽可能还原云南白药创始人曲焕章先生的历史。《云南白药大事记》分为主体和附录两大部分，主体部分是事件，以时间为经，事件为纬，内容涵盖了百余年白药历史沧桑巨变中所产生的重要史实，较为翔实地记录了云南白药的发展历程：曲焕章与云南白药、缪兰瑛与建厂前的云南白药、云南白药厂、云南白药实业股份有限公司、云南白药集团股份有限公司。附录部分包括：云南白药组织沿革，历届董事会、监事会的任职情况，行政领导任职情况，历届党委组成，中层管理人员名单，历年获奖人员名单，公司股权变更情况，主要经济指标。附录分八个维度，对公司的组织沿革、人事、股权、经济指标情况进行了补充、阐释，并对不同时

① 案例来源于赵文敏、蒋一虹：《企业档案文化产品开发实例——〈云南白药大事记〉》编纂》，《云南档案》2013年第3期，第20~21页。

期公司的发展战略进行了分析整理，内容完整，具有较强的综合性。

二、装帧设计，富有创意

为更贴切地体现该书的内涵，增强可读性及阅读者的愉悦感，全书根据企业发展的不同年代和所处的时代环境，从纸张的色彩和质地来重现年代特征，从翻阅的手感上来体现历史进程，从纸张色彩的感受中了解企业丰富的发展与变化。全书所用纸张均根据企业的历史变迁，早期、中期、现今三个不同历史时期选择三种不同材质、颜色由暗到明、由深到浅的纸张，强调图片的色彩还原和文化层次。例如“曲焕章与云南白药”至“缪兰瑛与建厂前的云南白药”这一阶段采用色彩古旧、纸纤维明显、仿手工纸工艺的特种纸。在1971年以前的部分，还采用了繁体字，结合仿手工纸以体现历史沉淀和厚重感。封底则巧妙地把企业各个历史时期的经典老照片颇有创意地融合在“BAIYAO”这几个汉语拼音字母内。全书纸张用材的丰富选择和多种印刷工艺的配合全面再现了企业各个历史时期的发展变迁，版面精美，融合白药深厚文化底蕴。

三、图文并茂，构思新颖

在大事记的编纂过程中，大多以文字性的记录为主，《云南白药大事记》打破了常规大事记不收录表（统计表、一览表）、图像资料的原则和方法，大量运用征集和档案室藏照片、档案复制件加以简要的文字说明来刻画企业。在不同历史时期的发展面貌，而非通篇的平铺直叙，几乎每一页都有照片相配，文字说明简明扼要，增强了该书的可读性和趣味性、通俗性。这些涵盖了自1880年至2010年各个历史时期的珍贵史料图片共318幅，历史跨度之长也曾为档案收集复制带来一定难度，尤其是民国时期有关白药的图片资料稀缺，编纂人员在浩如烟海的档案中筛选、加工、甄别，着实费了一番功夫，最后经过精心的挑选才把最能体现白药历史的珍贵老照片展示给大家。

四、材料收集，审慎核准

大事记编写要“广为取材以求全，审慎核准以存真”，作为一种历史资料，应力求其内容的准确无误。这就要求编写人员对收集来的材料多闻阙疑，认真考订核准，以免将不实不确之事录入大事记中。该书材料收集的主要途径是各级档案馆藏、新闻媒介的报道、地方史志、年鉴等纪实性资料、口碑传闻。《云南白药大事记》从2009年2月开始收集资料到编制定稿，历时两年时间，查阅档案6000余卷，还原了从创制人曲焕章先生出生的1880年到2010年长达130年间云南白药的变迁和发展史实。在编辑过程中，为征集档案史料，先后辗转昆明、北京、南京、玉溪、江川等地，查阅档案上千卷。为确定一个时间或事件，多次与档案、文史专家商榷，力求保证大事记内容的准确与真实。在收集材料中既注意查阅档案，还注意收集一些资料或者向调查当事人求证，以保证大事记的真实、准确。

五、引领挖掘更深层次的企业文化

云南白药集团企业档案是企业文化发展的真实记录，是企业文化存储的主要形式，具有丰富的文化内涵。通过加工、编纂、提炼后，企业档案已转化为企业文化精品，《云南白药大事记》丰富的内容无不处处展示出独有魅力的文化特色。它已成为白药人传承白药文化，增强员工的自豪感和责任感，工作查考，申报项目材料，员工培训，文史专家研究白药历史，管理精英借鉴、分析白药经营发展成果经验，新闻媒介宣传、报道白药文化，国家各级领导人了解云南白药的窗口和工作宝典。同时，《云南白药大事记》史料的权威性、征集资料内容的翔实性也为云南白药博物馆项目建设提供展陈大纲，为博物馆提供全套图片资料和视频资料，节省经费10万元，并缩短了博物馆筹建时间达两年半，让更多的人通过展览了解白药的过往今昔，充分显现出档案文化产品开发利用的经济效益和社会效益。《云南白药大事记》的编撰完成，极大地丰富了中国中医药文化和云南民族民间文化，为云南白药的发展和弘扬云南中医中药文化做出了贡献，也为档案部门编写大事记提供了富有创意和新意的范式借鉴。

【背景】

党的十九大报告指出：文化自信是一个国家、一个民族发展中更基本、更深沉、更持久的力量。习近平总书记曾多次在讲话中提到文化自信对于当代社会发展的重要性。档案文化产品是档案文化实体化的表现形式，是档案工作的衍生产品，其产品开发就是对档案文化的高度凝练。云南白药集团企业档案是企业文化发展的真实记录，是企业文化存储的主要形式，具有丰富的文化内涵，通过加工、编纂、提炼后，企业档案已转化为企业文化精品。《云南白药大事记》内容丰富，涵盖了百余年白药历史沧桑巨变中所产生的重要史实，较为翔实地记录了云南白药的发展历程。云南白药集团企业历史悠久，传承文化厚重，其档案资料是一批无形的财产，搜寻和挖掘有价值的档案信息资源，是云南白药集团档案文化产品开发的关键所在。

【原理】

企业档案是企业资产的重要组成部分，利用企业档案开展企业文化建设是企业管理工作的一部分。企业档案文化产品开发是企业档案部门为满足企业员工和企业宣传的需要、树立企业品牌形象、宣传企业文化、提高企业档案部门地位的重要举措。在企业档案文化产品的开发过程中，要注意档案元素应用和企业文化挖掘的有机统一，探寻企业文化特征，形成企业档案文化标志。

【案例解读】

《云南白药大事记》是云南白药建厂以来第一部正式刊印的、史料最全、最具权威性的史实记录。它是通过对原本零散的甚至是凌乱的档案资源进行系统化的提炼和升华，萃取其最有价值的精华部分，精心打磨而成的，充分体现了自己的特色。

一是体现差异化设计，避免千篇一律。档案文化产品开发需要以库藏档案资源及其相关档案元素为素材，充分运用各种文化艺术手段加工生产面向公众的档案文化衍生产品。档案元素的表现形式多种多样，包括档案的实体、内容、观念、经验、技术等。《云南白药大事记》用三种不同颜色材质的纸张分别代表三个不同时期，体现了视觉感、时代感和文化感。

二是多渠道收集材料，准确鉴别、去伪存真。多渠道收集材料是确保大事记齐全完整的重要措施，而准确鉴别、去伪存真则是确保大事记真实反映企业历史原貌和重要史实的基础。《云南白药大事记》编写人员坚持“广为取材以求全，审慎核准以存真”的原则，对广泛收集的材料进行准确鉴别、去伪存真，确保了大事记的真实可靠。

三是充分利用企业馆藏档案，深入挖掘提炼企业文化。企业馆藏档案中蕴含着丰富、优秀和独特的企业文化观念、企业价值和企业精神等，通过深入探寻和挖掘，能够提炼具有代表性、典型性和独特性的企业文化。《云南白药大事记》就是通过深入挖掘企业档案，提炼出具有独有魅力的企业文化，从而使企业文化永葆生机活力。

【思考题】

1. 企业档案文化产品开发模式有哪些？
2. 企业如何吸引社会力量参与企业档案文化产品开发？
3. 企业档案文化产品与企业档案文化建设是什么关系？

案例3-6　中国受降档案的历史、记忆、凭证价值[①]

【案例简介】

在中国抗日战争暨世界反法西斯战争胜利69周年到来之际，为重现这场伟大胜利，警示日本勿重蹈覆辙，从2014年8月15日起，国家档案局在其官方网站每天发布一集《伟大胜利——中国受降档案》专题视频，共24集，包括日本宣布无条件投降、解放区抗日军队的自主受降、国民党军队受降区域的划分、芷江洽降、南京受降、北越区受降、广州区和汕头区受降、台湾区受降、中国参加盟军对日受降等内容。这是继该网站连续45天公布45名日本战犯的亲笔供词之后，公布的又一项历史铁证，旨在为世人重现历史，具有多重意义。

其一，还原历史真相，回击日本右翼势力的种种谎言。

8月15日本是日本天皇宣布日本无条件投降的日子，日本却自1963年起将这一天称为“终战纪念日”，煞有介事地每年举行“全国战殁者追悼会”，日本右翼势力及其代

---

① 案例来源于贾秀东：《公布中国受降档案的三重意义》，http://opinion.cntv.cn/2014/08/18/ARTI1408346528376996.shtml。

表人物往往选择这一天参拜供奉着甲级战犯牌位的靖国神社。用中性的“终战”一词代替“战败”和“投降”，用“尊重和抚慰战争中为国捐躯士兵的灵魂”来粉饰对军国主义的招魂，在法定教科书中把“侵略”中国改成“进出”中国，把远东国际军事法庭的审判污蔑为“不当审判”或“任意的单方审判”，日本就是这样一步步地歪曲、否认甚至美化侵略战争，致使右翼势力的错误史观在日本渐成气候。公布中国受降档案就是要突出日本战败投降的不争事实，还原日本军国主义如何一步步最终走向失败，让国际友人更清楚地了解日本对亚洲国家犯下的罪行。历史事实不容篡改，历史铁证不容亵渎。

其二，昭示和平来之不易，铭记中国人民的巨大贡献。

抗日战争成为中国近代史上反抗外敌入侵的最伟大的民族解放战争，是世界反法西斯战争的重要组成部分，是世界反法西斯战争的东方主战场。正如毛泽东所说，中国的抗日战争，是“战争史上的奇观，中华民族的壮举，惊天动地的伟业”。中国受降，抗战胜利，经历百年苦难的中华民族终于扬眉吐气，这一刻成为中华民族由衰败走向振兴的重要转折点。中国受降档案以珍贵的历史资料重现了这场中华民族的伟大胜利。这些成果来之不易，当倍加珍惜。

其三，警示日本勿重蹈覆辙，只有正确对待历史才有出路。

1945 年 8 月 15 日日本天皇宣布日本无条件投降之后，9 月 2 日在东京湾的美国“密苏里”号巡洋舰上举行了日本政府向同盟国投降的签字仪式，9 月 9 日中国战区日军投降签字仪式在南京举行，中国战区的日本投降代表冈村宁次在投降书上签字，侵华日军 128 万余人向中国投降，此后 9 月 11 日至 10 月 25 日，中国各主要受降点的受降仪式先后举行，侵华日军向中国缴械投降，随后日本战犯被送上审判台。曾经不可一世的日本军国主义遭到失败。这一过程，不仅仅是胜利者对战败者的清算，更重要的是正义力量对邪恶力量的痛击和胜利。中国抗日战争和世界反法西斯战争的结果，并不是简单地把交战方分为战胜国和战败国，这场战争是侵略与反侵略的分野，是正义与非正义的较量。战后日本选择了走和平道路，但总有一些势力不愿正视历史，肆意模糊侵略的非正义性，企图在不接受历史教训的情况下让日本成为所谓的“正常国家”。这样的“正常国家”只会重蹈加害邻国的覆辙，没有出路可言。

战后，中国对日本战犯进行了改造和审判，在中国特别军事法庭对 45 名战犯开庭审理时，这些战犯均认罪服法，被释放回国后大部分成为支持中日友好的力量。在军国主义的洗脑下，这些人曾从正常人变成“战争恶魔”；在中国深入细致的感召下，这些人又完成了从“战争恶魔”向正常人的转变，对所犯罪行进行了真诚忏悔，恢复了良知，并且蜕变为和平力量。与此形成鲜明对照的是，以安倍为代表的战后出生的一些日本人缺乏反省，粉饰日本曾经走过的邪路，没有对历史的尊重、敬畏，难免重蹈覆辙，给本地区制造新的麻烦。正反两方面的历史表明，日本只有切实正视和深刻反省过去那段侵略历史，同军国主义彻底划清界限，才能取信于亚洲邻国和国际社会，中日关系才可能实现健康稳定发展。

前事不忘，后事之师。我国近来设立南京大屠杀死难者国家公祭日，确定中国人民抗日战争胜利纪念日，连续公布 45 名日本战犯的亲笔供词和中国受降档案，就是要借此告诫自己，激励后人，警示日本，彰显我国在历史大是大非问题上的鲜明立场，做到警钟长鸣，防止历史悲剧重演。

【背景】

习近平总书记在 2015 年 9 月 3 日纪念中国人民抗日战争暨世界反法西斯战争胜利 70 周年招待会上指出：“历史的启迪和教训是人类的共同精神财富。忘记历史就意味着背叛。中国人民抗日战争和世界反法西斯战争的胜利成果不容置疑，几千万人为独立、自由、和平付出的牺牲不容否定。一切否认侵略战争性质的言行，一切歪曲甚至美化侵略战争的言行，一切逃避侵略战争历史责任的言行，不论以什么形式出现，不论讲得如何冠冕堂皇，都是自欺欺人的。‘得道者多助，失道者寡助。’否认侵略历史，是对历史的嘲弄，是对人类良知的侮辱，必然失信于世界人民。”中国受降档案是由国家档案局组织中央档案馆、中国第二历史档案馆、中国电影资料馆和一些省市档案馆，从当年有关对日受降部分档案中选取的，对于研究第二次世界大战中的中国战场有着极为重要的参考价值和弥足珍贵的史料价值。公布这批档案旨在警示那些不吸取历史教训的玩火者、侵略者：不要重蹈当年日本军国主义覆辙。同时也以此向世人证明：中国人民是不可战胜的！

【原理】

档案是记录历史的重要手段，以档案为凭才能忠实再现历史。作为抗日战争的尾声，规模宏大的中国战区受降无疑是中国近代史上浓墨重彩的一笔，值得大书特书。《伟大胜利——中国受降档案》专题视频是对作为世界反法西斯战争主战场之一的中国战区，接受日本投降的珍贵史料档案的集中展示。视频中很多内容都取自中国战区受降的关键性文献，是中国战区受降档案最全面的一次展示，有助于国内学术界对第二次世界大战期间的东方战场，特别是中国战场进行客观、深入的研究。以专题视频的方式进行展示，不仅激活了中国人民的胜利记忆，更是激发了中华民族的自信心和自豪感，彰显了世界和平的正义力量。

【案例解读】

在中国人民抗日战争暨世界反法西斯战争胜利 69 周年到来之际，国家档案局在其官方网站每天发布一集《伟大胜利——中国受降档案》专题视频，意在为世人重现历史，具有多重意义。

一是还原真相，回击谎言。中国受降档案内容丰富多样，充分利用各种受降档案材料，多角度、多层面系统地反映和还原受降事件和活动全貌，不仅包括令人瞩目的受降仪式，还包括受降事宜的总体筹划和协调，以及日军的缴械、安置，日俘和日侨的甄别、遣返，日本战犯嫌疑人的调查、抓捕和审讯等具体内容。这是对中国战区受降历史真实、全面的记录，具有重要的史料价值，是回击各种谎言的有力历史铁证。

二是昭示和平，铭记贡献。中国受降档案以其弥足珍贵的史料，充分展现了中国人民经过 14 年艰苦卓绝的抗战，终于在 1945 年迎来了日本无条件投降，中国终以战胜国的姿态，在中国战区接受日本投降，可以说是一雪前耻。中国受降档案是这场中华民族伟大胜利的重要见证，也是来之不易的历史重要凭证，呼唤和昭示着世界和平。

三是发出警示，指明出路。公布中国受降档案就是要重新呈现那段珍贵的受降历史，通过图文并茂的视频形式，以无可辩驳的历史真相，警示那些不吸取历史教训的侵略者，以及极端右翼分子，要以史为鉴，不要重蹈覆辙。同时也向世人指明了出路，要求日本正确对待历史，深刻反省自己的侵略历史和野蛮行径，并通过实际行动同军国主义彻底划清界限，进一步取信于世界各国，中日关系才可能实现健康稳定发展。

【思考题】

1. 如何认识档案的史料价值？
2. 如何分析和利用档案的内容？

案例3-7　英国国家档案馆的在线教育服务①

【案例简介】

一、英国国家档案馆在线教育服务概况

英国国家档案馆（The National Archives）前身是英国公共档案馆，成立于1838年，是英国级别最高的官方档案机构，也是全国唯一的国家级综合性档案馆。2003年4月2日，英国公共档案馆与皇家历史手稿委员会合并，组建英国国家档案馆。英国国家档案馆馆藏丰富，拥有超过1100万份的政府和公共记录，收藏种类众多，包括羊皮纸、文书、照片、海报、地图、绘画等。

英国国家档案馆高度重视在线教育服务，将丰富的馆藏档案作为重要的教育资源，通过在其官方网站上设立专门的教育栏目，向国内外档案教育资源的需求者提供形式多样的教学资源和在线学习课程。英国国家档案馆将自身视为通过原始资源进行历史教学的专家，认为应该让学生获得与历史学家相同的原始文件，以加深学生对构建历史知识体系的理解。英国国家档案馆利用档案向学生展示历史学家如何记录历史，让学生在兴趣的引导下进行理性思考和研究，学习辨别当下纷繁杂乱的信息的真实性。

英国国家档案馆的在线资源旨在将档案教育资源的课程以最广泛的形式惠及更多的公众。英国国家档案馆通过网络将原始档案材料交给教师，并为他们提供如何使用这些资源的建议，让教师们尽可能轻松地向学生介绍原始文件。为了更好地帮助学生理解档案的概念和相关的知识，网站并不为提出的问题提供“答案”。除此之外，网站还会提

① 案例来源于张晨文：《英国国家档案馆在线教育服务的发展及启示》，《档案时空》，2019年第8期，第4～9页。

供在英国国家档案馆进行独立研究的指导方法。

二、英国国家档案馆在线教育服务的内容

目前英国国家档案馆网站的教育板块主要包括“时间段（Time periods）”“教师板块（For teachers）”“学生板块（For students）”“当月电影（Film of the month）”“当月文件（Document of the month）”等特殊资源推荐以及“联系我们（Connect with us）”多个入口。

（1）时间段。

进入以“时间段”为依据划分的不同档案教育资源页面，可以根据时间、学生年龄和资源类型进行筛选。其中资源类型分为课堂教学资源和所教授的课程。课堂教学资源包括 76 个课程、31 个专题、38 个专题研讨会和 19 个游戏。所教授课程包括 26 个工作坊、8 个视频会议和 11 个虚拟教室。网页涵盖了各个时间段和地点，且多数包含结构化调查研究，可直接在课堂上使用。其他的课程资源则更适合为研究作准备，这些课程内容都允许访问网站的特色档案馆藏。

（2）教师板块。

“教师板块”包括“我们是谁（Who we are）”“我们提供什么（What we offer）”“特殊教育需求（Special educational needs and disability）”“职业发展（Professional development）”和“联系我们（Connect with us）”五个入口。在“我们提供什么”中，通过“我们所教授课程”菜单，以工作坊、虚拟教室、视频会议、本科访问等形式为教师提供免费教学课程。教学课程适合 1～5 岁的学生、有特殊教育需求的学生和本科生。网站还为历史教师提供长期职业发展服务。教师可以根据教学需要在其中选择合适的类型。

所有的“工作坊”均在英国国家档案馆专门打造的教室进行，配备交互式白板、平板电脑、视听设备和感应循环，旨在加深学生对证据的理解，培养他们的分析技能。工作坊的团体规模为 8～35 名学生，所有团体须由至少 2 名成人陪同。“虚拟教室”使学生能够参加由档案馆工作或教育人员主导的现场会议。学生在计算机或平板电脑上进行交互，并通过聊天框和麦克风提出问题、交换想法。

在“视频会议”期间，允许学生与国家档案馆的工作人员进行实时互动。高质量的扫描文件被投射到课堂中供学生分析。学生也可以查看原始文件，向工作人员提问并分享想法。同时，视频会议也会提供小组讨论等会议形式。

“本科访问”是英国国家档案馆在线教育服务为本科学生团体及其课程主管提供的档案馆简介，主要包括全面介绍档案馆历史及馆藏情况、讨论保护问题和处理文件的指导、使用档案馆的数字化目录和文件订购流程的指南、在线访问其他相关馆藏档案、参观阅览室设施等内容。“本科访问”通过向本科学生介绍如何使用档案馆资源，提升他们选择研究课题和分析原始文件的能力。

“课堂资源”是英国国家档案馆的一项重要教育服务内容，会提供一系列独立的在线资源供教师在课堂上使用，并且会根据不同的主题或时间段制作文件集，由研究该时

期的历史学家进行专门介绍。教师可以下载所有免版权的文件，以便在教室中使用。同时，英国国家档案馆网站利用视觉化搜索工具配合其在线资源，通过视觉吸引来激发课堂讨论，教师可以获取并利用相关的资源。此外，英国国家档案馆网站制作了丰富的互动主题，如关注电影（Focus on film）包含了一个大型电影档案库，为教师教学提供资源支持。

在“教师职业发展”方面，英国国家档案馆的专业发展计划使教师能够访问其独特的馆藏资源，并支持他们开发新的活动。教育服务部门致力于为教师和教育学研究生组织在职培训，根据教师和学生的时间，提供上午、下午或傍晚课程。课程的内容和时间也可以根据其需要和兴趣来设定。文章以“INSET 项目”和“创造历史”为例，介绍英国国家档案馆关于教师职业发展的情况。

“INSET 项目”通常包括对档案馆的介绍、为学校提供的教育服务和资源介绍、幕后演出等。INSET 项目将教育团队的专业知识与大学学者、记录专家的专业知识相结合，为教师提供突破性的发展机会。另外，英国国家档案馆网站会实时发布相关的教师招募信息。如 2017 年 9 月萨塞克斯大学和英国国家档案馆为支持现代英国和世界历史的教学，联合发起了一个教师学者计划，让教师有机会与专业研究人员合作，并得到萨塞克斯大学和英国国家档案馆工作人员的指导。经编辑委员会批准后，这些资源将在英国国家档案馆的教育网站上公布。

在“创造历史”板块中，可从历史协会的网站获取相关历史档案资源，并分享英国国家档案馆在历史课堂中使用的档案资源专业知识。在课程的前半部分，档案馆将引导教师完成查找材料、选择有趣的文件、确定查询和最终设计创造性任务的过程。课程的后半部分着眼于如何在历史课程的其他领域中使用档案，考虑通过不同方式支持多样性、独立调查和对历史的“全局”理解。

（3）学生板块。

学生板块包括了“档案体验（Archive experiences）”“学习日（Study Days）”“如何撰写论文（How to write essays）”“开始你的研究（Starting your research）”“用资源工作（Working with sources）”和“如何复习（How to revise）”六个小板块。

每年夏天英国国家档案馆教育团队都会为大学生提供机会参与“档案体验”项目。学生在教育团队和档案专家的指导下进行课题研究，并与艺术家、作家或电影制作人一起进行创造性的工作。这不仅是接触原始档案资源的良机，也是学习新技能、增加历史学科知识，更多地了解国家档案馆及其作用的机会。档案体验的主题和项目范围广泛，包括电影制作、剧本编写和绘画等。

“学习日”项目则将英国国家档案馆的教育工作坊与其他活动（如工艺制作、历史学家讲座或再生体验）结合起来，让学生每天围绕一个主题，体验历史学家的生活，通过各种方式查阅原始文件，学习历史。

“如何撰写论文”板块，则是为学生如何撰写论文提供指导。而“开始你的研究”这一板块，则会建议学生在搜索目录时运用创造性思维，灵活地思考有关问题。在“用资源工作”板块中，需要思考档案的类型、生成时间、制作者及其背景信息、元数据内容等。在“如何复习”板块中，对学生在备考期间的备考方法、备考策略等均有详细的介绍。

【背景】

档案馆作为人类活动历史记录的重要保存机构，不仅是社会利用档案资源的中心，而且承担着重要的公众教育功能。我国档案馆网站利用现代信息技术，一方面向公众提供大量可利用资源，另一方面也在网站上设置公布档案、珍档荟萃、档案展览馆、编研成果等栏目，实现对公众的教育。但是，我国一些档案馆网站的在线教育建设依然存在着教育资源集成度不高、档案馆网站内容展示形式单一以及公众需求导向不明显等问题，因此，我国档案馆网站的在线教育服务尚有巨大的提升空间。英国国家档案馆利用其丰富的档案资源，整合开发出大量具有特色的在线教育课程和教育资源，将档案网站建设成为线上教育基地，有一定的借鉴和参考价值。

【原理】

教育是指按照一定的社会要求，对受教育者的身心施以影响的一种有目的、有计划的活动。除了学校教育外，人们还要有意无意地接受家庭教育和社会教育。其中，社会教育是终身教育。档案以其独特的历史性、直观性和原始性，成为宣传教育的重要材料。档案的内容极为丰富，涉及政治、经济、军事、外交、科学、文化等各个方面。档案具有原始性、真实性的特点，利用档案写回忆录、著书立说、演讲、进行文艺创作、举办各种展览，都具有说服力和感染力。档案的教育作用可以通过多种形式表现出来，在我国，大多通过展览的形式发挥出来。

【案例解读】

英国国家档案馆十分重视档案资源在教育事业中发挥的作用，将其进行高度整合和开发，提供数字教育资源、建立线上教育平台、组织线下教育活动，充分发挥档案的教育作用。

（1）主体定位明确。英国国家档案馆在线教育服务的板块设计体现了其对不同用户主体的关注。根据利用主体的不同设置相应的服务板块，“教师板块”和“学生板块”是其中的两大核心板块。针对不同年龄阶段、不同知识水平的用户对于档案资源的利用需求，设置相对应的教育活动和专题。除此之外，针对特殊群体和资源欠发达的地区提供更加便捷的专属服务，如设置适合特殊教育群体、残疾人士查阅和利用的档案教育资源，为偏远地区的学生提供远程学习的途径等，使其足不出户就能快捷了解和利用档案教育资源。

（2）线上线下结合。英国国家档案馆网站提供多样化的服务方式，以线上为主，结合线下活动，对档案资源进行整合开发。用社交媒体为传播媒介，拓展了课程教学活动的用户群体，一定程度打破了不同地方用户的使用壁垒。除此之外，用户可以进一步获取原始档案复印件，满足了用户档案利用的需求。线下活动作为线上活动的补充，也进一步增加了用户黏性，形成相对固定和集中的用户群，能更好地实现档案教育的可持续发展。

(3) 专业性和趣味性结合。档案教育实际上是寓教于乐的过程，低年龄阶段的学生对于档案的内容和形式会有一定的距离感，通过将档案的知识融入各种游戏、电影、线下互动课程可以大大增加学生的学习兴趣，在娱乐的同时达到学习的目的。针对本科生、研究生、教师等群体，则致力于提供专业的服务和专项的课程培训，以提高其专业水平和能力，达到分众运营和针对性利用的目标。

【思考题】

1. 还有哪些国家的档案馆网站开辟了档案教育服务板块？他们各自具有哪些特色？
2. 我国国家综合档案馆“五位一体”的定位中，哪一条体现了档案教育的功能？

案例 3-8　西南石油大学档案文化产品的创意开发策略①

【案例简介】

一、文化基因的溯源

文化资源是档案文化产品内在意义深化的源泉。要想拓展文化产品精神创新层面的广度和深度，需要对文化基因进行萃取并对文化内涵进行有效探究。

西南石油大学历时三年，征集上百次，辗转西安、北京、广州、南充等多地，完成三轮统稿，组织 24 家校史职能部门会稿、核稿，各层面意见征求 12 场次，最终编写出版了《西南石油大学史（1958—2018）》。全书三篇 10 章 38 小节 26.5 万字 120 幅插图，达成了从办学初心的溯源到一流办学理念的追寻，全方位助力学校“双一流”建设，为学校未来发展提供了不竭的文化与精神源泉。

二、精神底蕴的积淀

西南石油大学历经两年，成功实施了“抢救记忆工程”的“石大记忆”项目。

西南石油大学完成了对 40 位老领导、老专家“口述校史”的访谈，他们对“亲历、亲见、亲闻”史实的回顾与讲述，从不同视域、不同角度绘就了一幅西南石大波澜壮阔的历史画卷。40 位讲述者的访谈实录全部收录进《甲子春秋 · 西南石大记忆》一书，全书 22.7 万字，配图 362 幅。同时，还专门随书配制了采访视频的 DVD，留住大师先贤的影像与记忆，就是留住西南石大六十年的征程，他们的光辉将照耀后生坚毅前行的

① 案例来源于姚明淑：《高校档案文化产品创意表达策略——以西南石油大学为例》，《四川档案》，2019 年第 1 期，第 17～18 页。

道路。

三、生活情怀的滋养

“智能联动景观沙盘”直观、立体、三维地呈现了两个校区的空间布局，同时又以两校区楼宇和龙井湖、梦溪湖为核心景观，结合丰富的历史照片、活动影像和不同时代的重大事件，以“我的大学”“人才培养”“我的科研”“大学精神”等独立的视频单元来关联呈现学校地理、时空的变迁和取得的育人成就。西南石油大学在建设中除了对造型表达投以关切外，还注重体验式的氛围营造，拓展与观者的沟通带宽，精心设计主题空间“造景”，“四川石油学院”校门、“西南石油学院”校门、整治龙井湖三处场景复原景观，富于神采与意境，在整体视觉上会产生一定的代入感和穿越感，生动地呈现了学校六十年历史的风雨弦歌和几代人执着前行的足迹。在历史厅西南石油学院时期“丹心铸剑”展区对 1989 年整治龙井湖的劳动场景进行了实景复原，再现了全校师生不顾天寒地冻，积极参与龙井湖整治工程的火热劳动场面。

为缅怀首任院长马载在白手起家创建新中国第二所石油高校的过程中所付出的万千艰辛，西南石油大学为马载竖立了铜像，还在校史馆历史厅四川石油学院时期“赤子之怀”展区内悬挂了绘有“马载带头参加建校劳动”场景的现代油画。

四、情感共鸣的唤醒

校史馆作为西南石油大学甲子华诞的献礼工程，其中精心打造的“时空隧道”更是受到所有观者的热捧。“时空隧道”建立了全体校友和教职工信息查询、即时合影、智能穿戴、扫描二维码下载等交互式多媒体系统，西南石油大学对所有学生新生入学登记卡、历年毕业生合影和每名教职工老中青证件照片都进行了数字化处理，让每一名西南石大人都能找到在校学习、生活或工作的专属“坐标”，写好每个石大人的底层代码，有效达成情感认同与价值认同。“时空隧道”还借用声光电技术展示了 1958 级首届开学典礼的巨幅照片。

【背景】

党的十八大强调，要扎实推进社会主义文化强国建设。大力发展文化产业已经上升为国家战略，实现文化的大发展、大繁荣是实现“中国梦”的重要一环。2016 年 5 月，国务院办公厅转发文化部、国家发展改革委、财政部、国家文物局 4 部委联合发布的《关于推动文化文物单位文化创意产品开发的若干意见》，目的在于通过深入挖掘馆藏文化资源，发展文化创意产业，开发文化创意产品，弘扬中国优秀文化，传承中华文明，推动社会协调发展，提升国家软实力。就高校而言，充分挖掘档案文化资源是实现高校文化传承创新功能的重要手段。高校校史馆是基于历史与文化的展馆，传承大学精神和弘扬优秀传统的形象化教材和具体化载体。作为档案文化产品，校史馆又是对档案资源所蕴藏的文化内力的集中表达。

【原理】

高校档案是高校创建和发展中形成的各种形式的历史记录，反映学校建校历程、专业办学、科研成就、特殊事件、名人名师、所在地域文化及口述历史等特色内容的各种形式和载体的记录材料，在见证历史、传承文化和维护高校持续发展方面具有不可替代的长久的利用价值。一方面，高校档案作为高校发展轨迹的记忆载体，真实记录高校的发展过程；另一方面，档案是文化的积累和传承手段，具有深厚的文化底蕴和文化价值，高校档案的保存和流传实质是高校文化的延续，所以高校档案是高校文化遗产的重要组成部分。

【案例解读】

(1) 档案资源开发成果形式多元。西南石油大学的档案文创产品形式多样，包括校史、校志、口述史、校史馆建设和展览活动的策划等。这些产品都是基于对档案资源的深度挖掘和提取所得，其中校史的编纂历时三年，辗转多地，组织多次校史部门会审，征集各方意见，最终成为校史精品。除此之外，针对老教师、专家、领导的采访，记录他们与学校的故事和历史，形成了大量口述史档案，编写成书，深度挖掘过去及现在学校的重要人物、重大事迹，从中获取文化灵感。

(2) 注重沉浸式的场景体验。从本质上来讲，场景可以简要地理解为“人与周围景物的关系总和”。西南石油大学在校史馆设计和建设中都非常重视场景的塑造，致力于为参观者打造沉浸式的参观体验，全方位唤起参观者的情感共鸣。通过复原过去的校门、修复龙井湖场景等，展现了学校筚路蓝缕的办学历程。

(3) 服务不同主体和用户。西南石油大学不仅注重档案的文化教育作用，还关注档案的现实服务功能和情感价值。通过开发各种交互式多媒体系统，校友和教职工可以通过系统进行信息查询、照片浏览等，系统中的数据覆盖所有新生和历年毕业生、每一名教职员工，让每一个曾经在此驻足过的人都能够有迹可循。

【思考题】

1. 你所在的学校有哪些档案文创产品，你认为它们有什么优点和缺陷？
2. 高校档案资源中可资用于文创产品开发的档案有哪些？

案例3-9 陕西省档案局方言档案的开发[①]

【案例简介】

纪录片《陕北话》以陕北方言为载体，通过寻找和记录与陕北方言有关的“陕北民谚”“陕北民歌”“陕北秧歌”“清涧道情”“府谷二人台”“榆林小曲”等国家级非物质文化遗产，解读自成体系的陕北方言背后所蕴含的历史、文化、民俗等多方面信息，展现陕北人的故事和他们喜怒哀乐的生活。人们可以通过陕北话寻找陕北文化的源头，寻找中华文脉的基因密码。

纪录片《陕北话》共有6集，主题包括陕北民歌中的陕北话、陕北话中的历史文明基因、民族融合与陕北话、陕北话中的陕北民俗、陕北话中的文化乡愁等。每集纪录片从五六个小故事入手，以小见大，试图寻找中国远古的历史，揭示方言奥秘，展现中华文脉。

为使摄制组更多地了解拍摄纪录片《陕北话》的最初目的，陕西省档案局局长多次前往省广播电视台举办有关陕北文化、陕北方言的讲座，与摄制组面对面沟通。该局长是纪录片《陕北话》的总撰稿人，他本人是地道的陕北人，是非物质文化遗产“陕北民谚”国家级传承人、《留住祖先的声音——陕北方言成语3000条》一书的作者，对陕北方言的内涵外延都有独到认识，讲起来得心应手、挥洒自如。

纪录片《陕北话》从2016年12月开始边策划、边采风、边拍摄。经过10个月的努力，摄制组共奔赴北京、内蒙古、山西及陕西榆林、延安两市的20多个县区采访拍摄，其中，多次前往绥德、米脂等县，拍摄素材量超过100小时。陕北方言从北向南形成了几个片区，各片区间也有不同，其中以绥德、米脂为中心的“绥米一线”是陕北方言的核心区域，可谓陕北方言的官话。摄制组对这个区域进行了分季节的多次拍摄。

如何构思、设计才能把方言的“虚”融入普通人生活的“实”中，以便充分地展现出历史、民俗、文化的“深”来？摄制组颇费了些心思。经过反复讨论、学习、尝试，摄制组最终确定了两条思路。

首先是故事化的呈现。语言作为人的交流工具，必须通过人的故事去展现，把方言贯穿在人的生活场景和生活故事中。例如，陕北话的一个特点是大量叠词的使用，其中包含的音韵美、节奏美主要体现在陕北民歌中。摄制组在绥德找到了两个人——雒胜军和刘彦军。雒胜军是县文化馆干部、“陕北十大民歌手”，刘彦军是一名出租车司机，两人因为共同喜爱陕北民歌成为几十年的好朋友。一个在剧场带领团队排演大型歌舞剧，一个开出租车累了就在路边唱一段信天游，两人的生活场景虽然有很大反差，但有一点是相同的，即是对陕北民歌与生俱来的爱。

① 案例来源于孙秀梅：《立足乡音文化　讲好陕西故事》，《中国档案报》，2018年4月23日，第1版。

刘彦军唱的是典型的陕北“信天游”，“信天游”的结构和表现手法与我国最早的诗歌总集《诗经》相吻合。从某种意义上说，以陕北方言为载体的“信天游”是活着的《诗经》，是陕北民歌的活化石。这两个人的故事不仅展现了陕北民歌的美，陕北方言和陕北民歌血肉相融、相得益彰的关系，更说明了一个地方的方言犹如一组独特的密码，成为这个地方人与人建立某种关系的纽带。

其次是多记录，少解读。和一般的纪录片不同的是，《陕北话》没有采用专家讲述的方式，而是把镜头直接对准各色各样、普普通通的陕北人，真实地记录他们的日常生活，记录这块高原上独特的民风民俗。

陕北方言和其他任何地方的方言一样，面临着濒临消失的风险，需要解决如何传承、如何把根留住的问题。于是，摄制组找到了著名唢呐演奏家、国家一级演员牛建党。牛建党从陕北吴堡县的一个山村靠着一把唢呐“吹”到了西安，“吹”到了北京国家大剧院。摄制组到北京对他的生活和心路历程进行了记录。6 集纪录片《陕北话》通过呈现像牛建党这样的 30 多个人物的鲜活故事，较好地解决了无处着手的难题。

纪录片《陕北话》在电视台播出后，收视率良好。优酷、爱奇艺、腾讯、新华网、央视网、凤凰网、搜狐等国内多家网站进行了转发，“陕西广播电视台”“秦风档案”“陕北民歌”“掌上陕北”等微信公众号也进行了转载，最高关注过万。纪录片引发了观众强烈的共鸣，他们纷纷留言：“大爱这个纪录片，从方言角度弘扬陕北文化，希望有更多这样纪录片。”“这是陕北的风俗，陕北的味道，陕北的特色，值得欣赏。”“陕北，革命老区，厚重的黄土地，滋润着华夏儿女。”这些留言反映了观众的心声。

【背景】

1993 年，联合国大会正式通过“濒危语言方案”，指出语言消失的现象存在于世界很多地方，并有迅速蔓延之趋势，必须认识这一现状，将这些即将消失的语言尽力记录下来。随着城市化的深入、普通话的推广，我国各地的方言受到了不同程度的冲击。近年来，陕西省档案局方言语音建档工作走在了全国前列。方言语音建档作为保护非物质文化遗产的一项重要措施，陕西省政府办公厅于 2016 年下发了《关于支持开展方言语音建档的通知》。随后，方言语音建档工作在陕西全省范围以县为单元推广，到 2017 年全部完成，成为陕西省档案资源建设的重要成果。

【原理】

（1）方言档案。

方言是地域文化的重要标志。开展方言的档案化保护，即运用现代信息技术手段，将方言以文字、声音、图像、影像等形式记录下来并形成方言档案，对其进行整理、保管、开发与利用，实现对方言的保护。

（2）档案纪录片。

信息技术和大众媒体的发展极大地丰富了档案编研产品的形式，档案的原始记录性与纪录片的纪实宗旨不谋而合、相得益彰，使得档案纪录片成为档案编研的一种重要形式。以实事求是为原则，通过对不同形式的档案进行解析、组合形成有一定主题和线索的档案纪录片，可以进一步激活档案的价值，引起受众共鸣。

【案例解读】

现代文明发展下，民族的、地方的、传统的文化在一定程度上处于边缘地带，需要更多的关注和保护。“少小离家老大回，乡音无改鬓毛衰”，方言是一个地区最具显性的文化符号，承载着一个地区人们的文化记忆。陕西档案局通过采集各种形式的方言档案，编研为档案纪录片，发现文化密码，留存乡村记忆，讲述陕西故事，这是通过方言档案留住乡愁的典范。其方言档案的收集记录、开发编研、传播推广等各个方面都有可借鉴和推广之处。

（1）方言档案的收集记录。坚持以人为本，以民为先的原则。为了将“虚”的方言更好地融入当地人现实的生活中，传达出当地深刻的历史文化和传统民俗。摄制组前往陕北 20 多个区县，深入当地人民的日常生产生活，记录真实的方言使用场景。纪录片围绕 30 多个人物的鲜活故事，从著名的传统乐器演奏家到民间歌手和当地出租车司机，以不同人群的视角记录陕北话，讲述陕北故事，把握全面性、一般性与针对性、典型性的平衡。陕北地区横跨我国西北部多个省份，不同区域在陕北方言的表达上既有共同之处又有区别和特色。摄制组采用点线面结合的方式，一是前往多个省份进行广泛采集，全面记录陕北方言的不同形式；二是针对以绥德、米脂为中心的“绥米一线”陕北方言的官话核心区域进行重点记录。档案是社会实践活动中直接形成的原始记录，季节和节气不同，人们的生产生活场景也不同；语言环境不同，语言内容也不同。摄制组针对重点区域进行了分季节的多次拍摄，从时间和空间上都保证了方言采集的完整性和准确性。

（2）方言档案的开发编研。坚持记录为主、建构为辅的原则。该档案纪录片的创作过程也是记忆建构的过程，以陕北方言为载体，选取国家级非物质文化遗产作为宣传重点，通过解读“陕北民谚”“陕北民歌”“陕北秧歌”“清涧道情”“府谷二人台”“榆林小曲”等案例，传达这些民俗民粹所蕴含的故事和人文，将陕北人民的生活展现出来。

但建构的过程更多是对档案资源进行有序化、逻辑化的组织呈现，而不是过多地进行个人的主观解读。所以，档案编研人员秉持“多记录，少解读”的原则，让普通的陕北人讲述自己的故事，而不是专家来讲述和评价。

（3）方言档案纪录片的宣传推广。坚持从群众中来，到群众中去的原则。方言档案来源于民间、来源于群众，最终也要回归群众、服务人民的精神生活。陕西省档案局与多家视频平台、权威网站、微信公众号等合作，进行多渠道、多媒介的宣传，得到了广泛的关注，引起了强烈的情感共鸣，最终真正实现了档案编研成果的价值。

【思考题】

1. 档案编纂的形式有哪些？
2. 方言建档过程中需要注意哪些问题？
3. 在方言建档保护领域，有哪些理论和实践探索？

案例 3-10　敦煌历史档案资源的数字化开发①

【案例简介】

数字敦煌是我国“丝绸之路”建设背景下的国家重点项目之一，是由敦煌研究院名誉院长樊锦诗在 20 世纪 80 年代末提出的一项敦煌文化遗产保护的虚拟工程，该工程包括虚拟现实、增强现实和交互现实 3 个部分。自 1987 年 12 月莫高窟申遗成功后，敦煌地域的旅游价值不断提升，游客量激增，自然和人为因素不断加速莫高窟内石窟、壁画氧化脱落。在此背景下，项目组决定通过运用数字化扫描、VR 虚拟重构等数字人文技术对处于危险状态的石窟图像、壁画、档案文献资源进行数字信息化，通过汇集成数字档案构建跨区域的档案数字信息资源库，以搭建虚拟现实展示空间。2016 年 4 月 29 日，“数字敦煌”资源库平台正式上线，首次向全球展示敦煌石窟 30 个经典洞窟的高清数字化内容。

一、构建文化主题数字资源库

以“实现敦煌石窟的永久保存、永续利用和社会共享”为项目开展原则，20 世纪 80 年代末，敦煌研究院开始“数字敦煌”的实践研究。项目综合运用计算机技术、数字化储存等多元数字技术，构建敦煌数字文化资源库。工作人员采用焦点堆栈的技术方法进行壁画数字化，同时结合激光扫描与测绘技术，对拼接完成的壁画全景图像进行定位与纠正。在此基础上，运用数字化技术和数据关联技术，进行文物手稿精准识别、扫描、分类，信息化融合档案资源，形成数字档案，从而构建跨区域的档案数字信息资源库，进而搭建虚拟现实展示空间。2016 年，数字敦煌资源库上线互联网，全球共享并推出 30 个经典洞窟的高清数字壁画及虚拟漫游体验节目，2017 年数字敦煌资源库增加英文版。

二、虚拟可视化技术的集中应用

经过多年的不断改革研究，敦煌研究院现已探索出适合石窟彩塑三维重建的关键技术，即利用三维技术重建系统从而获取、生成莫高窟彩塑的高精度三维全息信息，最终利用 3D 打印技术制作等比例彩塑的复制品以用于考古研究与展览展示。展览运用 VR 虚拟现实技术为观众营造真实的历史原景，创办在“星空下阐释敦煌”体验活动。体验

① 案例来源于李思琪：《历史档案资源的数字化开发：数字敦煌项目的启示》，《山东档案》，2020 年第 4 期，第 6～9 页。

者可以在夏日的夜晚置身敦煌，可穿戴式的虚拟漫游设备可让观众在全方位、深层次地感受敦煌艺术文化的同时获得“穿越时空”的互动体验。

三、多机构合作跨领域整合的合作模式

数字敦煌项目是跨业态、多机构协同合作下的历史文化资源开发实践，通过整合资源、技术、平台、管理和服务优势以实现资源整合、技术支持、业务共享，在跨领域合作模式下获得持续性的资金支持。“敦煌数字化”理念一经提出便得到国家发改委和中科院遥感专家的资金和技术支持，并被列为“中央文化产业发展专项”。中科院等政府科技部门拨出专款供敦煌研究院进行数字化项目实验，在芝加哥大学、哈佛大学、西北大学、武汉大学、浙江大学等众多国内外知名高校的资金和技术支持下，数字敦煌项目组不断扩大技术设备和团队成员建设，目前已具备一套完善的设备体系并形成跨领域的高技术团队。项目组还不断与技术公司加深合作，2017 年，敦煌研究院与腾讯集团签署战略合作协议，将多年研究成果与腾讯最新科技深入融合，扩大敦煌文化在世界范围的影响。在跨领域的合作模式及多途径资金支持下，数字敦煌项目组已建成包含数字人文学家、摄像摄影专家、计算机领域专家团队、考古挖掘专家、档案学者的技术团队，建立了涉及敦煌艺术研究、敦煌文献、历史地理及石窟考古等学科领域的合作模式。

四、塑造极具民族特色的“文化标签”

文化标签是用来标志文化内容，便于展示和定位自身的工具，是一类文化所独有的关键词。“文化之旅”背景下，敦煌研究院将中国传统文化和中国文化元素切入生活，让传统与流行发生碰撞，推出了集科技与敦煌文化于一体的新文创产品，如腾讯游戏设计团队将敦煌文化中的“飞天壁画”元素融入游戏妆容、皮肤，使得近 4000 万用户可在游戏里感受敦煌文化。文博会上推出“‘一带一路’画敦煌”系列涂色书、泥坯典藏涂色画文创产品；同时敦煌研究院还开创了名为“指尖上的敦煌——羊毛与丝绸手工作坊”的文创中心，售卖带有敦煌文化特色的披肩、围巾、口红等手工艺品。此外，“文化展览”亦是敦煌文化标签宣传的途径，近年来敦煌研究院在国内积极举办文化主题展。例如，第十四届深圳文博会 5 号数字文化馆的“梦圆敦煌——数字艺术创意体验展”展位中，“我为敦煌上色”吸引了一大批年轻观众前来体验。从图文到影像，再到现场即兴创作，通过敦煌石窟数字化成果展示、敦煌艺术创作课程体验和数字敦煌文化衍生品销售相结合的全新模式，呈现敦煌石窟艺术之美。与此同时，敦煌研究院还将敦煌文化带进校园，推进建设青少年教育基地，并与海外高校合作，将敦煌文化带进校园，带动了文化遗产行业的文化数字化保护研究，促进了我国文化遗产资源的可持续性发展。

【背景】

2019 年 8 月 19 日习近平总书记前往敦煌研究院视察，提出要努力把敦煌研究院建

设成为世界文化遗产保护的典范和敦煌学研究的高地。美国学者麦克甘曾指出，人文领域存在一个普遍承认的真理，即我们的文化遗产必须全部以数字化的格式并依据组织架构进行重新保管和重新编辑。运用数字技术开展人类文化遗产的保护、开发、利用、传播是未来的大势所趋。

【原理】

数字人文（Digital Humanities）概念源于20世纪40年代末文学与语言学领域的人文计算（Humanities Computing）。数字人文是指充分运用计算机技术开展的合作性、跨学科的研究、教学与出版的新型学术模式和组织形式。数字人文背景下，档案文献研究和历史研究、数字人文工具开发、语言与文化研究共同组成美国高校数字人文项目四大显著热点区域。

【案例解读】

“数字敦煌”项目充分利用数字人文技术实现了敦煌壁画的保护性开发，为其他文化遗产项目的保护、开发、利用提供了可借鉴的经验。

（1）运用数字人文技术升级了文化遗产的记录形式。文化遗产尤其物质文化遗产有一定的脆弱性，易受气候和人为因素带来的不可逆的损坏。敦煌壁画在高度干燥的环境下得以长期保存，但是随着自然环境和社会环境的变化，要实现长期保存存在现实困难。只有通过技术，尽可能地将其复刻下来，才能实现更加久远的流传。“数字敦煌”项目通过数字人文技术，以实体的壁画为基础，进行一次采集和二次创作，形成影像动画，让千年的文化遗产又重新充满了生命力和感染力。

（2）运用数字人文技术，为文化遗产利用提供新途径。将敦煌莫高窟进行场景数字化的保护性开发，实现虚拟现实、信息交互的目的。游客可以足不出户，在线“游览”敦煌莫高窟，这可以进一步满足人们对于优秀传统文化的精神追求，同时在欣赏的过程中提高自身的文献遗产保护意识，打破了传统历史文化遗产旅游资源开发的局限。随着人工智能的兴起，其对敦煌莫高窟的利用也有着积极的影响。

（3）运用数字人文技术，发掘文化遗产的文化传承新途径。运用数字人文技术，一方面可以保护文化遗产，另一方面也可以借信息化的力量扩大文化遗产传播途径。这对于文化遗产的传承具有重要意义，可进一步提升敦煌莫高窟的国际影响力，使敦煌莫高窟从中国走向世界。

【思考题】

1. 我国有哪些文化遗产可以借鉴敦煌开展数字化开发，以达到更好的参观体验？

2. 实地参观和虚拟现实参观仍然有一定的感受区别，如何平衡游客参观体验与文化遗产保护的关系？

案例 3－11 辽宁省档案馆红色档案的开发利用[①]

【案例简介】

辽宁省档案馆自2013年新馆落成投用以来，重点通过举办各类主题鲜明的档案展览，讲好档案背后的故事，传播拳拳爱国之声，开展爱党、爱国、爱乡教育，努力营造浓厚的爱国主义氛围。

一、依托馆藏讲好档案故事

（一）深挖红色资源，牢记初心使命

在档案宣传教育方面，辽宁省档案馆在国家档案局中央档案馆的大力支持下，及时配合“两学一做”学习教育和“不忘初心、牢记使命”主题教育等，先后筹办了“信仰的力量——‘学党章党规、学系列讲话，做合格党员’学校教育主题展览”“铁纪·铁流——党的纪律建设专题展”和“‘一切为了人民——中国共产党人的初心’档案文献展”“不忘初心、牢记使命——辽沈战役暨辽宁解放档案文献展览”等。通过大量珍贵档案史料、图片、实物等，重忆中国共产党波澜壮阔的发展历程，吸引参观者近20万人，推动广大党员干部忆初心、担使命。2019年，辽宁省档案馆被中共辽宁省委组织部列入“辽宁省党性教育教学点”，省委党校等各省直机关、大中专院校、企事业单位等纷纷来馆开展主题党日活动，通过看档案学党史，感悟精神力量、坚定理想信念。

（二）深耕抗战历史，培育爱国情怀

近年来，辽宁省档案馆着眼于东北地区14年抗战历史，立足馆藏日本侵华档案，进行抗战史料梳理和历史研究，先后推出了“勿忘甲午——纪念甲午战争120周年档案图片展”“辽宁人民抗日斗争史实展”“铭记历史开创未来——辽宁省纪念中国人民抗日战争暨世界反法西斯战争胜利70周年主题展览”“铁血沉思——‘满铁’与七七事变专题档案图片展”等10余个展览，并编写出版《东北抗日义勇军档案史料》《日本开拓团档案史料》《日军宣抚班档案史料》等。

（三）深研地域文化，开展爱乡教育

辽宁省档案馆在新馆建设之初，便确定了抓住馆藏档案特点、展示地域文化特色、

① 案例来源于李影：《辽宁省档案馆开展爱国主义教育的实践与探索》，《中国档案》，2020年第11期，第40～41页。

以档案说历史、用档案讲故事的思路，推出了“清代皇室档案展”和“辽宁记忆展”两大固定展。通过展示独有的清代皇室档案、典籍和辽宁地区发展档案史料，点面结合地展示了辽宁文化特色。正是把握了地域文化特色这一关键，辽宁省档案馆已成为传播档案历史文化、特色地域文化的窗口和向外界展示辽宁魅力的名片。同时，辽宁省档案馆还与《辽宁日报》合作开办了《文化大讲堂》《风物辽宁》《辽海印记》等专栏，挖掘馆藏档案背后的故事，编写刊发稿件276篇。2018年9月，“新中国工业档案文献展”首展在辽宁省档案馆拉开帷幕，直观展示了中国工业由小到大、由弱变强的发展历程，特别展现出了辽宁作为新中国工业长子、重要工业基地的特殊贡献。

二、馆校合作开设档案课堂

2016年9月，辽宁省档案馆与沈阳市浑南区教育局签署了《中小学生档案教育暨爱国主义教育基地共建协议》，全区31所中小学3万余名学生每周3次分批到档案馆观展览、看视频、听讲座、搞竞答。同时，专门组织馆内研究满族文化史、清代历史、日本侵华史、抗日战争史等的专业人员以馆藏档案为蓝本设计出适合学生身心特点和认知能力的专题课堂，先后开设了“满族历史文化”“满语文的创制”“清朝开国史”“档案中的九一八事变”“辽宁抗战历史”“红军长征故事”“革命烈士经典书信案例解读”“跟着档案学党史”等10余门课程，深受广大师生欢迎。2019年7月，辽宁省档案馆与北京师范大学沈阳附属学校签订了《中小学生档案馆教育合作协议》，利用双方资源优势就中小学档案馆教育课题研究和课程研发开展合作，寻找馆藏档案与学生课本的契合点，配合课堂教学内容与进度设置课程，活动前提出问题、印制题单，引领学生看档案学知识，与校内课程相互衔接、相互配合，打造中小学生课外开展思政教育活动、厚植爱国情怀的有益课堂。

同时，辽宁省档案馆广开思路，积极发挥档案助力新时期党建工作的功能，将档案文化宣传主阵地拓展成为党员干部学习教育的新课堂。2019年底，辽宁省档案馆被纳入“辽宁省党性教育教学点”后，根据党校学员对党史、革命史相对熟悉的特点，围绕档案权威性、真实性的特点，从历史细微处着手，预设特色党性教育课程，利用开放讨论等教学方式，实现了档案史料与党史教育、党性教育的有效链接和有机统一，为广大党员教育提供了档案课堂。

三、互动实践展示档案技艺

辽宁省档案馆在通过传播历史知识、档案文化进行爱国主义教育的同时，还积极拓展互动沉浸式的教育模式，通过开展“我是小小守护人”“我是小小传承人”“我是小小讲述人”“我是小小筑梦人”等一系列互动体验活动，以及查阅志书与档案、装裱字画与修复档案、建立学生成长档案等动手实践课程，引导青少年在实践中思考、在实践中感悟。2017年4月，辽宁省档案馆推出“传承传统文化　涵养家国情怀”主题教育实践活动，分批组织中小学生到馆现场观摩破损档案的展平、上糊、纸浆补缺、字迹修复、加固装订等全套手工修复流程，并指导学生按照字画装裱步骤亲手制作了精美的小书签，活动得到学生们的热烈响应。

2017 年 6 月 9 日是第 10 个“国际档案日”，辽宁省档案馆组织 400 余名学生、教师和家长共同开展了“档案——我们共同的记忆”个人成长档案活动，讲授建立成长档案的意义、档案整理方法、分类标准，并现场指导每位学生建立起集智育、德育、美育于一体的个人成长档案，引导青少年树立正确人生观，走好人生每一步。

四、“互联网+”传播档案文化

辽宁省档案馆主动通过档案网站、网上展厅等拓展爱国主义教育工作的触角。目前，网站设立了“档案传承历史国人勿忘国耻——纪念九一八事变爆发 85 周年历史档案展览”“辽宁人民抗日史实展览”“解放初期辽沈档案选展”“向雷锋学习做时代先锋”“时代楷模”“两学一做专题展”“走进新时代　再创新辉煌——新时代辽宁精神档案图片展览”等 14 个线上展览，可供公众随时随地进行浏览学习。

2019 年，辽宁省档案馆开启“抗战历史进课堂”软件开发项目，通过对馆藏相关档案的深入研读，选取出 100 多个抗战知识点，运用交互式教学模式，辅以学生喜欢的动漫形式，开发出一整套抗战历史知识趣味答题学习系统，被国家档案局列入重点档案开发类任务。该软件系统分为抗战文献、抗战知识、抗战视频和抗战歌曲 4 个部分，以交互式、闯关式、奖励式、趣味式的模式增加中小学生学习的趣味性。该软件通过测试后可在辽宁省档案馆网站、“辽宁档案”微信公众号等平台上挂接，届时，用户可以线上阅读抗战档案文献、学习抗战知识。

2020 年 2 月，新冠肺炎疫情暴发后，辽宁省档案馆开展了“童心抗‘疫’——我心目中的白衣天使”线上主题书画征集活动，征集到《红领巾致敬白衣天使》《抗击疫情中国加油!》等绘画作品和《向“疫情逆行者”致敬》等征文作品。

【背景】

国家各级综合档案馆五位一体功能定位其中之一是爱国主义教育基地。国家档案局为积极响应党的十九大报告提出的“高举爱国主义伟大旗帜，筑牢中华民族共同体”的号召，于 2019 年 3 月发布《国家档案馆爱国主义教育基地工作规范》，对国家档案馆爱国主义教育基地的定义进行全新修订，要求各级档案馆以馆藏档案为主要资源，向社会开展爱国主义和革命传统教育。

【原理】

红色档案作为我党重要的历史记录，特指我党的领导机关、组织、领导人、英雄人物在长期的革命和建设中，传承下来具有重要保存意义的书信、图片、谈话纪要、会议纪要、音像等的历史记录。

2020 年 6 月公布的新修订的《中华人民共和国档案法》明确规定，国家鼓励档案馆开发利用馆藏档案，通过开展专题展览、公益讲座、媒体宣传等活动，进行爱国主义、集体主义、中国特色社会主义教育，传承发展中华优秀传统文化，继承革命文化，发展社会主义先进文化，增强文化自信，弘扬社会主义核心价值观。这是档案工作贯彻落实习近平总书记关于做好新时代档案工作特别是利用红色资源传承红色基因等重要指示精神的具体体现。

【案例解读】

辽宁省档案馆坚持“为党管档，档案姓党”的原则，充分挖掘自身的红色档案，充分履行爱国主义教育职责，为我国档案馆开展爱国主义教育实践提供了可供参考借鉴的范本。

首先，在资源层面，红色档案是红色基因最主要也是最重要的信息载体之一，是印证革命历史、激活红色基因最直接最有效的密码。红色档案资源的形成与丰富是和我党的建立与发展相伴相生、如影随形的。辽宁省档案馆深入挖掘红色档案的内在价值，让爱国主义教育活动更加生动、形象，是党性教育的重要素材。同时，充分研究地域特色档案，进行广泛的宣传传播，是传承地域传统文化，建构区域集体记忆的重要方式。

其次，在开发层面，辽宁省档案馆紧跟时代潮流，探索新的资源开发形式。利用移动互联网，建设了数字档案馆、微信公众号、客户端，打破用户与档案的距离，以新颖的展示形式、交互式的传播模式，提高用户的体验感和产品的传播力，提高档案馆爱国主义教育的效率和效果。

最后，在利用层，辽宁省档案馆针对不同年龄阶段的用户开展不同的教育活动。从低龄儿童的互动式课程、青少年的线下趣味课堂、党员干部的党性教育培训班到公众的党史学习展览等，实现了全阶段、全方位、全过程的爱国主义教育，充分发挥了馆藏资源的价值和优势。

【思考题】

1. 如何更好地利用红色档案传承红色基因？
2. 列举几个你看过的红色档案展览或几部红色档案纪录片。

案例 3－12　江苏省档案馆红色档案的开发利用①

【案例简介】

为了更好地履行“为党管档、为国守史、为民服务”的职责使命，江苏省档案馆围绕重要活动和重要时节，依托馆藏红色档案资源，联合多方力量，精心打造出一系列档

① 案例来源于江苏档案信息网：《江苏省档案馆倾力打造精品内容　助力主题教育更走心——红色档案是秉承初心使命的精神稀土》，http://www.dajs.gov.cn/art/2019/7/4/art_767_48053.html。

案精神产品。如该馆联合省委党史工办，将孕育于江苏大地的周恩来精神、雨花英烈精神、新四军铁军精神、淮海战役精神等四种革命精神进行了系统梳理和提炼，编撰成《初心永恒——江苏四种革命精神简明读本》；由该馆牵头摄制反映“时代楷模”赵亚夫先进事迹的电影《赵亚夫》；由该馆联合中央档案馆、省委党校，利用珍贵红色档案创建直观具体、生动形象的“党性教育主题教室”；由该馆联合南京、徐州、扬州、泰州等地档案部门及淮海战役纪念馆，合作编纂出版了两套 4 册《人民必胜》支前档案汇编丛书（影印本）；由该馆联合省委党史工办、扬子晚报社，举办“红色丰碑”寻访影视剧英雄原型全媒体行动，通过邀请英雄的亲友、见证者、传承人、塑造英雄形象的文艺工作者，以新闻报道、系列微纪录片、“扬眼”客户端、微博、微信动画、九宫格等系列融媒体产品，查寻英雄原型档案，讲述英雄原型故事，该活动持续至 2019 年 10 月，已出品《柳堡的故事》《王杰》《沙家浜》等作品，阅读量已超 3000 万，在社会产生很大反响。

【背景】

党的十八大以来，习近平总书记先后到过许多革命老区考察，作出关于发扬红色资源优势，深入进行党史、军史、老区革命史优良传统教育，把红色基因代代传下去的重要指示。同时，2020 年新修订的《中华人民共和国档案法》第三十四条规定：国家鼓励档案馆开发利用馆藏档案，通过开展专题展览、公益讲座、媒体宣传等活动，进行爱国主义、集体主义、中国特色社会主义教育，传承发展中华优秀传统文化，继承革命文化，发展社会主义先进文化，增强文化自信，弘扬社会主义核心价值观。由此，各省市档案馆积极依托丰富的馆藏资源，深入挖掘红色档案，精心打造出一系列档案精神产品，传播红色文化、传承红色基因、讲好红色故事，倾力服务各地“不忘初心、牢记使命”的主题教育。

【原理】

红色档案是我国档案资源中一个重要组成部分，除了具有档案的一般特性外，还有着年代的久远性、内容的独特性、保存的分散性、实体的脆弱性、形式的多样性等特征。

【案例解读】

党的十八大以来，以习近平同志为核心的党中央高度重视爱国主义教育，档案馆凭借丰厚的红色档案资源，成为进行爱国主义教育的天然场所。江苏省档案馆通过多年的积累，形成了一系列的档案精神产品，取得了较大的社会反响，其档案精神产品开发呈现以下特点：

一是立足馆藏，深挖红色档案精神内涵。江苏省长期以来就是我国新民主主义革命的重要发源地之一，众多革命先烈的英雄事迹为后人留下宝贵的精神遗产和红色档案。江苏省档案馆充分立足于本馆馆藏，开发出极具地方特色的档案精神产品，并对其进行深加工，致力于打造有高度、有深度、有厚度的红色档案精品；通过一系列的努力，形成了内容异质、形式多样的红色档案成果。

二是多元参与，合作开发红色档案精品。在江苏省档案馆的红色档案资源开发利用中，多元参与、合作共建的特点十分显著。一方面是加强了馆际交流和与系统外相关单位的合作，如联合各市级档案部门及红色革命纪念馆等，合作编纂档案汇编丛书。另一方面是加强与社会公众的合作，如英雄的亲友、见证者、传承人、塑造英雄形象的文艺工作者等参加了“红色丰碑”行动等。此举措不仅可以实现资源整合、互通有无、互学互鉴，也可以使红色档案利用“流动”起来，增强其社会关注度，扩大其利用效果。

三是复合联动，打造红色系列文化产品。江苏省档案馆的开发利用工作跳出了由单一的档案部门和机构开展的方式，积极寻求跨界联合开发，打造出复合式的红色文化题材的系列产品。结合电影艺术，对红色档案再加工创造，产出系列档案名人电影，结合新媒体技术，打造“红色丰碑”全媒体行动。这些融合多种元素的红色系列文化产品，不仅使档案馆的红色档案资源“活”起来，也逐渐系统化，成为江苏省爱国主义教育的名片。

总的来说，无论是充分挖掘本馆资源，还是多元参与、复合联动等特点，江苏省档案馆都实现了红色档案资源向档案精神产品、红色系列文化产品的转变，不仅为党和国家管好了红色档案资源，也用好了红色档案资源，为书写中国故事贡献出了档案的力量。

【思考题】

1. 红色档案的开发利用对我国社会发展有什么影响?

2. 结合红色档案开发利用现状，谈谈档案馆开展爱国主义教育与抗战纪念馆、烈士陵园等单位有何不同之处?

3. 目前，红色档案开发利用应用到哪些新媒体技术?

案例 3-13 保山市档案馆的档案文化建设①

【案例简介】

为了加强档案文化建设，保山市档案馆积极开发档案文化产品，充分发挥了档案传承文化的功能，为该市打造“五大文化品牌”做出贡献。其档案文化建设成果包括：编辑出版《记忆保山》季刊。该期刊设有历史档案、文化档案、农耕档案、书画档案、滇西抗战档案和人物档案 6 个版块的内容。编辑出版各类史料、书籍，如《血染松山》《怒水为证———中国远征军十一集团军滇西抗战档案选编》《笔墨流恨———腾冲抗战

① 案例来源于陈云香、杨丽华：《浅析在档案文化建设中如何将“死档案”变成“活文化”——以保山市档案馆为例》，《云南档案》，2017 年第 8 期，第 50~52 页。

阵中日记档案选编》等。制作专题音像资料。保山市档案馆将收集、征集到的滇缅印抗战849张照片专题汇编制作成“记忆保山”系列文化产品——《滇缅印抗战照片集》光盘。保山档案馆取得以上档案文化建设成果主要依托其在组织、馆藏和人才方面的优势：

一是组织优势。保山市档案馆高度重视档案文化建设，尤其是领导和机构的协调配合。2013年3月，保山市委和市人民政府办公室联合下发了《关于进一步加强全市档案工作的通知》，对加强档案文化建设和档案文化产品开发工作做出了具体部署。并为此筹备成立了档案学会，将档案数字化加工科更名为档案编研科。通过以上方式建立健全了工作机构，充分展现了保山市档案馆的组织优势。

二是馆藏优势。保山市作为中国版图上开发较早、历史文化积淀深厚的边疆地区，自身拥有大量反映重大历史事件的珍贵档案。保山市档案馆加大了对反映保山市历史发展和地方特色的档案资料的收集征集工作，如从中国第二历史档案馆和社会各界收集、征集了较为完整的抗战档案。

三是人才优势。保山市档案馆注重加强干部队伍建设，提高干部队伍编研能力。一方面选送干部职工参加各类培训，到省档案局跟班学习，到美国和我国台湾地区培训考察；另一方面请文史专家、市政府分管领导等审核把关、作序和写书评。通过以上举措来充分发挥其人才优势，为档案文化建设打造了一支学识渊博、技术娴熟、多才多艺的专业编研队伍。

【背景】

2021年修订的《中华人民共和国档案法》第三十四条明确规定：国家鼓励档案馆开发利用馆藏档案，通过开展专题展览、公益讲座、媒体宣传等活动，进行爱国主义、集体主义、中国特色社会主义教育，传承发展中华优秀传统文化，增强文化自信，弘扬社会主义核心价值观。保山市档案馆顺势而为，在档案文化建设上积极寻求突破。

【原理】

档案记忆观是指人们对于档案作为社会各项活动的原始记录而具有的构建人类社会记忆的作用和价值的基本认识。其核心内涵是：基于对档案基本属性——社会记忆属性的本质性认识，把档案与社会、国家、民族、家庭的历史记忆联结起来，强调档案是一种社会（或历史、集体）记忆，含有“集体记忆的关键”，档案馆是“记忆的保存场所”或“记忆宫殿”，并从个人乃至民族的根源感、认同感、身份感的高度去看待档案及其保护的重要性。近年来，档案记忆观成为档案文化建设的理论依据，形成了诸如城市记忆、乡村记忆、世界记忆等项目。

【案例解读】

档案文化建设是随着档案事业发展衍生的一项创新工作，对于弘扬和传承地方文化，满足公众的文化需求和彰显档案价值具有重要作用。档案馆作为科学文化事业单位，在档案文化建设上具有天然优势，要充分挖掘档案馆在组织、馆藏和人才上的优势。

一是要挖掘组织优势。档案文化建设需要档案馆工作人员取得领导和机构的协调配合，从全局上进行统筹，从而提高效率和质量，更加顺利地开展档案文化建设工作。一方面是获得充足的人力、物力和财力上的支持；另一方面是可以与相关机构合作共建，形成文化合力，从组织上为档案文化建设搭建平台。

二是要挖掘馆藏优势。档案是文化的重要资源，档案馆丰富翔实的馆藏资源为档案文化建设提供了大量创作的空间。同时，各个档案馆独具特色的档案馆藏资源更是为档案馆文化建设提供了区别于他人的文化建设成果，成为其文化名片的可能。因此，档案馆在进行文化建设时要加大对其馆藏资源的挖掘，尤其是特色馆藏，如具有浓郁和独特地方特色的档案，能够突出反映本地区的人文、地理、历史、经济以及民族色彩的馆藏资源，或是能与其他馆藏明确区分的家谱档案、名人档案、移民档案、少数民族档案等，通过挖掘馆藏优势为档案文化建设提供丰富的素材。

三是要挖掘人才优势。新时期、新形势下的档案文化建设已经从传统的文件汇编、史料编纂发展为集档案编纂、影视制作、档案展览、产品开发为一体的综合性工作。除了需要不断加强档案工作人员的专业素质外，还需要不断拓宽档案工作人员的知识背景，既包括档案、图情、历史、中文，也要包括计算机、艺术、传播等专业。通过多元专业，碰撞出创新的火花，产出多元的档案文化建设成果。通过挖掘人才优势为档案文化建设提供源源不断的动力。

保山市依托于其组织优势、馆藏优势和人才优势，在档案文化建设方面已取得了一定的经验和成果。但总的来说，保山市的档案文化建设成果还是偏单一和传统，尽管内容上在深入挖掘，而形式却有待丰富。保山市在今后的档案文化建设上还需要在继续发挥其三大优势的基础上，不断扩展档案文化建设成果的形式，深挖其精神内涵，提升档案文化产品的知名度。

【思考题】

1. 档案文献编纂的未来发展趋势如何?

2. 为了加强档案文化建设，档案馆的人才应具备哪些特征，应如何打造一支专业人才队伍?

3. 档案记忆观对我国档案事业的发展有什么影响?

案例 3-14　淄博市档案馆民生档案的共享[①]

【案例简介】

近年来，淄博市档案馆积极践行“以人民为中心”的发展思想，认真履行“为民服务”神圣职责，创新服务机制和服务方式，积极开展民生档案共享工作，为利用者查阅民生档案带来了极大的方便，得到了百姓的广泛赞誉。淄博市档案馆通过整合全市综合档案馆目录数据，建立跨馆利用机制，创新馆藏民生档案全文共享等方式，并不断提高民生档案数据的精准度和全面性，破解了为民服务“最后一公里”的难题，真正实现了“让数据多走路、让百姓少跑腿”的工作目标。

首先，淄博市档案馆民生档案共享工作得到档案馆上下的重视，践行以人民为中心的思想。一方面领导高度重视，不仅召开专门会议进行统筹，还组建专班来负责具体实施；另一方面档案馆的工作人员高度重视，创新发展了“三心六一样”工作法，坚持档案服务“四零”标准，秉承热情、细致、规范、高效的服务理念，创建“服务零距离，百姓连心桥”服务品牌。

其次，淄博市档案馆不断完善民生档案数据。一方面淄博市档案馆将未数字化的数字化，将缺少的人名补录齐全，实现档案数据的精准查找和有效利用；另一方面是不断整合民生档案数据，力争全面化和系统化，整合了包括市、区（县）综合档案馆馆藏和全市各形成单位的民生档案数据，并通过在线归档的方式整合了新形成的民生档案。

最后，为了真正实现“让数据多走路、让百姓少跑腿”的目标，淄博市档案馆不断创新民生档案的共享方式。首先是整合全市综合档案馆目录数据，实现全市综合档案馆民生档案目录共享，使利用者可以通过目录知道自己所查档案是否存在，存放在哪个档案馆，档案所在全宗卷及件号等。其次通过跨馆联合利用机制，使利用者能调取异地档案原件进行查阅和复制。最后通过民生档案下放，实现了馆藏民生档案的全文共享，并直接将这些档案共享到本区县中心镇中心社区、重点利用人群等。

【背景】

党的十七大报告明确指出，加快推进以改善民生为重点的社会建设，努力使全体人民学有所教、劳有所得、病有所养、住有所居，推动建设和谐社会，标志着我国全面改善民生时代的到来。2007 年 12 月国家档案局制发了《关于加强民生档案工作的意见》。

---

① 案例来源于王爱兴：《让数据多走路　让百姓少跑腿——淄博市档案馆民生档案共享创新与实践》，《山东档案》，2020 年第 2 期，第 74～76 页。

【原理】

民生档案的概念是在科学发展观和建立健全方便人民群众的档案利用体系的指导下提出的，档案界对什么是民生档案存在诸多认识。一般认为，民生档案内涵可描述为：社会组织与个人在民生建设过程中所形成的反映民生状况的档案，具体包括社会意义上的民生档案与个人意义上的民生档案。两类民生档案共同构成民生档案体系。其中，个人意义上的民生档案反映了具体民众的民生现状，是社会民生建设成果的具体、生动体现。对个人而言，自身所形成的民生档案是自身民生状况的真实反映，具有鲜明的个性意义。同时，个人民生档案在一定范围与程度上也是社会民生建设的缩影，具有一定的社会意义。社会意义上的民生档案的意义则在于从根本上揭示了社会民生建设的内在性，即揭示了现实民生状态的社会根源。民生建设的社会性、价值性与政策性决定了系统地形成与管理民生档案的社会意义。民生档案更有助于从宏观、根本上推动社会民生建设。

【案例解读】

淄博市档案馆民生档案共享的创新和实践是建立健全方便人民群众的档案利用体系的重要举措，通过几年的实践，其民生档案共享工作取得较大成效。其民生档案共享工作的特点可总结为以下几点：

一是重视思想上的动员。思想的重视为淄博市档案馆民生档案共享工作的开展提供了思想上的指导，切实提高了其服务水平。民生问题关系党和政府在着力促进社会发展和解决老百姓生活中的困难上所作的努力，民之所想、民之所需，自然也成为档案工作的所向所趋。因此民生档案共享工作需要档案馆从上到下一致地思想动员，上至领导的统筹安排，下至档案业务人员的细致、热情和严谨的服务，都需要档案馆工作人员提高认识，践行以人民为中心的思想。

二是重视民生档案数据的完善。民生档案数据的质量直接影响到民生档案共享的效果，精准而全面的民生档案能为其共享工作的开展奠定良好的物质基础。不仅需要将已有馆藏数字化和补齐补全，还需要进一步扩大收集范围，丰富馆藏，建立起面向民生、覆盖人民群众的档案资源体系。同时，加强系统整理，根据民生工作的需求，突出重点，为群众精准利用、高效利用民生档案提供物质保障。

三是重视民生档案共享方式的创新。民生档案最终是否能够被群众有效利用是检验民生档案共享工作的重要指标。因此，为了真正满足群众的民生需求，档案馆需要不断思考如何对其共享方式的创新。从本地查档到异地查档，从馆内查档到多机构联合共享，从线下查档到线上查档，这些都是民生档案共享方式不断创新的体现。

淄博市档案馆通过思想上的重视、民生档案数据的完善和民生档案共享方式的创新等，在民生档案的线下共享方面取得了较大成果。但总的来说，淄博市档案馆的民生档案共享方式依旧是以线下利用为主，还需要利用政务网、互联网和手机 App 等新型移动媒体，发布开放档案目录和全文，逐步实现民生档案由线下共享到在线共享，为利用者提供更大的便利。

【思考题】

1. 档案学界对民生档案的争议有哪些?
2. 民生档案有什么特征?
3. 民生档案共享有什么作用?

案例3-15 内蒙古自治区土默特左旗档案馆特色档案的编研①

【案例简介】

内蒙古自治区土默特左旗档案馆保存的清代以来土默特的历史档案是全方位记录内蒙古自治区土默特左旗地区发展变迁历程的珍贵史料。近二十年来，土默特左旗档案馆在历史档案抢救保护上下功夫，围绕这些历史档案进行深度编研开发，走出了一条特色发展之路。其不仅工作成果屡受肯定，成为全自治区最早达到国家二级档案馆标准的旗县级档案馆，也为土默特左旗创建自治区文明城市、争创全国县级文明城市的测评工作做出了贡献。其具体措施包括：

一是加强特色馆藏资源建设。内蒙古自治区土默特左旗档案馆一方面在获得上级专项经费支持下，启动了历史档案抢救工作，对满文档案进行修复翻译、微缩拍照和制作档案数码光盘等；另一方面，土默特左旗档案馆成立了历史档案数字化扫描处理专项工作小组，统筹布置历史档案数字化扫描工作，避免损伤原件的同时也为后续的开发利用打下基础。

二是加强人才队伍建设。由于满文档案的特殊性，土默特左旗档案馆的历史档案开发利用需要既懂专业又了解档案工作、既懂内蒙古自治区土默特左旗的历史又了解满文和蒙文的人才，人才不足是内蒙古自治区土默特左旗档案馆的工作瓶颈。为提升工作人员研究素质，土默特左旗档案馆邀请中国第一历史档案馆满文专家作技术指导，邀请内蒙古大学蒙古史研究所、内蒙古社会科学院的专家学者前来对编研工作进行指导。

三是加强合作共建。土默特左旗档案馆与内蒙古自治区人民政府法律顾问委员会办公室合作出版《土默特左旗馆藏蒙古文档案选》，与呼和浩特塞北文化研究会合作出版《土默特民国档案选》《荣祥文档》等，与内蒙古科技大学土默特历史文化研究所合作出版《土默特历史档案大全》。

【背景】

党的十七大以来，党和政府高度重视对少数民族档案文献遗产的保护和利用。国务

---

① 案例来源于郑艳方：《一手抓抢救保护　一手做编研文章——内蒙古自治区土默特左旗打造特色档案馆略影》，《中国档案报》，2017年3月23日，第1版。

院办公厅在2007年颁布了《国务院办公厅关于进一步加强古籍保护工作的意见》，随后国家民委和文化部为了贯彻落实其精神颁布了《关于进一步加强少数民族古籍保护工作的实施意见》，为我国少数民族档案文献的保护、开发和利用提供了政策指导。

【原理】

少数民族档案是指少数民族地方政权、个人和历代封建王朝统治者在社会历史发展过程中直接形成的以少数民族文字或汉字反映少数民族社会的经济、政治、军事、哲学、宗教、伦理、历史、文艺、天文、地理、医药和民俗等方面内容，具有保存价值的各种文字、图表、声像等原始记录。除了具备原始记录性之外，少数民族档案还具有一般档案所没有的几个特点，即内容全面、时间跨度大、载体多样化、装帧形式独特以及语言文字多种等特点。因而其具有丰富的经济价值、政治法律价值、天文历法价值、文化旅游和艺术价值、史学价值、道德伦理价值、宗教价值、对外关系和民族关系价值、语言文字价值、科学技术价值等，是我国档案文献遗产的重要组成部分。

【案例解读】

土默特左旗档案馆的土默特档案不仅是历史档案，也是少数民族档案，其开发之路具有区别于一般档案的特殊性，具体来说有以下特点：

一是注重馆藏资源建设。土默特左旗档案馆所藏的清代档案，尤其是内容丰富、类别多样的满文档案，是内蒙古自治区土默特左旗档案馆区别于其他档案馆，进行特色开发的立足之本。但由于年代久远，其破损严重，因此在进行开发前必须要对其馆藏资源进行清理、整合和数字化，一方面是方便后续开发编研工作的开展，另一方面也是避免后续利用中可能出现的二次伤害。通过对馆藏资源的建设，土默特左旗档案馆的特色历史档案资源得到有效保护和保存，为历史档案编研积累了丰富的素材。

二是注重人才队伍建设。少数民族档案的语言文字多种多样，甚至一份档案包含多种文字。这就导致尽管档案馆工作人员虽具有较高的档案专业知识素养和技术素养，但面对少数民族档案，可能对其内容的识别和价值的判断都显得力不从心，从而对少数民族档案的开发举步维艰。因此，面对少数民族档案开发，档案馆需要扩充自己的人才队伍，最直接的方式是聘请对少数民族语言文字和历史有所研究的专家学者共同开发，为档案馆提供指导和帮助。

三是注重合作共建。不同于一般档案，少数民族档案一般内容丰富且时间跨度大，且少数民族档案在同一地区可能分散在不同机构。这就导致如果单靠档案馆开发，不仅工作难度大、耗费高且成果质量难以保证。因此为进一步拓展档案编研开发的广度和深度，档案馆需要不断加强与其他机构的合作，鼓励工作人员深入研究。通过合作共建实现资源整合、互通有无和互学互鉴。

历史档案，尤其是少数民族的历史档案为我们了解地方特色、加强民族身份认同和讲好地方故事具有重要意义。土默特左旗档案馆通过馆藏资源建设、人才队伍建设和合作共建的模式完成了特色少数民族档案的开发工作，但对历史档案的开发利用还有很长的路要走，需要深挖其精神内涵，形成有厚度、有宽度的文化精品。

【思考题】

1. 少数民族档案在开发利用的时候，可能会出现什么问题和挑战？
2. 目前少数民族档案开发利用有哪些形式？
3. 目前少数民族档案开发利用运用了哪些技术和手段？

案例 3-16　龙氏家祠照片档案支持维修保护工作①

【案例简介】

龙氏家祠布局完整，建筑技艺高超，是民国时期集传统建筑技艺与西式风格为一体的建筑典范。龙氏家祠作为云南省文物维修保护的重点工程，照片档案在维修保护过程中的作用特别突出。

由于历史原因，龙氏家祠始建资料无从查找。为了恢复龙氏家祠建筑原貌，再现龙氏家祠清代官式建筑的风格，云南省昭通市在通过报纸等媒体发布《关于征集龙氏家祠原貌资料的公告》的同时，还通过各种渠道，广泛调查、搜集反映龙氏家祠原貌的图片资料和口碑记忆资料，共搜集到龙氏家祠原貌照片 30 张，口碑记忆资料若干。老照片由昭通市图书馆馆长吴明俊和昭通学院的夏玲提供，其中 28 张是吴明俊个人早年收集、保存的历史照片，包括龙氏家祠部分历史照片和龙云及家属的老照片。

老照片在龙氏家祠建筑原貌维修中的应用，主要集中于部分建筑和题匾楹联方面。举例如下：龙氏家祠正殿面阔七间，有明间、次间、梢间和侧廊间，明间和东西次间各设三樘木雕隔扇（隔扇是传统建筑的气质体现，装饰性很强，由外框、隔心、裙板和绦环板组成）。由于木雕隔扇门窗连同前檐柱间的雀替、挂落历史上被全部拆除，前檐柱础石内侧的石雕部分也被削去，前檐柱间也被改为砖墙砌筑，室内隔断改为土箕隔墙，正殿被完全改为现代礼堂，失去了原有的建筑元素和风格。

祠堂正殿是龙氏家祠建筑艺术的中心，其木雕隔扇隔心、绦环板上的木雕内容等级高，雕刻技艺精湛。在恢复这些木雕隔扇之前，工作人员用放大镜对老照片中隔扇门上的木雕题材进行反复比对、分析和论证，确定了隔扇裙板的木雕为高浮雕行龙、绦环板为镂孔浮雕四季花卉以及棂花心屉样式，心屉刻篆体“福、禄、寿”，槛窗透雕变形缠枝花卉等题材，把考证出来的木雕题材图纸设计出来，对正殿木雕隔扇门窗给予原貌恢复。老照片拍摄时间久远，对于早年被拆毁的祠堂正殿前檐明间、次间、梢间的木雕柁墩、雀替和挂落木雕题材的细节部分较为模糊，准确判定细节特别是木雕题材的内容不是很明确。在这种情况下，工作人员采取的办法是：查阅老人提供的记忆资料，获取木

① 案例来源于朱兰、丁长芬：《略论照片档案在文物维修保护中的独特作用——以昭通龙氏家祠维修保护为例》，《云南档案》，2018 年第 2 期，第 46～49 页。

雕题材内容，根据内容再比对老照片木雕细节，经过多次反复比对分析考证，二者互为佐证，确定木雕恢复的内容后再行设计，设计图纸出来后，再邀请熟悉龙氏家祠的老人进行现场确定后进行施工。

通过努力，借助老照片所承载的历史信息，恢复后题匾和楹联成为祠堂正殿的点睛之作，映衬了龙氏家祠传统官式建筑的内涵和气势。龙氏家祠维修保护工程实施的过程中，甲方提供用以参照施工的有关龙氏家祠各个历史时期的原貌照片档案（包含近期拍摄的彩色照片）共计 1000 余份，回忆资料 8 份。维修过程中，先后邀请知情人及专家学者 100 余人次到工地现场比对照片细节并对建筑原貌进行考证。照片资料运用在维修保护工程中的每一个环节，使维修完成后的龙氏家祠再现了当年的建筑神韵。

【背景】

古建筑作为一种文化精神的载体，见证了一个城市在几百年甚至上千年的历史长河中的涤荡，它们是城市“历史记忆的图腾”和“文化发展的链条”，其内在的文化内涵与历史痕迹是无法被替代的。依据《中华人民共和国文物保护法》和《中华人民共和国文物保护法实施条例》等法规条例的要求，修复文物应当坚持不改变文物原状原则，全面保存和延续文物的历史、艺术、科学的信息与价值，将科学研究贯穿于修复的全过程。因此档案，尤其是照片档案在文物修复工作中有不可替代的优势。

【原理】

照片档案以特殊载体形式记载和反映了其记载的影像所呈现的历史事件、历史文化遗产以及重要人物的真实面貌，具有形式简单、直观、真实、形象的特点，有较强的感染力和说服力，常常能起到“一图抵千字”的效果。作为档案中的一种形式，其在此案例中体现了档案的原始记录性，充分实现其对以往历史事实的原始记录。照片档案为文物维修保护“忠实历史，恢复原貌”的原则提供了直观可靠的资料依据。

【案例解读】

龙氏家祠经历百年沧桑，不仅是其家族的历史记录，更是昭通市甚至国家的宝贵财富。龙氏家祠在修复过程中依托各方提供的照片档案完成维修保护工程，使得龙云的戎马生涯和为国奉献的一生得以展现，也浓缩再现了昭通乃至云南的民国史。总结龙氏家祠的维修工作及其产生的影响，能得出以下特点：

一是档案助力文化记忆的构建。文化记忆指的是通过档案、图片和行为模式储存知识。龙氏家祠损毁部分的修复与维护，是依赖于照片档案的成果。照片档案不仅帮助了修复工作，同时也能够传递出历史传统建筑的文化内涵，形成龙氏家族的特殊回忆。这不仅是档案保存价值的体现，更是档案凝聚民众文化记忆、填补民众心灵空白的体现。

二是档案推动文化产业的发展。照片档案清晰直接地还原了龙氏家祠的历史面貌，对龙氏家祠的修复与发展以及展现地方文化具有重要意义。区文联负责龙氏家祠的建设、管理工作，借助照片档案，恢复了龙氏家祠原貌，充实了龙氏家祠的建筑艺术内部所承载的文化内涵。同时照片档案也再现了昭通民国时期的民俗生活，充分展现了昭通深厚的地方文化。保存下来的龙氏家祠照片档案为弘扬民族精神，打造独具特色的旅游文化品牌，带动文化建设和文化产业的发展，促进文化昭通、和谐昭通的快速发展起到了极大的推动作用。

【思考题】

1. 照片档案的保存形式有哪些?
2. 照片档案除了支持文物修复工作，还有哪些作用?

案例 3-17　内蒙古牙克石市社保局民生档案的提供利用①

【案例简介】

2017 年是内蒙古自治区成立 70 周年，也是内蒙古牙克石市社会保险事业管理局（以下简称市社保局）成立 30 周年。一位 78 岁的老人从广东赶到市社保局，想为儿子找回多年前曾在单位交过的养老保险金。前几年，儿子在工地不慎摔伤，生活不能自理，雇工老板逃跑，仅靠老人的退休金难以支撑高额的医疗费和生活费。儿子曾是内蒙古自治区牙克石市一家国有企业的下岗职工，但已多年没有与原单位联系，因此老人试图通过社保局寻找相关证明。

针对此事，市社保局成立了临时工作组，到老人儿子曾经工作过的单位，多方查找共同工作过的同事，积极联系工作单位主管部门，出具人证、物证，找到了他的人事档案。市社保局在阅读档案资料时，由于所需资料年代比较久远，文字书写不规范，字迹模糊，工作人员通过电子档案检索专业技术，放大原始资料，恢复原始资料原文，反复核实，仔细比对，快速汇总多方资料，最终找到了 25 年前老人儿子的养老保险缴费记录。

内蒙古自治区牙克石市社保局的 2017 年档案借阅登记簿上登记了查档人单位、姓名、借档理由、借档时间、所押证件、经办人签字、联系电话、交回时间、交回人签字等各项信息。对比每年的档案借阅登记簿，可以发现，随着档案利用范围的逐步扩大，查档范围已经由过去查阅单一的工作情况履历，扩展到政治生活、遗产继承、户籍迁移、子女就业、享受各项社会性补贴服务等多项事项。同时，这不仅是一册登记簿，也是获取信息反馈、分析利用效果、提升利用效率的重要依据。

【背景】

档案在人们的工作生活中一直扮演着重要的角色，尤其是内容涉及社会民生问题的社保档案更是重中之重。我国社会保险制度经历了多次改革，已形成较为系统的管理体

① 案例来源于崔珍珍：《社保档案暖了心窝点亮了生活》，《中国档案报》，2017 年 11 月 9 日，第 1 版。

系，但是仍然存在很多不足。退休手续办理是其中比较突出的问题，很多职工在办理退休手续时才发现社保档案材料记载不全，社保缴费年限不够，到了退休年龄却由于档案问题而无法正常办理退休手续，也无法享受退休后的社保待遇。档案利用在社保工作中有着无可替代的重要作用，档案以其原始记录性、真实性特征成为有力的历史凭证，与保护民众的个人权益息息相关。

【原理】

社保档案首先是参保个人和参保单位的记录，是其权利的载体。社会保险权利是与社会保险缴费义务对应的，享受社会保险权利以履行社会保险缴费义务为前提。社保档案还具有更为广泛的社会意义。例如，档案中记载的退休人员死亡年龄应是非常准确的数据，可以据此通过分析所有养老金领取人员的死亡年龄推测一个庞大群体的预期寿命，并将其与社会平均预期寿命对比，进一步分析其具体影响因素，其分析结果可以提供很多有价值的社会建议。又如通过对比分析类似疾病的参保人员的医疗费用与非参保人员的医疗费用、不同医保制度覆盖群体的医疗费用状况，可以为医疗费用的投入、使用效率乃至国民健康状况提供有价值的参考建议。

【案例解读】

内蒙古自治区牙克石市社保局充分利用民生档案为民众提供服务，解决民众查档需求，分析其利用档案的措施，能总结出以下特点：

一是电子档案促进社保工作。内蒙古自治区牙克石市社保局虽然利用纸质社保档案解决了百姓的社保问题，但从中也能够体现出纸质社保档案的查找不便与检索困难。新修订的《中华人民共和国档案法》是档案事业发展划时代的里程碑。恰逢此时，人社部也下发《社会保险电子档案管理暂行办法》，为贯彻落实《中华人民共和国档案法》提供了翔实的指南，为电子环境下社保档案的管理提供保障。社保档案是参保单位和参保个人的重要资产，加强社保档案的制度化、规范化、信息化建设，有助于提高社保档案的利用效率，发挥社保档案的内在价值，提升社保档案管理的科学化水平，为广大人民群众提供更好更多的服务。

二是民生档案推动社会发展。随着国家各种民生政策不断推出，广大人民群众利用档案维护自身权益的意识不断增强，查询和利用民生档案的需求持续增长。民生档案利用需求日益增多，民生档案工作的发展推动了社会发展，民生档案整理和数字化步伐加快，提高了档案查询效率。只有不断创新民生档案管理方式，才能更好地满足人民群众对民生档案的利用需求。将民生档案信息开发列入档案信息化总体部署，并优先开发，及时提供利用。加大民生档案资源整合力度，满足人民对不同类型、不同地域民生档案查询利用需求。

【思考题】

1. 试分析我国社保档案管理模式。
2. 举例介绍与自身经历相关的民生档案。

案例 3－18 广州地铁博物馆创新档案利用模式[①]

【案例简介】

广州地铁博物馆由广州地铁集团承建，以打造国内地铁行业首家集科普体验、安全教育、文化展示、休闲娱乐、家庭消费为一体的开放式博物馆为目标，致力成为国内一流的、具有广州市地铁鲜明特色的、可持续发展的地铁博物馆，以达到培育乘客、感恩市民、宣传地铁知识与文化的目标。广州地铁博物馆的建立是为满足人们进一步认识地铁、分享知识、融合文化的需要。广州地铁博物馆利用企业档案自身馆藏丰富的优势，向社会生动描述了广州地铁从 1961 年地铁梦开始至今的发展，也突显了广州地铁建设多年来的深厚积累。

广州地铁博物馆不单利用企业档案进行实物展示，展示了广州地铁多年来获得的企业荣誉、齐全的升级换代的车票，还将档案与新技术相结合，充分利用各类档案，体现馆藏档案的价值，支撑博物馆的建设。这座集历史档案、现代信息、科普教育、文化推广、互动体验于一体的新型博物馆，已经成为市民认识地铁、了解广州市一扇重要的窗口，从而发挥企业科普、育人的社会功能。

利用虚拟现实技术，穿梭在历史空间。广州地铁博物馆馆藏中有大量的声像档案，因博物馆展区面积的影响，若通过视频投影的方式展示，显得缺乏吸引力。广州地铁博物馆利用自身大量馆藏档案的优势，结合虚拟现实技术，将从 1961 年广州地铁梦开始至 2016 年广州市地铁发展历程的档案资料通过虚拟现实向参观者展示。通过虚拟现实技术带给观众更加逼真的虚拟环境并辅以交互性功能，很大程度提升了虚拟空间的真实感，让观看者犹如置身于穿梭时空中，通往广州市地铁的各个运营时期，加深参观者对广州市地铁的认识。

利用增强现实，置身于虚实之间。广州市地铁博物馆以科普知识为核心，但地铁中使用的设备都是体量较大的大型设备，无法全部带进博物馆内。而在“地铁设备扫描仪”展区中，利用科技档案中的设备图纸，根据图纸将各种设备经过 3D 数据建模，通过增强现实进行识别匹配。在展区只要将设备卡在摄像头前进行扫描，即能在显示器中显示所选设备，通过增强现实创造非同寻常的体验。

通过体感操作，增添观看乐趣。经过 20 多年的发展，广州市地铁在科技创新领域获得丰硕的成果，通过利用馆藏档案，将广州市地铁包括照明改造、盾构施工、安全监测等在内的六大科技创新成就制作成一个展区，由参观者通过体感选择，查看这些创新性运用的档案，增加趣味性，加深认识。

---

① 案例来源于谭健荣：《档案在博物馆的创新利用——以广州地铁档案管理为例》，《兰台世界》，2019 年第 1 期，第 125～126 页。

按图建模，让档案立体展示。发挥馆藏建设档案中包含车站图纸的优势，从广州市地铁当时设的260个车站中层层筛选，找出了最经典的车站，将图纸制作成按比例缩小的模型，分层显示，将不为人所知、藏于地底下的车站展现于观众眼前。观众推动滑轨上的扫描屏幕，对准感兴趣的广州市地铁车站，即可放大对应的车站细节，了解车站设计理念与创意思路。地铁涉及的专业种类多，包含供电系统、屏蔽门系统、AFC票务系统、门禁系统等，在博物馆内根据工程档案中厦滘站的专业图纸，对照局部，缩小还原了供电系统、屏蔽门系统、AFC系统三个系统工作原理的模型，通过彩色灯带走向，科普了这三个系统的原理。

按图建世界，蓝图得以呈现。在“机电系统面对面”的展项中，通过分析工程档案中各车站内各种设备的档案资料、图纸，将地铁站内的中央空调运作方式、地铁扶手电梯的安装等六个系统转化为小游戏，以游戏的方式传播地铁知识。在广州市地铁博物馆的展厅中有很多这样的例子，将工程档案的图纸灵活应用，将整套地铁知识“大宝典”活灵活现以车站模型的形式展示，将图纸档案转化为实物、游戏等，直观易懂展现在观众前面，摆脱了以往仅以张张蓝图为展品的方式。

【背景】

国家档案局、国家经委、国家计委联合颁布的《企业档案管理办法》是根据国务院关于加强企业管理和改善档案工作的要求，为进一步加强企业档案工作，更好地为企业提高经济效益服务制定的。办法中要求企业应遵守《中华人民共和国档案法》，依法管理本企业档案，明确管理档案的部门或人员，提高职工档案意识，确保档案完整、准确和安全。企业档案现代化应与企业信息化建设同步发展，不断提高档案管理水平。

【原理】

企业档案文化是企业文化的综合反映及外在表现，既包括企业档案精神文明建设，也包括企业档案物质文化建设。企业档案文化是企业在生产经营和管理活动中形成的，具有本企业特色的，蕴含档案元素，延续企业生存与发展的物质与精神财富之和。

【案例解读】

广州市地铁集团利用自身特色资源打造广州市地铁博物馆，宣传企业形象，同时达到教化育人的社会效果。该案例中所涉及的广州市地铁博物馆利用企业档案进行实物展示，将档案与新技术结合，充分利用各类档案，体现馆藏档案的价值，支撑博物馆的建设，是档案利用与宣传模式创新的典型案例。利用企业档案资源能为企业发挥以下作用：

一是借助档案资源展示企业文化形象。企业档案是企业建设、发展过程中经历的真实记录，能够为企业文化建设提供有力的现实资源支持。企业文化作为企业的“名片”，代表企业的理念与价值观，建设企业文化需要依托企业的档案资源。广州市地铁博物馆借助企业档案资源对企业进行文化宣传，并结合丰富的数字技术使企业文化丰富市民的娱乐活动，为民众展示轨道交通历史，在宣传企业文化的同时传播历史知识。

二是利用档案资源参与社会公共文化服务。广州市地铁博物馆无疑是档案文化精品的呈现方式之一。由于地铁产品自身的独特性，它承载着城市文明，记录着城市记忆，因此地铁档案管理部门能运用自身力量积极参与公共文化服务，为城市公共文化服务做出贡献。作为企业特殊的“名片”，企业文化不仅可以展示企业自身形象，将企业推广出去，还能够依托企业自身特殊历史，对社会文化建设产生积极影响，推动社会文化发展。

【思考题】

1. 如何理解档案部门参与公共文化服务工作？
2. 举例介绍三项国内外档案文化建设项目。

案例 3-19　昆明彩云里艺术商业中心工业遗产档案的开发利用①

【案例简介】

彩云里项目是在昆明市橡胶厂的旧车间和旧仓库基础上，重新设计改造而成的新型艺术商业中心，是工业遗产商业性开发的典型案例。在这一过程中形成的档案，统称为工业遗产档案，它们对项目的投资方、设计方、施工方、物业管理方和政府都具有积极作用。

敏感的商业资本通过照片档案，认识到了昆明彩云里遗产特有的历史原真性、典型代表性、建筑完整性、稀有性、艺术性、规模性和地标性，最终决定要将这一遗址打造成艺术商业综合体。从某种意义上说，投资方主动或被动地查看工业遗产档案，都是利用档案不断评估的过程，是一种基于客观历史的价值判断，对最终的投资决策具有推动作用。

在工业遗产的商业开发中，设计是灵魂，它不仅要做到“修旧如旧”，还要在“旧”的基础上创造出“新”。在昆明彩云里项目开发过程中，由于昆明彩云里橡胶厂工业遗产档案包括建筑地理位置图、总平面图、各单体建筑平面图、各单体建筑剖面图等图纸，以及大量最初设计时的文字性材料，如相关会议记录、讨论记录、立项请示批复等，真实记录了旧厂区的设计者是谁、设计理念是什么、设计结构如何、设计方案使用材料和施工工艺等，从中不仅可以看出原设计的总体风格与架构，还能判断出昆明彩云里建筑群哪些地方需要重新设计、哪些地方需要小小调整、哪些地方可以维持原貌。

工业遗产商业开发最终体现在“做”上，即具体实施改造和装修工程。对工业遗产施工项目而言，一个包含了原单位文书档案、基建档案、声像档案、实物档案、会计档

① 案例来源于何志丽、康蠡：《工业遗产档案在工业遗产商业开发中的利用探析——以昆明市“彩云里”项目为例》，《兰台世界》，2018 年第 8 期，第 94～96 页。

案、设备档案等的工业遗产档案全宗，能对工程的检测、改建、扩建、维修和拆除等环节提供重要的技术支持。以昆明彩云里项目为例，因其地标性建筑——烟囱年久失修，为使之稳固，施工方在其四周浇铸了八根新的水泥柱，在此过程中借鉴参照了老橡胶厂的大量基建图纸，精确了浇铸位置，明确了施工细节。

工业遗产改造完成之后，物业管理公司可以工业遗产档案为依据，了解和掌握项目的建筑情况、整体布局、周边环境和历史沿革，从而及时发现、弥补改建中的弱项和缺陷，合理开展项目的后期维护。以昆明彩云里项目为例，昆明彩云里 C 栋楼发生小面积火灾，物业管理公司第一时间提供了昆明彩云里基建图纸、建筑照片等档案，帮助消防人员了解了建筑结构、建筑材料、消防设施、安全通道等，促进了火势扑灭，保障了工业遗产的安全与完好。

政府作为工业遗产商业开发的规划方、管理方和监督方，首先要借助企业停产前形成的工业遗产档案，对项目进行反复研究与论证，确定其是否可行，并在此基础上进行宏观规划；其次要重点利用后期保护与开发中形成的工业遗产档案，科学管理和有效监督项目开发过程中各方行为，增加开发的透明度，杜绝腐败，杜绝漫无目的地大拆大建。

【背景】

2017 年，国务院《政府工作报告》提出坚持以推进供给侧结构性改革为主线，依靠创新推动新旧动能转换和结构优化升级。新旧动能转换是培育新动能、改造旧动能的过程。新动能是在新科技革命中形成的发展动力；旧动能则是推动经济社会运行的传统动能，涉及高能耗、高污染的制造业及相关产业。旧动能的淘汰可形成工业遗产，在长期的工业发展和产业更新活动中，我国积累了丰富的工业遗产资源，2018、2019 年上榜的《中国工业遗产保护名录》达 200 多项。作为工业文明的见证，工业遗产具有文化、科技和经济价值，与之相联系的工业遗产档案具有可拓展的再利用效益区间。

【原理】

工业遗产档案与工业遗产联系密切。联合国教科文组织将工业遗产定义为包括磨坊、工厂、铁路、动力工程、桥梁、道路、运河等物质实体，以及由新技术带来的社会效益和工程成就。工业遗产档案的内容特征决定了其形成和保存过程较少受政治因素影响，可保持记录的原始性和连续性。

工业遗产不仅仅是文化遗产，也是记忆遗产、档案遗产。工业遗产档案是人类文明和历史发展的见证，其所具有的历史文化价值、知识价值、科学技术价值、经济价值和艺术价值已经在世界范围内受到普遍重视。

【案例解读】

彩云里商业中心对工业遗产档案的创新利用使工业遗产档案作用得以多方面的发挥。此案例中对工业遗产档案的利用具有以下特点：

一是工业遗产档案唤醒城市记忆。工业遗产档案是集体与工业对象产生联系的印证，有效保护工业遗产档案能够增强集体认同感，唤醒人们的工业记忆。工业遗产是社会流转、更迭过程中永存的瑰宝。彩云里项目的改造过程中，依托工业遗产档案，对其进行充分有效的利用，坚持“在保护中开发、在开发中保护”的原则，有效维护了园区的历史原貌，实现合理开发。人们借助工业遗产档案再利用活动可重温工业发展史，感受工业遗产具有的独特文化底蕴及对特殊群体的影响，在得到精神熏陶和激励的同时，增强对旧工业实体的认同。利用旧有彩云里橡胶厂的工业档案，在恢复旧貌的基础上加入现代的设计元素，不但帮助市民铭记了独特的历史记忆，同时也能够为城市注入新的活力。

二是工业遗产档案的利用摸索不断创新升级。工业遗产档案在彩云里项目的投资、设计、施工、物业管理、政府施政领域等方方面面都发挥了重要作用。在工业遗产商业开发过程中，对具有多重价值的工业遗产档案，可通过合理投资、实用设计、安全施工、规范物业管理以及有力的政府管理行为发挥其史料价值、文化价值、科学技术价值和经济价值。提高对工业遗产档案价值的关注与认同，积极探索工业遗产档案的利用模式，能够使其价值发挥具有更多可能性。

【思考题】

1. 工业遗产档案在利用过程中有何独特之处?
2. 举例介绍国内外三个工业遗产档案利用的案例。

第四章　档案保管与保护

案例 4-1　图书馆和档案馆对大规模脱酸的不同认识[①]

【案例简介】

美国国会图书馆（LC）在美国国会的大力支持下，领导了大规模脱酸工艺的开发和评估。LC 的大规模脱酸倡议始于 2001 年，旨在延长 LC 中有风险的纸质材料的使用寿命和效用，以便继续使用。大规模脱酸是通过大规模处理来稳定酸性书籍和手稿的一种经济方法。

通过竞争，宾夕法尼亚州的保护技术公司（PTLP）获得了 LC 的一系列大规模脱酸合同。该公司利用氧化镁脱酸法为图书馆提供图书保存服务。2013 财年结束时，LC 共延长了 378 万卷和 1000 多万张国家藏书和手稿材料的使用寿命。

脱酸处理只适用于酸性的和有损毁风险的馆藏。作为国家图书馆和美国国会官方图书馆，LC 主要侧重于选择与美国文化有关的馆藏“Americana”进行大规模脱酸项目下的早期治疗，强调从馆藏中选择濒危的部分进行处理。

脱酸过程是利用氧化镁（MgO）中和纸张中的酸，从书籍被放入氧化镁脱酸处理的圆筒中开始，到书籍准备好打包返回图书馆，需要一个半小时。整个过程的所有步骤，从选择到重新搁置都予以监控，以确保达到预期结果。氧化镁脱酸流程通过以下方式满足图书馆的基本保存要求：将纸的 pH 值提高到 6.8～10.4 的可接受范围，达到 1%～3%的碱性储量，将纸张的使用寿命（以加速老化后的耐折度来衡量）延长 300%以上。

美国国家档案与文件署（NARA）现在没有实施大规模脱酸项目。他们对该项目的疑虑可能有助于其他机构在权衡大规模脱酸方案时确定应采取何种做法。他们最初决定不积极参与大规模脱酸计划时的考虑因素如下：

首先，脱酸不会使失去强度的纸张再次变强，但会减缓强度高但易受酸水解的纸张的降解。大规模脱酸程序对于酸性纸上新创建的材料或仍具有一定强度的较旧的易损纸

---

① 案例来源于 National Archives：Mass Deacidification：Considerations for Archives，https://www.archives.gov/preservation/conservation/mass-deacidification.html。

最有利。NARA 认为如果文件存放在一个良好的环境中并且很少使用（就像我们的大多数文件一样），那么它们的恶化率就会降低。所以他们决定将重点放在两个重要领域：第一，改善文件储存的环境条件；第二，通过规定选择更好的纸张书写新文件来提高新文件的质量，这样将比大规模脱酸的投资产生更大的初始回报。

其次，脱酸最适合于以纸张为基础的文件，但除了主要在战时制造的材料现在相当脆弱外，NARA 的大部分馆藏保存状况较好。对于脆性材料，脱酸似乎不是一个有用的选择，而缩微拍摄是一种更实用的方法。

另外，与印刷书籍所用的纸张不同，在档案馆中发现的大部分纸张主要用于通信或内部办公。一般来说，档案纸张质量比印刷书籍纸张质量高。然而，一个不可避免的事实是，国家档案馆中的文件大多非单独包装。在档案库里有照片、蓝图、缩微胶片、传真机、录音带或录像带，或者其他意想不到的材料和相关的纸质文件混在一起。在一些大规模的脱酸过程中，这些材料的存在要么会导致文件损坏，要么会导致过程出现问题。

此外，筛选不适合大规模脱酸的档案材料是一个费时费力的过程。而 NARA 也很难将筛查责任转嫁给不熟悉文件的员工。同时，丢失或错装的可能性是 NARA 最关心的问题。国家档案馆中的文件按文件组、系列和箱号分类。在某些情况下，有列出文件夹标题的检索工具。一般来说，熟悉文件是查找单份档案的关键。在这种基本的控制水平下，维持存放的原始顺序极其重要，一旦顺序被打乱，文件也可能丢失。档案工作人员提心档案将被完全或者更糟的是部分从盒子里取出进行大规模处理。这些文件在返还档案盒时很难保持与原来一致的存放顺序。可能不会以某种方式返回到正确的盒子中。此外，国家档案馆有大量的文件，这些文件或者涉密，或者受隐私限制保护，不能由 NARA 保管，需要特别处理。大规模处理可能不适合它们。NARA 在探讨这些问题时得出的结论是，在现有的工艺条件下，现在还不是投资大规模脱酸项目的时候。

【背景】

图书馆、档案馆和博物馆保存着大量珍贵的历史文献，古籍、档案等历史文献属于有机类材质，会随着时间的延长发生自然老化现象。纸张老化一直是影响文献长期保存的一大难题，近几十年来许多学者的研究证明，影响纸张老化的重要因素即是纸张内所含的酸。如果能高效高质量地去除纸张内所含的酸，就能延缓纸张酸化、延长纸质文献寿命，大规模脱酸技术就是在此背景下发展起来的。自 20 世纪六七十年代起，国外许多专家在理论与实践的结合中研究纸张脱酸的技术方法。英国、美国、法国、德国、加拿大等国家的图书馆、档案馆及相关机构均有丰富的大规模脱酸保护经验，此外，各国专门提供大规模脱酸技术的公司也应运而生。

【原理】

脱酸有两种方式，即单项脱酸和大规模脱酸。单项脱酸是指对单张纸质藏品进行单独脱酸处理，是对类似状况的少数单张纸进行小批量处理。而大规模脱酸是指采取批量方法处理纸张，将酸性纸中残存的氢离子予以固定，进行除酸处理。

与单项脱酸不同的是，大规模脱酸时，被脱酸的藏品不用拆开装订以单页的方式进行脱酸处置，可保持原状进行脱酸。这两种脱酸方式不仅是一次性脱酸的数量不同，而且各具特点。随着时间的不断推移，脱酸文献数量不断增加，学者对脱酸的研究逐渐从单项脱酸延伸到大规模脱酸。

【案例解读】

国外已经使用的大规模脱酸法主要有韦驮法、巴特尔法、氧化镁脱酸法、二乙基锌法等。韦驮法是用5%甲氧基碳酸镁、5%～10%甲醇和90%氟利昂配合使用。巴特尔法是韦驮法的改进，用硅油代替氟利昂。氧化镁脱酸法用氧化镁和氟利昂去酸。二乙基锌法，用气相二乙基锌，在脱酸效率和脱酸效果方面更胜一筹，缺点是该法脱酸后产生的氧化锌能加速纸张纤维素的光氧化作用。同时，二乙基锌为一种在空气中易自燃的物质，并有爆炸危险，一旦操作不当，会产生无法估量的损失。

LC使用的大规模脱酸技术是氧化镁脱酸法（Bookkeeper法）。该方法是美国科波思（Koppers）公司首先研制成功的一种碱性悬浮液去酸法。该法采用无水、液相方法，采用氧化镁颗粒悬浮在有机溶剂全氟庚烷内。工艺系统要求安装在图书馆和档案馆外，有喷剂和脱酸系统两种。其适用于所有的纸质文献，无论装订或散页，如打印或手稿报纸、图书、书信、邮票、纸张藏品、宣传册和地图、图纸等。

档案馆与图书馆有很大区别。档案通常只有一份，而图书一般会出版多册。档案与图书的装订方法也有很大不同。如果要进行脱酸活动需要考虑的因素有：由于档案馆内的档案都是30年以上，除了战时文件其余都保护得非常好，脱酸更适合于脆弱的战时档案。国家档案馆的档案不是大规模装订的，从特定档案盒中抽取再放回档案不容错漏。部分涉密内容不能脱离NARA控制范围。所以，与LC不同，NARA的藏品在物理、知识层面都有差异，这也导致其在评估是否应用大规模脱酸技术时非常谨慎。

NARA的考虑为其他机构应用大规模脱酸技术提供了参考，包括应用大规模脱酸技术需要哪些物质基础？预期目标是什么？具体操作是否具有可行性？应用风险是否在可接受范围内？应用大规模脱酸技术与本馆的知识控制是否可衔接？

【思考题】

1. 氧化镁脱酸法的主要流程是什么？有哪些注意事项？
2. 大规模脱酸需要考虑哪几方面的因素？

案例4-2 佛山市档案馆编制的灾害应急预案[①]

【案例简介】

为建立健全应对突发性重大灾害紧急处置机制，提高佛山市档案馆的安全保障和救灾能力，确保馆藏档案安全，最大限度地减少灾害损失，佛山市档案馆现结合本馆实际情况，制定本预案。

一、组织领导

（1）成立市档案馆抢险救灾领导小组和市档案馆抢险救灾工作队，由馆长任组长，其余班子成员任副组长，各科室负责人任成员，其职责是负责应急抢险工作的组织领导和抢险现场的组织指挥。

（2）抢险救灾责任人顺序：①馆长；②副馆长及纪检组长；③档案管理科负责人；④库房管理人员；⑤其他科室负责人；⑥门卫值班人员。

（3）协调指挥：抢险救灾领导小组负责抢险救灾工作的决策与协调，具体负责救灾现场的组织实施与指挥，现场工作人员必须绝对服从，不得各行其是。

二、预案目标

（1）在应急的情况下，采取最有效行动消除对馆藏档案、资料的威胁。

（2）保护未受损的档案、资料。

（3）抢救已受损的档案、资料。

三、灾害种类

灾害可以分为自然灾害和人为灾害两大类。自然灾害通常是自然现象引起的，如地震、雷电、洪水等；人为灾害一般是人类失误导致的，如漏雨、漏水、电线私拉乱扯和线路老化短路、起火（包括蓄意纵火、爆炸、战争等）。上述灾害如果使档案馆的设施、设备、档案、人员发生威胁，出现险情，应及时进行处置。

① 案例来源于佛山市档案馆：《佛山市档案馆灾害应急预案》，https://wenku.baidu.com/view/76ba10db1611cc7931b765ce050876323012741f.html。

四、抢救重点

（1）重点监视区：一楼总台、现行文件阅览室、查阅室和裱糊室、消毒机室、一楼至五楼9个档案库房、三楼计算机中心、六楼影像室和数字化处理室、八楼方志办地情库。

（2）档案资料抢救顺序：①市委、市人大、市政府、市政协档案；②民国档案；③各部委局办（企事业单位）档案；④名人档案；⑤声像档案；⑥图书资料。

五、应急准备

（1）建立灾情预警联络系统：由市档案馆抢险救灾责任人负责与公安消防、水文、气象、地震、人防等部门联系，建立有关突发性重大事件报告制度。将档案馆列入相关的重点管理单位，及时沟通信息，按要求做好灾情预警工作。

（2）完善抢险救灾的日常训练工作：市档案馆及方志办所有人员均应熟悉自己的抢险岗位、职责，消防器具的存放位置、使用方法等，真正做到责任到人，措施到位，方法得力。

（3）档案管理科要完善抢险救灾器材配置，保障后勤供给。消防器具应每年检查（更换）一次，并与相关科室配合，保证消防通道畅通。

（4）所有库房均应配备钥匙三套，一套由总服务台人员使用，一套由库房管理人员使用，一套由档案管理科科长保管以备急用。

（5）建立档案安全检查制度，把安全工作的重点从事后处理转到事前防范上来，树立预防重于抢险的思想。库房管理人员应对库房安全情况进行检查登记，加强对重点部位的检查，发现问题和隐患要及时整改。

六、应急行动

（1）基本行动：按照分工，档案管理科负责人及现场第一人应立即拉响警报，在可能的情况下利用一切应急抢险工具阻止灾情，保护未受损的档案，并及时向领导汇报。

（2）档案管理科应协调消防、搬运等环节的组织实施和后勤保障工作。

（3）应急预案的操作步骤：分一般性灾险、较大灾害和重大灾害三种情况。

①一般性灾险的操作步骤。

A. 凡发现馆内任何部位有被烧烤异味或库房屋顶、地面漏水等异常现象，每个人都有责任立即告知周围其他人，并迅速通知档案管理科负责人及库房管理人员，共同查找险源。如果险情不大，自己能处置的，要立即采取切实可行的办法迅速扑灭险情。

B. 不能处置时则立即报告抢险救灾领导小组组长。

C. 抢险救灾领导小组组长接报告后立即到现场确认险情，并迅速采取措施进行处置。

D. 查明原因，彻底解决问题。

②较大灾害的抢险步骤。

凡发现档案库房灾险情况较严重，搞不清虚实或估计依靠自身力量不能处理的，应立即发出警报，呼叫抢险救灾工作队全体人参加抢险。抢险救灾领导小组组长指定专人迅速完成以下工作：

A. 立即拨叫消防电话 119 及与抢险救灾有关的外界联系电话，明确受灾地点。

B. 打开通往险区的通道大门。

C. 通知市府大院东门值班员，保证大门畅通，为消防车的靠近做好准备。

D. 消防队到来之后，应及时简介险情，一切听从消防人员的指挥。

E. 发现库房进水时，应立即通知档案管理科负责人或抢险救灾小组组长，查找原因，排除隐患，并先利用现有人员采取一切措施，以保障档案资料的安全。

③重大灾害的抢险步骤。

发生危害档案的灾害时，可按上述较大灾害抢险步骤进行排除。如同时涉及人员伤害时，要兵分两路，一路应及时将受伤者迅速转移到医院进行抢救，一路抢救档案资料。若险情危及供水、供电、通信、污水管线等又自身不能处理时，应及时通知有关部门进行抢险工作。

七、值班责任

凡在工作时间以外，如双休日、节假日时间出现灾情时，门卫值班人员、局馆值班人员及值班领导为直接救灾责任人，其责任是：

（1）落实 24 小时值班制度，确保通信畅通，对楼内各部位做到勤转、勤看、勤检查。

（2）拨打电话报警。

（3）拨叫电话通知抢险救灾小组领导或其他责任人。抢险救灾工作队员接到求助电话应迅速到达指定地点。

（4）可能的情况下，阻止灾情。

（5）请求市府保卫科及市府东门值班员，迎接消防车、供电抢险车等及其他抢险人员的到来。并向消防等人员指明灾险部位。

（6）抢险结束后，负责向领导报告发生灾情情况。

八、善后工作

灾情消除后，立即做好以下工作：

（1）抢救能够补救和修复的档案。

（2）将灾害发生原因、造成损失及处理结果报告上级。

（3）及时将事件原因、经过、处理结果记载清楚，由经办人和见证人签名后归档。

九、奖惩措施

根据情况对抢险救灾有功人员进行表彰和奖励，对消极冷漠、贻误战机、不听指挥者给予处分，对有关事故责任人将按有关规定严肃处理。

【背景】

2008年5月12日汶川发生地震，北川县档案馆仅能从废墟中清理出少数档案；2010年4月14日青海玉树发生地震，玉树市档案馆受损严重；2010年10月海南特大暴雨，文昌档案受损；2016年7月，武汉发生洪涝灾害，大量的城建档案亟待修复……档案是珍贵的历史记忆和人类文化遗产，是社会财富的重要组成部分，而这些突发事件对档案的安全产生了巨大威胁，一旦遭受突发事件的破坏，极易造成各种有形无形的、无法挽回的损失。

【原理】

应急预案又称应急计划，是针对可能发生的突发事件，为保证迅速、有序、有效地开展应急与救援行动、降低人员伤亡和经济损失而预先制订的有关计划或方案。它是在辨识和评估潜在的重大危险、事件类型、发生的可能性及发展过程、事件后果及影响严重程度的基础上，对应急机构职责、人员、技术、装备、设施（备）、物资、救援行动及其指挥与协调等方面预先做出的具体安排。

应急预案主要包括应对突发事件的组织领导，抢救档案的重点和顺序，档案库房所在建筑供水、供电开关及档案库区的位置，紧急处置的步骤和方法，应急队伍的组织，灾情消除后的善后工作等。

应急预案的作用体现在三方面：一是维护档案安全的重要手段，二是提升档案部门应急管理能力的关键举措，三是档案安全体系建设的重要内容。

【案例解读】

应急预案编制是档案应急管理工作的核心任务之一，也是档案安全体系建设的重要内容。对于维护国家的历史记忆、构建档案安全体系来说，加强应急预案编制工作是重要一步，同时，确保档案安全保密、提升档案安全保障能力，也能够促进档案事业全面、健康、可持续发展。案例中的佛山市档案馆灾害应急预案为应急制度建设提供了良好的行动参照：

第一，成立应急预案编制小组。该预案要求成立市档案馆抢险救灾领导小组和工作队，明确其职能职责和责任顺序，为应急预案管理提供组织领导保证。

第二，明确预案制定的目标，并依据重要程度对抢救工作进行排序。

第三，完善应急活动的保障体系。一方面，建立健全灾情预警系统、档案安全检查和日常训练机制；另一方面，配备抢险救灾的设备器材，保障后勤供给。

第四，明确具体的响应措施。市档案馆对灾害进行三级分类，包括一般性灾险、较大灾害和重大灾害，并针对性制定各级灾害的应急措施。

第五，明确灾后善后工作和奖惩措施。

案例中该市档案馆的应急预案基本覆盖了档案馆灾害应急的防范、响应和抢救修复等内容，从目标、设备到制度多方面设计预案，除为档案馆应急管理提供了案例参考外，也存在如下问题。

一是灾害的评估定级模糊。该预案中对于灾害的分类、定级缺乏明确的评估体系，档案馆应急预案编制人员应在详细调查本馆情况的基础上，形成本馆的风险评估体系和灾害定级，进而形成综合性灾害应急预案和有针对性的灾害应急预案。

二是预案内容有待细化。一方面，案例预案中的部分内容设置较为空洞，条款规定要求不够翔实具体，降低了预案的可操作性、明确性，如善后工作报告内容、绩效考评、奖惩措施模糊，易降低相关工作人员责任感和积极性。另一方面，预案内容不够全面，缺乏风险分析、信息传递、档案备份、档案修复、重点档案目录及清单、档案存放位置图等内容。

三是预案内容一般化，没有体现地域特色或突出本馆特征，内容多为原则性的规定、措施，缺乏具体性、明确性。

【思考题】

1. 档案部门应急预案的基本内容应包括哪些?
2. 档案部门应急预案编制的基本思路是什么?

案例 4-3　广州地铁集团档案安全防范的经验①

【案例简介】

在档案管理信息化时代，档案安全管理更倾向于档案信息保护，但针对保密技术防范方面的研究相对较少，这其实是整个行业都面临的普遍性问题。档案数字化、信息化给档案管理带来了很多新的安全隐患，给档案信息保护带来了难题，档案失泄密风险明显增大，泄密载体由以纸质为主发展到声、光、电、磁等多种形式并存，档案面临内容泄露或被篡改、加密失效等危险。广州地铁集团十分重视档案安全防护问题，各项档案安全防护措施在管理标准体系中都有阐述。此外还结合档案管理实际情况，把保密技术防范措施落实到各档案管理环节，促使保密工作与档案业务工作齐头并进。

广州地铁集团对档案安全问题的防范主要从以下四个方面进行：

（1）建立规范性的档案保密管理体系。

① 案例来源于陈艳艳、何秋英：《档案保密技术防范问题与对策研究——以广州地铁集团为例》，《兰台内外》，2019 年第 22 期，第 73～74 页。

强化档案的形成环节的管理。档案形成环节参与方众多，稍有不慎就有可能导致泄密。由于档案形成过程引入了社会力量，确保档案的实体安全和信息安全就变得尤为重要。除对合作方进行严格的资质审查外，还针对合作方建立管理制度和业务标准，对合作方人员进行安全保密培训，与合作方签订合作保密协议，与其人员签订保密承诺书，起到约束作用。

严格档案日常管理制度。按照档案保密技术防范管理要求，加强对专兼职档案管理员的保密教育，严格履行查询、借阅管理手续办理，认真履行登记、审批签字手续，未经审批严禁擅自查询及借阅。借阅手续附加保密协议书或保密承诺书，档案使用完毕后及时清对、检查，发现失密、泄密新问题及时查明原因并补救。在大力开展档案利用工作的同时，确保不失密、不泄密及文件的完整无缺。

加强对档案管理系统的使用和维护。建立档案系统加密制度，使用者权限、身份信息、授权信息、操作信息增设访问控制、身份认证。从访问权限、身份认证方面做好电子档案保密工作。档案管理系统的技术维护选择具备涉密资质的企业承担，加强对维保人员的保密教育，签订保密协议或保密承诺书。

严格对使用移动存储介质的使用管理。存储档案信息的光盘、优盘、移动硬盘等移动存储介质按照涉密载体管理，严禁在互联网网盘、云盘、电子邮箱、即时通信工具（如微信、QQ）等存储、处理、传输档案信息，严禁在基于互联网的移动办公系统上传输档案信息，严禁在互联网各类网络传媒的制作和播放中涉及档案信息。

（2）建立差别性的档案保密防护技术措施。

分类和筛选档案信息。企业档案信息一般包括企业的生产、管理、经营、技术等档案信息，将这些信息要分类及筛选，把涉密的、核心的、重要的企业档案信息纳入重点管控的范围。采用编码方式对重要档案信息进行管理，在档案信息的形成、保管、利用方面进行差别性的全链条管理；研究金字塔型的分级保密防护技术措施，按级别要求建立对应的保密防护技术措施。

防护管理重要的档案信息。一是建立有差别的保管方式，对重点管控的档案信息要建立完善的保密防护标准，对管理的场所、匹配的装备、管理员身份级别、保密技术要求等进行专业审核，与一般性的档案信息防护区分开来；二是建立有差别的档案利用方式，严格把控涉密的、核心的、重要的企业档案信息，了解档案信息使用的去向，明确使用范围及禁止性要求，履行档案信息使用审查机制，最大限度地减少失泄密风险。

对重要档案信息进行全程监控。对于企业重要档案信息，在档案的形成、保管、利用等过程实行档案专员管理，将档案安全风险作为突破口，建立相关的保密防护监督检查制度，确保对重要档案信息进行跟踪及监控。

（3）建立系统性的档案保密技术防范机制。

及时升级档案保存硬件设施。档案存放的环境符合保密要求，除了档案库房要坚固，有防火、防盗、防高温、防潮湿、防虫设施等基本性要求外，采取必要的预防措施和设置必要设备，特别是安装红外线监控进行全方位监控，引进加密设备全面防护，确保档案存放的环境安全并能实时监控。

采用全面综合的档案保密技术。实现档案全生命周期的管理，在档案形成、保管、利用等环节进行有效的保密防范。其中，要特别做好利用这个环节，因为档案利用涉及信息化更多，而在信息化过程中容易出现失密泄密，因此采用当今先进的保密技术措施对档案进行防护显得十分必要。一方面了解相关的保密技术措施，并结合企业自身的情况加以选择；另一方面充分学习保密技术的操作规程，掌握保密技术的操作技能。用最新的保密技术防护档案信息，确保密档案信息安全可控。

加强档案保密技术的防护和检查。其主要是指对档案进行保密防护，使之不被窃取或丢失。比如采用防复印复制技术、防丢报警技术、应用于计算机信息系统的保密技术防止档案信息在计算机或网络中被泄露或窃取。加强信息安全管理，防止计算机病毒、不法黑客的侵入，特别是在传统载体档案数字化、电子文件归档与电子档案管理的安全保密工作中，采取有效措施严防篡改、丢失、外泄，在技术上进行有效防护。

（4）强化对档案保密技术的运用。

始终以档案安全为中心，把保密技术应用于各管理环节，增强保密意识观念，积极主动地运用新保密技术防范档案风险；加强与保密技术服务机构的沟通，及时了解最新技术；加强对保密技术的学习，采用跟班式、仿真实训等方式进行学习，切实提高保密技术防范水平。

档案保密技术防范与研究扣紧档案管理的各个重要开关口，在档案管理全过程运用科学的保密技术，采取规范性、差别性、系统性的保密技术防范措施，切实加强档案信息的监控管理，提升档案保密综合防范能力，筑牢档案保密防线，努力为新时代档案保密工作转型升级保驾护航。

【背景】

2020 年修订的《中华人民共和国档案法》明确将档案数字资源分为电子档案和传统载体档案数字化成果两大类。数字档案信息安全是数字档案管理工作的基本要求，直接影响数字档案信息资源的储存利用及档案事业进展。但是，在自由开放的互联网背景下，数字档案信息面临极大威胁，稍有不慎就可能造成巨大损失。数字档案资源的安全保密成为现阶段档案工作者面临的重要课题。

【原理】

档案安全是档案工作的底线和根基，是总体国家安全观的必然要求。档案信息安全是档案安全的重要组成部分，应包括存量数字化安全和增量电子化安全两个部分。存量数字化安全主要涉及档案数字化实施流程安全、档案数据迁移安全。增量电子化安全主要涉及电子文件归档安全、电子档案管理安全、电子档案利用安全。

【案例解读】

从广州地铁集团档案保密技术防范案例中我们不难看出，其侧重点在数字档案资源的安全管理。该集团重视档案安全防护问题，结合档案管理实际情况，把保密技术防范措施落到各个档案管理环节，制定了相应的管控策略进行规范。从该集团对数字档案资源的安全管理中可总结出以下几点成功经验。

（1）数字档案资源安全管理需要完备的管理规范。

无论是对电子档案形成环节的管理、档案日常管理制度的制定、移动介质的使用还是对档案重要程度的划分，都可以通过管理规范的形式进行固化。在培训新老档案工作人员时就可以将详细的管理规范作为培训内容之一，要求工作人员熟悉并按照管理规范行事。单位可以成立领导小组，通过借鉴其他机关的先进经验并结合自身实际情况制定合理的制度，实现规范管理的目标。

（2）数字档案资源安全管理需要软硬件的配套升级和对新技术的合理运用。

在上述案例中，该地铁集团及时升级档案保存硬件设施、推行全面综合的档案保密技术并随时关注新技术的出现与应用，不断向构建完整档案安全管理体系的目标迈进，为其他单位的档案安全管理体系建设提供了良好的示范。

同时以下两点需要注意：

①实体档案的安全管理同样非常重要。

在对该地铁集团档案安全管理的案例介绍中，将侧重点放在数字档案资源安全管理上，对实体档案安全管理的介绍一带而过。这是对目前海量电子档案的产生以及电子文件单套制管理发展方向的回应，是符合实践发展趋势的选择，但是对实体档案的安全管理不应轻视。档案价值并不因载体不同而有所区分，相当一部分纸质档案也有重要的档案价值。

②保密工作与利用工作不应厚此薄彼。

在上述案例中，档案安全管理和档案保密工作几乎被等同了，这样的理解是不准确的，档案安全管理的范围大于档案保密工作。在强调国家安全观、重视档案安全的背景下，强调档案安全工作是正确的，但档案保密程度过高可能会影响合理的档案利用，需要把握好保密和利用的尺度。

【思考题】

1. 结合实际思考实体档案安全与档案信息安全的关系。
2. 结合实际思考档案保密工作和档案利用工作的关系。

案例 4-4　意大利国家档案馆珍贵档案被盗案[①]

【案例简介】

2020 年 6 月中旬，近 1000 面法西斯横幅在意大利国家档案馆被盗。这些横幅是

① 案例来源于 Nick Squires：Fascist banners worth millions of pounds stolen from state archive in Italy，https://www.telegraph.co.uk/news/2020/08/04/fascist-banners-worth-millions-pounds-stolen-state-archive-italy/。

1922年政变时贝尼托·墨索里尼（Benito Mussolini）的支持者们使用过的。

据评估，由于具有极高的历史价值，这些横幅在黑市上的收购价可能高达500万欧元。横幅上还附有狂热法西斯分子的私人随身物品，如纽扣、军衔徽章甚至是浸过血的碎布等，因此某些人会选择高价收藏。尤其是在2022年罗马大游行100周年之际，这些藏品很可能会升值。

目前，专门打击文化遗产犯罪的准军事警察宪兵队正在调查这起盗窃案。调查人员认为，这可能是档案馆内部人员所为，显然窃贼很熟悉监控摄像头和警报的位置，并且利用了档案馆修复翻新的时机行窃。

【背景】

档案防盗是档案实体安全中重要的一环。如果说受到自然灾害损伤的档案面临的主要问题是修复，那么失窃档案面临的就是极大的信息泄露隐患，涉及国家重大机密的档案失窃给国家带来的损失更是不可估量。习近平总书记对国家安全做出了重要指示，这要求档案工作者进一步提升对档案安全工作认识的高度，用总体国家安全观指导工作，切实保障档案的绝对安全。

【原理】

《档案馆工作通则》第十二条规定：档案库房必须坚固实用，并应具有抗震、防盗、防火、防水、防潮、防尘、防虫、防鼠、防高温、防强光等设施。档案库房的建设应遵循按照可靠、先进、实用、经济的原则；严格按档案安全保护的“十防”（防高低温、防盗、防火、防水、防虫、防鼠、防尘、防光、防霉、防污染）和“八不准”要求进行。“防盗”是档案馆室“十防”工作里面非常重要的组成部分。《档案馆建设标准》（建标103—2008）第三十七条提出：档案馆建筑应设置门禁、报警、监视监控等安防系统。档案馆在防盗方面做出的努力也是从这几方面切入的。

【案例解读】

结合材料，我们可以分析出档案失窃的几个原因。

（1）档案本身具有极高的价值。

档案是人类社会活动的原始记录，是一个国家、民族的历史财富和文化遗产。材料中提到的失窃档案能在黑市上拍出极高的价格，吸引不法分子的觊觎。

（2）管理制度存在一定漏洞。

在类似的档案失窃案件中，有的作案者系档案馆内部工作人员。管理制度的不严格非常容易被“家贼”利用，导致档案失窃。管理制度存在的问题具体可分为以下两种：

首先是对相关人员的审查不严格，缺乏日常管理机制。如2007年美国国家档案馆曾经有一名实习生利用工作之便，盗走馆内收藏的165份美国南北战争时期的文件。国内也曾发生档案馆内工作人员将藏品盗出售卖的案件。这说明对档案馆内工作人员行为的安全检查力度还不够。

其次是对档案库房的日常检查力度不够。不少档案的失窃并非由档案馆工作人员发现，而是利用者要求调取时才发现被盗。这证明库房工作人员对库存档案的例行检查不够，未能及时发现档案失窃，错过了对失窃档案追回的最佳时间。

（3）工作人员态度、思想松懈。

国外一些国家档案馆的档案大量被盗甚至频繁被盗，说明档案馆工作人员在认识上存在松懈的情况。一是对目前的安保措施盲目自信。虽然档案馆建设时会配备必要的安全设施，其中相当一部分安全程度比较高，但是这并不能保障档案的绝对安全，档案人员应当提高警惕加强检查。二是对档案价值认识不够充分，工作态度懈怠。部分档案工作人员没有充分认识到档案的价值，对档案的检查执行不彻底，给档案盗窃者提供了可乘之机。

针对上述案例中档案馆在档案安全方面存在的问题，档案馆可以三个方面加强管理。一是加强法律意识的宣传和教育。法律意识的教育不仅面向社会公众，更要面向馆内工作人员，强调盗窃档案以及失职所需承担的法律责任。二是加强库房安全制度的制定和落实，将对档案库房安全检查的责任落实给每个档案工作人员并实行严格的追责制度。三是完善事故应急处置方案。除了利用不断更新的技术之外，设置档案应急响应小组，在档案失窃发生的第一时间就启动应急响应，采取相应措施。

【思考题】

1. 档案失窃造成的不良影响主要体现在哪些方面？
2. 档案工作人员还可以为档案防盗做出哪些努力？

案例 4-5　美国华人博物馆内档案馆和西班牙布里昂市档案馆的两起火灾①

【案例简介】

1980 年，美国华人博物馆在曼哈顿唐人街成立，其内设的档案馆保存了大量华人在美国的生活片段以及各领域取得的成绩，包括一些极为珍贵的信件、照片及 1882 年排华法案文件等。2020 年 1 月 23 日，纽约曼哈顿唐人街区茂比利街 70 号大楼发生火灾，殃及楼内的美国华人博物馆，其内设的档案馆也因火灾受损严重。火灾发生后，档案馆员工和志愿者陆续从失火楼宇中搬出约 800 箱馆藏和珍贵艺术品。据初步评估，几天来抢救出的馆藏约 80%在救火时被淋湿，但大部分尚可挽救。档案馆工作人员回忆，仍有很多非常有价值的档案和文物尚未得到抢救，比如在美国仅存的 2 台中文打字机以及一些珍贵的典籍、书信、家庭历史资料等。

---

① 案例来源于：Museum of Chinese in America archives not lost，https://www.atlasobscura.com/articles/museum-of-chinese-in-america-archives-not-lost。

时隔不久，2020年6月16日下午2点30分布里昂市档案馆发生火灾。该市应急小组工作人员迅速进行干预，减少了损失。尽管火灾造成了破坏但并未影响历史文献。在未得到专家确认的情况下，所有迹象都表明，火灾是由除湿机的电源插座引发的，但不确定是安装问题还是设备本身问题所造成的。火灾发生时，市政办公室的工作人员及时报警并发出警告，使得快速行动成为可能。

【背景】

火灾对档案馆馆藏造成的损失几乎是毁灭性的。2018年5月28日，菲律宾国家档案局发生火灾。档案局保存了来自西班牙和美国殖民时期的珍贵历史文献，这场大火几乎使菲律宾国家档案局遭受灭顶之灾。2019年7月12日，位于莫斯科北部的俄罗斯国家文学艺术档案馆发生火灾，过火面积达150平方米。俄罗斯国家文学艺术档案馆是全国同类馆中最大的一个，保存着有关俄罗斯艺术、音乐、剧院、电影和造型艺术的丰富史料，火灾导致的损失难以估量。

【原理】

档案库房是档案的保管中心，主要以保存纸质档案为主。一旦发生火灾，造成的损失难以弥补。《档案馆工作通则》第十二条规定：档案库房必须坚固实用，并应具有抗震、防盗、防火、防水、防潮、防尘、防虫、防鼠、防高温、防强光等设施。档案库房的建设应遵循按照可靠、先进、实用、经济的原则；严格按档案安全保护的“十防”（防高低温、防盗、防火、防水、防虫、防鼠、防尘、防光、防霉、防污染）和“八不准”要求进行。“防火”是档案馆室“十防”工作里面非常重要的组成部分，目前常用的灭火剂主要有以下几种：①水。②泡沫灭火剂。③二氧化碳灭火剂。④干粉灭火剂。⑤哈龙灭火剂（卤代烃类）替代品。后来出现了一些替代哈龙灭火剂的环保产品，主要有如下两种：①新型惰性气体灭火系统——IG－541混合气体灭火系统。②细水雾灭火系统。

【案例解读】

美国华人博物馆内的档案馆由于火灾导致档案遭受重大损失，这说明档案馆可能存在档案馆建筑不符合防火设计要求、馆内存在火灾隐患等问题，为了解决这些问题，具体可以从以下两个方面进行考虑。

一是保证档案库房建设符合防火标准。目前，我国已经有《档案馆建筑设计规范》《建筑设计防火规范》等规范性文件，对档案馆建筑的防火标准有重要的指导意义。例如，档案库房与四周建筑物之间应保持一定的防火间距，特级、甲级档案馆和属于一类高层的乙级档案馆建筑均应设置火灾自动报警系统，馆区应设室外消防给水系统，档案库内不得设置明火设施等。只要档案库房的建设符合防火标准，在火灾发生时就能够为档案的抢救争取更多的时间，从而减少损失。

二是加强档案馆安全制度建设和落实。档案馆领导和管理人员要牢固树立“安全第一，预防为主”的思想，采取有效措施确保档案安全工作万无一失。档案馆内除了照明系统之外还配有计算机、复印机、空调等多种电器设备，无论是设备本身的问题还工作人员操作失误等现象引发火灾事故，对档案造成的伤害都是不可逆的。所以档案馆必须加强安全制度建设并严格执行，将进行火灾隐患检查的责任落实到个人，最大限度排除火灾隐患。

虽然上述案例中火灾的发生对档案造成了不可逆的损害，但是档案馆面对火灾的应急处理非常迅速，减少了不必要的损失，对于设置和完善应急预案仍有值得我们借鉴的地方，具体表现在以下几点：

一是积极作为，提高应急反应速度。美国华人博物馆内档案馆火灾发生于1月23日，截至1月29日，档案馆工作人员和志愿者已经抢救出首批100多箱馆藏档案，之后3天又陆续从失火大楼中抢救出约700箱馆藏档案和珍贵艺术品。布里昂最高人民紧急小组的工作人员也在火灾发生后迅速介入，避免了更大损失的产生。

二是应急处理时基于综合考量做出决策。例如，布里昂市级档案馆的大火产生了严重的烟雾，影响了整个建筑，因此，在火灾发生后使用了臭氧加农炮来消毒和消除该地区的异味。这一举措以及选择的工具和药剂都体现了对当地人民负责的态度。火灾时档案馆会面临采取何种方式灭火等众多选择，综合各方面因素做出最有利的决策是需要被一以贯之的理念。

三是在条件允许的情况下推进数字化工作并备份。美国华人博物馆内档案馆中有大量档案被大火损毁或在灭火时因被打湿而损坏，但是值得庆幸的是，档案馆内的3.5万件藏品已经完成了电子化存档，这部分档案仍可以数字化版本向社会提供利用，所以对珍贵档案进行数字化处理并备份是防止其意外损毁最有效的手段。

【思考题】

1. 不同起因的火灾分别应该采用哪种灭火剂？
2. 导致档案馆发生火灾的因素一般有哪些？

案例4-6　云南省重要档案和电子档案异地备份库的建设[①]

【案例简介】

2016年6月2日，云南省重要档案和电子档案异地备份库建设项目通过竣工验收，西南地区首家功能完善、设施齐备的档案备份基地正式诞生，从此担负起全省重要档案和电子档案集中备份、安全保管的历史使命。备份基地在省档案馆战备库（亦称为“后库”）原址上修建，群山环抱，隐蔽安静。从最初的砖瓦红房、仓库式实体保管到今日

---

① 案例来源于苏晓霞、叶惠杰：《大山深处的石室兰台——云南省重要档案和电子档案异地备份库建设纪实》，《云南档案》，2017年第11期，第14～17页。

高楼园林、现代化数据信息备份存储，标志着档案管理工作逐步向标准化、集约化、规模化、现代化发展。

2011年至2014年，云南省档案局争取到国家重点档案抢救与保护专项资金，分年度总计安排了500万元，修复后库倒塌的围墙，挖掘水井以保证日常用水，拆除小库房、平整土地，先行初步建设晾晒场所、阴晒场所，改造库区外道路以便工程车出入，为日后项目建设顺利开展做好准备。同时，省档案局还向省委编委争取编制，于2012年增设了电子档案备份处（后更名为备份管理处），明确其负责日后备份库的管理以及备份工作。

2012年，省发改委同意省重要档案和电子档案异地备份库建设项目立项。随后，项目建设得到了省发改委、省财政厅的大力支持，批准项目总投资3700余万元，建设规模4200余平方米。项目于2014年10月开工。建成后备份库集重要档案实体保管、电子档案备份管理、技术人员培训等功能于一体，主楼共五层，有3679平方米，内设屏蔽计算机房、普通计算机房、纸质档案库房、离线介质库房、业务用房等场所；配置了业务交流用房、培训用房，可满足百人左右业务人员的培训需求。库区建设了档案室内阴晒房和室外晾晒场，以备因灾受损档案的晾晒恢复使用；新建了消防水池，并增加喷淋设备，将原消防水池改造为污水净化池，既满足消防需要，又充分体现环保要求，同时起到保持备份库园区温湿度相对恒定的作用；建设后勤服务楼543平方米，设置了警卫室、值班室等。

备份库建成后，省档案局在软硬设施设备配置上下大功夫，从经费、人员、设备、制度等方面为备份工作顺利开展提供了很好的保障，基本实现了验收之日即投入使用之时。备份库配备了价值近千万元的消防、安防、空调、晾晒、缩微胶片柜、离线存储介质柜、离线硬盘存放柜等专用设施设备，建立了电子档案备份数据存储管理系统，全省电子档案集中备份的基础设施和技术保障架构初步成形；制定了备份库管理规定，建立备份管理处相关技术人员每周轮流到备份库值班制度，确保备份库时时有工作人员值守，发现问题及时解决；制定了《云南省电子档案集中备份管理办法》，组织全省各级综合档案馆就集中备份工作开展了研讨培训，为开展云南省重要档案和电子档案的集中备份工作作了广泛的动员。此外，备份库日常运行维护经费还纳入省级财政预算，确保备份库的保全安卫、保洁、安防、消防、电力、供水、空调、服务器机房、绿化等各项工作能正常开展。2017年始备份库开展离线介质备份工作。

【背景】

国家档案局于2009年提出为确保国家档案安全，各级国家档案馆要通过建立异地备份库等形式，对本级重要档案及电子文件实行异地备份，对重要的电子文件还要实行异质备份。国家档案局大力提倡和支持省级和副省级城市档案馆自愿结对，互为对方建立档案备份库。时至今日，全国省级和副省级城市互为异地备份库已基本建成，各级综合档案馆电子档案异地异质备份工作已全面开展。2020年最新修订的《中华人民共和国档案法》第三十九条第三款规定，档案馆可以对重要电子档案进行异地备份保管。档案的异地异质备份保管对于保障档案信息安全有重要的意义。

【原理】

异地备份指将数据在另外的地方产生一份可用的副本，此副本需要做数据恢复，可立即投入使用。近年来，伴随着信息化的推进和技术的进步，电子档案大量涌现。档案异地异质备份成为目前条件下有效应对突发事件和自然灾害，确保档案完整、安全和保密的重要措施和有效途径，也是确保电子档案信息绝对安全的最根本措施。

【案例解读】

在计算机和信息技术全面普及的时代，档案的电子化管理模式体现出种种优势，给社会利用档案带来了很大便利。但是，人们对于网络系统的依赖性和信息资源在人为攻击和自然灾害面前显示出明显的脆弱性，使电子档案的异地备份尤其重要。从云南省建设重要档案和电子档案异地备份库的经验中，我们可以总结出档案异地异质备份过程中需要注意的几个问题。

（1）相关制度规范需要不断完善。

目前，对于什么是“重要档案”学界还没有提出明确的说法，国家也没有对电子档案的异地备份建设提出统一的规范化建议或标准，这就需要各省各馆在建立备份库时注重管理办法的制定和对接。如材料中所述，云南省异地备份库在建设时制定了备份库管理规定，制定了《云南省电子档案集中备份管理办法》，这些管理政策的制定都能够推进备份库的规范建设。

（2）备份库软硬件设备需要不断更新。

以该省的电子档案异地备份库为例，省馆存量数字化档案已达到近 9000 万画幅，全省各级档案馆已累计完成文件级目录数据 7600 万条，数字化档案 3.2 亿画幅，海量的档案信息和民众日益增长的利用需求对档案信息的安全保存提出了越来越高的要求。该省的异地备份库整合了重要档案实体保管、电子档案备份管理、技术人员培训等多种功能，配套设施也经历了更新，这是对社会发展需求的合理回应。同时该库建设有极大的人力、物力、财力投入，需要政府的资金支持。备份库建设如果得不到足够且有效的投入，电子档案的接收、存储、备份及安全管理工作的开展也将受到制约。

（3）备份库选址需要更加科学。

我国地域辽阔，为电子档案异地备份管理的选址提供了更多的选择。电子档案异质异地备份需要综合考虑城市的地理、社会、环境、经济等因素，以该省异地备份库的前身战备库为例，早期库房远离市区，不利于档案业务工作开展，同时在档案运输途中也会出现安全问题。从实际情况来看，有些城市本身就位于地质灾害多发区，显然不适合做档案的异地保管场所。综上，档案异地备份的选址需要对安全保密和提供利用进行综合考虑和科学选择。

【思考题】

1. 档案异地异质备份的可行性和必要性体现在哪些方面？
2. 目前档案异地异质备份工作中还存在哪些问题？

案例 4-7　鞍山市城建档案馆库房安全综合管理系统的建设①

【案例简介】

经过 1 年的设计和建设，鞍山市档案馆初步实现了库房自动防盗声光报警管理、动态视频监控、防火灭火等功能。

一、档案库房自动防盗声光报警管理功能

（1）在档案库房内秘密位置，各安装红外微波双鉴探测器 1 个，以监测非法侵入。

（2）相关设备器件配置。1 号库房秘密位置设置防盗报警控制器 1 个、红外双鉴探测器 6 个；2 号库房秘密位置设置防盗报警控制器 1 个、红外双鉴探测器 4 个，分设对射和散射对组。

（3）红外双鉴探测器：红外微波双鉴，探测范围为 7.6 米×13 米。

二、档案库房动态视频监控功能

（1）将档案库房门口外走廊、库房区门口内及档案馆周边作为防区，安装红外彩色摄像机，对进入库房区、库房内的所有人员进行监控，将隐患消除到萌芽状态，在夜间自动启动红外灯，在无照明情况下，仍能得到图像。

（2）若出现责任事故，可通过数字硬盘录像机的录像、回放、查询等功能，追溯查找原因。

（3）布线。摄像机 12V 电源由主控室开关电源集中供电，视频线采用 75 欧姆优质电缆；监控部分供电实现全部弱电供电，彻底消除布线安全隐患。位置设计为秘密位置。

三、档案库房防火灭火功能

档案馆库房周边工地林立，居民众多，极易起火。因此，档案库房防火应搞好库房周边防火和库房内部防火。

（1）档案库房周边防火。根据《档案馆建筑设计规范》规定，市档案馆建好了室外消防用水系统，保证库房周边消防通道畅通，随时保持同消防部门联系。

---

① 案例来源于王蕾：《鞍山市城建档案馆库房安全综合管理系统建设》，《兰台世界》，2015 年第 S2 期，第 62 页。

（2）档案库房内部防火。根据《档案馆建筑设计规范》中的强制规定，市档案馆的档案库、服务器机房、空调机房等房间应设置火灾自动报警系统。

档案库房的管理逐步现代化，用电设备越来越多，库房防火中的“预防”，应主要防设备用电起火。因此，库房选用的电线、电器应有国家质量认证，电线、设备应请有资质的专业公司安装。库房内的电器安放位置应尽量远离档案。

火警报警设备有烟感报警器、温感报警器、报警主机、声光报警器、应急照明、应急广播等。烟感报警器在烟雾达到一定浓度时报警。温感报警器在温度达到60℃以上时报警。报警主机能接收、显示和传递火灾报警信号，能发出控制信号和具有其他辅助功能。声光报警器在发生火灾时报警。应急照明在库房发生火灾且断电后启动，方便人工灭火或使用。

（3）市档案馆对综合灭火效率、毒性、安全性、储存安装方式及场所要求、造价成本、使用成本等指标进行了全方面对比，结合库房档案灭火要求的特殊性，采用了全淹没式新型超细干粉灭火装置。全淹没式新型超细干粉灭火装置属国家档案局推荐档案库房灭火产品。

（4）档案库房防火灭火功能控制管理功能：①当档案库房有火情发生时，系统会自动以声、光的方式报警。②当档案库房有火情发生时，可实现电话（可设定6组指定电话）自动语音报警。③具有电子地图报警、管理功能。上位机显示库房平面图，方便观察库房火情情况，以便迅速确认火情方位，及时进行处警。④具有报警情况记录、查询、追溯。⑤具有系统延时确认后自动进行灭火功能。

【背景】

根据国家《档案馆建筑设计规范》（JGJ 25—2010）、《档案馆建设标准》（建标103—2008）及国家建筑设计施工规范等相关技术规范设计要求，档案库房应注意防火、防潮、防光、防尘、防毒、防虫、防鼠、防盗。在我国，上海、湖南等地早在20世纪80年代就开始研发档案库房环境控制系统，通过单片机实现了对档案库房温湿度的自动控制。此后，档案库房建设借鉴建筑自动化（BA）技术成果，朝着智能化方向发展。近年来，随着信息化技术的不断发展和应用，如何对档案库房环境安全进行综合化、集成化、智能化管控，推动档案库房环境建设符合新时期的“五大发展”理念，是值得研究的重要课题。

【原理】

档案库房环境安全智能系统指以档案安全保护为目标，借助自动化、计算机前沿技术，按照国家档案局关于档案馆建筑设计、管理规范，以档案库房环境基本要素为基础，将智能温湿度检控系统、甲醛检控系统、二氧化碳监控系统、智能消毒系统等子系统进行高度集成，形成自动感应与处理、互联互动的一体化安全管控平台。

【案例解读】

档案库房是档案馆建筑中最重要、最特殊的一部分。它是保管档案的重要基地，也是为长久保护档案提供基本物质条件的重要场所。鞍山市城建档案馆库房安全综合管理系统的建设取得了一定的成果，提高了档案库房的安全等级。

防火、防盗是档案库房安全管理系统应该具备的最基础也是最重要的子系统，根据鞍山市城建档案馆安全系统的建设我们可以总结出，防盗子系统需要具备自动防盗声光报警管理功能、动态视频监控功能等功能并配备相关的设施。防火子系统需要具备报警、传递应急信号、进行应急处理的功能，对应的设备是各种报警器和报警主机等。

除此之外，完备的集成化的安全综合管理系统还应该具备通风换气控制管理功能、自动消毒灭菌控制管理功能、灯光照明状态监测管理功能、粉尘及二氧化硫浓度监测管理功能、室外气象站控制管理功能等，实现对档案安全全方位的保护。

【思考题】

1. 除了建造符合标准的档案库房之外，还有哪些措施可以保证档案实体安全？
2. 档案库房除了满足防火防盗的要求外还应满足哪些要求？

案例 4-8 广东省电力设计研究院智能型档案库房的建设①

【案例简介】

广东省电力设计研究院档案库房共 4 间约 1000 平方米，按照存放档案类型分为 9 个区，档案库房管理采用的智能管理系统包括一套档案智能手电动密集架架体、一套档案密集架自动控制程序和档案网络数据库管理程序、一套中央集中空调系统、一套中央集中自动通风除湿系统、一套自动消防系统。整套系统集计算机、网络、数据库管理和自动化控制技术于一体，实现了档案的智能化上架、归还和库房温湿度条件、灾害预警的自动控制和监控等功能。

一、以电动型密集架及其自动控制程序应用实现库房自动控制

档案存放设施为电动型密集架。通过档案密集架自动控制程序控制密集架的开启、闭合，随时掌握各分区库房密集架的状态。该密集架及其自动控制程序的主要功能有：

（1）自动记录温湿度。该系统每天实时记录各分区库房温湿度，通过与文档管理系统的接口，将温湿度记录返回到文档系统中，并可保存成日志文件备查。

（2）手动电动相结合，适应不同状态需要。该密集架配有手动装置，避免停电等异常状态下对密集架进行操作的需要。

（3）密集型结构设计节省库房空间。密集架排列采用一列紧挨一列的智能密集架方式，平时处于紧闭状态，工作需要时再开启，充分利用库房空间，档案存放密度比传统方式提高三倍以上。

（4）智能照明，节能环保。密集架采用通道照明智能化控制，架体通道打开后，能自动开启照明，做到人进灯亮，人走灯灭。

（5）多种检测装置保证人身安全。该密集架利用多种检测装置对档案和工作人员进行保护，例如架体移动时缓起动，中间快速移动，到位前缓着落，无过冲或碰撞现象，架体内的红外线探测装置和防夹伤装置可以检测到架内有无人员工作，紧急时刻也能主动制动，充分保障人身安全。

二、以库房管理系统和文档管理系统完美衔接实现档案智能定位

通过采用专业的网络密集架控制程序，实现了档案库房的分库、分区、分组、分列

① 案例来源于周璐：《从传统档案库房到智能型档案库房的跨越——以中国能源建设集团广东省电力设计研究院为例》，《云南档案》，2013 年第 1 期，第 42～44 页。

的精确控制，同时通过该程序和PDA（装有档案智能定位软件的掌上设施）的使用达到了档案网络查询及自动检索和定位的功能，最终实现档案库房的入库上架、借阅出库、归还上架的全过程智能化管理。

具体操作流程如下：

每一份档案都具有馆藏号条码和库房位置码，档案人员上架时将二者通过PDA建立对应关系，批量将档案定位上架，这时档案存放的位置信息就自动同步到文档系统对应档案信息中，借阅档案时只需要在文档管理系统查到所需卷册，将该卷册信息发送至PDA，档案人员手持PDA进入库房后，点击对应档案信息，密集架对应列自动打开，档案人员即可以取出所需档案完成借阅。

智能化定位功能的实现使档案的存储借阅摆脱了传统管理方式下档案借阅对某个人或某个岗位的依赖，只要系统里存储了档案的存放信息，就可以准确找到档案，这就是智能化档案定位的最大优势。另外，有了智能定位的功能，档案在库房的摆放不需遵循严格固定的顺序，在理想状态下，档案可以灵活放置，这大大减轻了库房管理人员的工作负担。

三、以中央空调、除湿设备和消防系统的应用实现集中统一管理

4个档案库房采用统一管理、集中控制，全部安装中央集中空调、通风除湿设备和自动气体消防系统。每一个库房设有单独的温度调节开关和单独的通风除湿控制开关，快速实现对各个档案库房的温度调节，这种集中式管理方法避免了人工管理模式下随意和无规律的缺点。

【背景】

目前，智能化成为现代档案库房建设的发展方向，档案库房管理从手工到智能的跨越是档案库房管理的大势所趋，这种管理方式的转变和跨越将对档案行业整体信息化水平的提高和数字档案馆的建设产生很大的促进作用。各级各类档案馆已经做出了积极的努力，2019年5月，国网江苏省电力公司档案智能管理中心正式投入使用，其以“智能库房、集中监控、档案资源、知识服务”四个体系为重点，系统推进档案智能管理中心建设。该中心打造了高度智能化的智慧馆库系统，实现智慧馆库系统与国网档案系统的数据共享，初步建成“1+N”智能库房云体系。公司成功研发了世界首台具有自主导航功能的档案智能运维机器人，该机器人能够穿透档案盒“看到”档案里面有哪些文件，实现档案自主定位从盒到件的突破。

【原理】

档案库房是保管和保护档案的重要场所，档案库房的建设和管理是关系到档案保管好坏的重要因素。档案库房智能化管理方式是现代建筑技术、计算机技术、通信技术、网络技术等各种高新技术的综合体现和典型代表。

【解读】

从案例中我们不难看出，该电力设计研究院的智能型档案库房管理系统是目前技术水平下比较成熟的建设成果。其成功地将数据库管理和自动化控制技术进行了整合，具备了控制档案上架、调节库房温湿度条件、监控和预警灾害的功能。

智能型档案库房不仅可以避免手工管理存在的一些问题，提高档案库房管理的效率，还可以提升库房档案保存的安全性。智能型档案库房将会具备无线射频识别系统、智能化门禁系统、温湿度自动监控调节系统等，在未来将可以实现档案库房的无人化和智能化管理。

人工智能技术的发展给档案库房的管理带来了新的生机，同时也会引导我们进一步思考人工智能与人的关系问题。随着人工智能技术的成熟，传统档案工作中机械重复的部分将逐渐被人工智能取代，如何提升自己的职业技能、免于被人工智能淘汰成为新时代档案工作者必须思考的问题。虽然技术的发展会带来潜在的问题，但是发展的问题终将通过发展来解决，我们应当用开放和积极的态度对待人工智能技术的革新。

智能化档案库房在未来的发展方向应是建设智慧馆库系统的一部分。智慧馆库在未来将扮演档案信息资源智能共享中心的角色，在技术方面能够将各类技术应用到档案管理中去，从档案工作流程方面来看则能为实现智能转型、资源互联和解决信息孤岛问题贡献力量。

【思考题】

1. 结合实际思考智能档案库房与传统档案库房相比有何优缺点。
2. 传统档案库房升级到智能档案库房的过程中存在哪些问题?
3. 档案的智能化管理会给传统档案工作带来怎样的机遇和挑战?

案例 4-9　田湾核电站纸质档案数字化过程中的安全管理[①]

【案例简介】

田湾核电站在纸质档案数字化过程中，注重安全管理，形成以下经验。

一、识别档案信息数字化管理的安全隐患

（1）硬件、软件故障。硬件是网络系统的物质基础，硬件故障是触发网络系统故障的主要因素。软件故障有可能导致整个网络系统的瘫痪。

（2）数字化加工外包业务存在外部接入的风险。所谓外部接入，是指非本单位的人员，通过网络或 USB 口等进入本单位网络和拷贝档案的情况。

（3）在数字化加工中存在的档案破损、丢失等问题。

（4）数字化加工人员操作不熟练，造成错误操作。

（5）数字化加工人员具有一定的流动性，造成档案信息流失等问题。

二、加强档案信息数字化管理的安全措施

（1）档案数字化加工首先要考虑对档案原件的保护，还要注意加工中档案的保密问题，防止泄密事件发生。建议制定如下流程进行安全控制。①签订保密协议。档案数字化加工若采取外包服务，一定要签订保密协议合同，并在合同注明保密范围、保密期限、保密要求等。②档案出库。从档案馆提出案卷是数字化加工的第一个步骤。提卷的登记工作必不可少，主要登记档案号、数量、提卷时间、移交人、接收人等信息。档案扫描。要保证在扫描过程中档案没有遗失和损坏、不重不漏。当在扫描过程中出现扫描设备卡纸时，操作人员一定要小心翼翼地将卡纸取出，尽可能减少对档案原件的损坏。当发现档案原件有损坏时，一定要采用裱糊或粘贴等技术手段保护档案原件。③档案还原。完成档案数字化后，按规定将档案还原成原样，不得任意折叠档案，按页码排序放回档案盒内。④档案入库。每批成品通过检查后，确保质量合格后方可将档案入库，同时双方做好记录签字确认。

（2）对数字化加工场所内计算机进行网络接口、USB 接口限制，场所内使用的计算机完全与公司内部网络隔离。严禁将数码相机、数码摄像机带入加工场所，加工后的数据禁止通过外网传递。

---

① 案例来源于于娟：《档案信息数字化加工安全管理问题探讨》，《中国核科学技术进展报告（第六卷）——中国核学会 2019 年学术年会论文集第 9 册》，2019 年。

（3）当加工场所内的计算机不再使用或更换时，必须取出硬盘，由本公司进行消磁等处理，外包人员不得私自拆装。

（4）制定相关的信息安全规定和借助信息技术保障档案信息安全。要建立与信息安全相关的管理规定以及采取数据加密技术、访问控制技术、身份证技术、内外网隔离、防黑客软件、外包人员使用的电脑接入内网权限等技术手段对档案信息进行安全保护，保障电子档案的安全。目前田湾核电站已编写了《信息化管理政策》《信息安全管理政策》《信息系统安全管理》《信息安全人员管理》《介质安全管理》《信息系统病毒防护管理》《信息系统与设备账号权限管理》等多份管理文件，有效保障了信息安全以及电子档案安全。

【背景】

档案事业发展“十四五”规划要求提升档案数字资源安全管理能力，完善档案信息化发展保障机制。要加强专用局域网络建设及设施设备配备，满足提升馆藏数字资源安全管理及备份工作水平需求。档案数字化的主要工作之一是将存量档案数字化，其成果是数字档案馆建设的物质基础，数字化过程中潜在的安全风险是档案工作者不应忽视的问题。

【原理】

档案数字化是随着计算机技术、扫描技术、扫描矩阵CCD技术、OCR技术、数字摄影技术（录音、录像）、数据库技术、多媒体技术、存储技术的发展而产生的一种新型档案信息形态。它把各种载体的档案资源转化为数字化的档案信息，以数字化的形式存储，以网络化的形式连接，利用计算机系统进行管理，形成一个有序结构的档案信息库，及时提供利用，实现资源共享。

档案数字化是数字档案建设最基础的工作，传统载体的档案经高科技技术加工成数字档案形式，通过局域网、政务网、互联网进行计算机检索、阅读，可迎接档案信息服务新环境的挑战，提高管理水平、提高效率，增强档案业务部门的服务水平，为档案内部管理及面向客户服务提供高效率的全面服务。档案工作的数字化建设是顺应潮流、适应时代发展的新举措、新要求。

【案例解读】

结合该核电站对其数字化工作的介绍，我们可以将数字化过程中档案面临的安全风险可以分为两类，一是档案实体安全风险，二是档案信息安全风险。通常需要进行数字化的档案体量较大，各机关的档案数字化工作需要通过外包来实现，由此，档案面临的安全风险与外包团队关系密切。

档案实体安全风险主要体现为档案的破损、丢失等问题，数字化扫描需要的操作工人多，很难进行严格管理，纸质档案随着时间的推移会失水变脆，工人在操作过程中很容易对档案造成损伤。档案信息安全风险从软件设施来看，主要包括由于系统本身的问题或遭受攻击导致内容泄露；从人工角度来看，包括非本单位的人员借助移动存储设备拷贝档案等泄露档案信息的行为。

从案例的数字化工作成功经验中我们可以总结出合理规避以上信息安全风险的措施。

一是与外包团队签订合同，明确划分责任。该核电站的数字化工作中与外包团队签订了保密协议，并在合同注明保密范围、保密期限、保密要求等。这是防止档案信息内容泄露非常有效的措施。

二是制定详细的工作规范。对非本单位的移动电子设备、照相设备等设备的使用以及对档案的操作和破损档案修复等操作进行明确规定并严格执行，规范工作人员的行为也能最大限度保证档案信息内容的安全。

【思考题】

1. 手工管理时代与数字化管理时代档案面临的安全风险有何异同?
2. 结合材料思考数字化工作过程中档案面临的安全风险有哪些。

案例 4-10　莱州市档案馆搬迁工作中的档案安全管理[①]

【案例简介】

2016 年以来，随着山东省委办公厅、省政府办公厅印发的《国家档案行政执法检查组对山东执法检查反馈意见整改落实工作方案》和《关于加快推进县级国家综合档案馆建设的意见》等文件出台，山东省各市、县（市、区）档案馆建设蓬勃开展。莱州市档案馆更是以此为契机，高标准建成了规模达标、理念超前、功能完善的综合性档案新馆。新馆建成后，随之而来的就是档案馆搬迁问题，基于档案搬迁专业性强、标准程度高、安全要求严的特点，如何在档案搬迁中保证档案资料的安全，需要深入考虑和充分准备。

一、谨慎预判搬迁档案面临的安全隐患

（一）预防档案折损

市档案馆馆藏资源丰富，最早的档案资料可追溯至 1579 年，档案资料形成得越早越有保存价值，但同时也越容易破损，搬迁过程中稍有不慎就会由于掉角掉页导致珍贵资料不完整。少部分纸质档案形成年代久远，纸的结构和性能发生了改变，加之有些纸

① 案例来源于王爱兴：《浅谈档案馆搬迁工作中如何维护档案安全——莱州市档案馆搬迁的实践经验与思考》，《山东档案》，2020 年第 3 期，第 79～80 页。

的质量没有现在的纸张质量好，一碰即碎，无法查阅利用，这类档案在搬迁过程中容不得半点闪失，必须做足准备，根据实际情况合理搬运。另外，对于平时查阅利用率比较高的一类档案，如市档案馆存放的形成于20世纪50年代的房产登记档案，这些档案在档案数字化扫描之前，群众查阅利用得比较多，导致纸张发生了卷边、封面破损等问题。尽管随着档案数字化工作的推进，房产档案资料已经实现在线调阅，但之前造成的破损已经存在，在搬迁中也要注意特别保护。

（二）预防字迹脱落

受当时生产力水平落后等各种因素的影响，档案资料形成过程中存在记录材料不规范等问题，有些档案材料用毛笔、圆珠笔记录。毛笔等软笔记录的情况比较多，这种软笔记录方法虽然是一种文化传承、时代特点反映，但是从档案安全保管的角度出发，因其耐久性差、字迹容易褪色，搬运过程中若有受潮等情况，档案所记录的内容就会模糊不清、难以辨认，给以后的档案利用造成极大不便，所以搬运准备工作必须要细致入微，对搬迁条件提出一定要求。

（三）防止慌乱无序

由于老馆地方有限，对各类档案的存放缺乏规范化，存在按空间而非标准存放的问题，如照片档案与文书档案、科技档案与会计档案等混存混放。档案载体性质不同，保管要求也不一样。搬迁前期，在全面梳理馆藏档案门类的基础上，要分门别类按照新馆布局进一步明确存放区域，做好老馆与新馆之间的衔接对应，防止因搬迁准备工作不到位，导致小门类档案资料在搬迁、上架过程中出现差错，甚至遗失，对后期利用造成不便。

二、科学安排搬迁工作

（一）制订科学的搬迁计划

在充分考虑各方面因素的基础上，领导班子从实际出发，成立了市档案馆搬迁工作领导小组，谋划和制订了科学的搬运工作计划，实行责任制管理，细化搬迁工作步骤和具体要求，明确岗位工作职责。在领导小组带领下，全馆人员牢固树立大局意识，强化主观能动性，全面服从大局安排，协同配合、全力以赴，采取分组实施、各司其职的方法，认真完成工作任务，严格按照计划进度组织实施，保证了搬迁工作的有序开展。

（二）定做档案搬运专用箱

档案数量多、重量大，考虑到纸质档案易折损、易丢失以及防压防潮等安全性因素，市档案馆专门定做了一批档案搬运专用箱来打包档案，这些专用箱结实耐用，其尺寸严格按照档案案卷和档案存储密集架的长、宽设定，若是上下架以及搬运过程中出现案卷少1册或多1册的情况，能被及时发现，并马上纠正。搬迁过程中，在从老馆下架打包的每一个档案箱上，按照下架顺序和上架顺序统一标了号，做到忙而不乱且有效保护档案。一些多层分体档案铁柜和档案摆放专用立体柜，由于容易滑动、跌落，便实行单个分别搬运。

（三）安全有序推进搬迁工作

科室办公设备的搬迁工作，按照“谁使用、谁负责”原则，从搬迁前的打包、搬运到进入新馆后的整理布置，均由科室负责人组织实施，科室人员分工协作，紧盯每一个环节。库房搬迁作为档案馆搬迁的重中之重，搬迁前明确了档案门类、老馆档案下架顺序、新馆上架位置等，并按照责任分工，详细确定了下架人员、搬运人员、跟车人员和上架人员，所有人员“流水线”式作业，人员活、效率高。为了做好安全工作，所有需要搬迁的档案柜以及其他物品，能上锁的都上锁，不能上锁的做好密封措施。档案搬迁始发地和目的地均派专人看管，不仅如此，档案从始发地运送至目的地的过程中，都有跟车人员全程紧盯和看护，保证档案搬迁全程处在搬迁负责人的视野范围之内，处在档案人员的监管之下，做到无泄密、无遗失。搬迁完成后，进一步对档案数量、排列顺序等情况认真核查，如有异常，认真查找原因，及时采取补救措施，确保档案安全。

【背景】

全国档案事业发展“十四五”规划要求加强档案馆库建设与管理。督促存在安全隐患问题或不符合面积等要求的进行新建或改造。随着《关于加快推进县级国家综合档案馆建设的意见》等文件的出台，各市、县档案馆的建设条件得到改善，新的馆库建设以及搬迁过程中如何保障档案实体安全成为学者们重点关注的问题。

【原理】

档案实体安全是档案事业的基础工作和传统工作，包括的内容多，涉及的方面广：一是档案库房建筑的安全知识。国家档案局颁布了《档案馆建设标准》《档案馆建筑设计规范》等，在档案库房建筑安全方面给出了标准规范。二是档案馆库设施设备的安全理论知识和应用管理技能。不同的设备对档案库房管理有不同作用。三是档案装具的管理与应用。不同的装具有不同作用，不同的档案载体也有不同的装具要求。四是纸质档案的保护理论和技术，这是每个档案工作者要掌握的基本知识。五是污损、破损、粘连档案的保护修复理论和技术，这是实体保护的重要专业内容。

【案例解读】

莱州市档案馆高标准建成了规模达标、理念超前、功能完善的综合性档案新馆，并制定了完备的方案保证了搬迁过程中的档案实体安全，从市档案馆搬迁的成功经验中我们可以总结出保障档案实体安全中需要注意的问题，为其他档案馆提供参考。

（1）配备性能更完善的库房。

莱州市档案馆新档案库房具有两个明显特点：一是安保防护措施完善，二是库房的安全性能高。市档案馆贯彻“以防为主、防治结合”的原则，做好防盗、防光、防火等

“十防”工作，库房配备了温湿度感应器、防入侵红外报警器、防鼠器等设施以及监控设备、消防器材、安防警报系统，能够全面管理和排除馆内的不安全因素，保障档案实体安全。

（2）完善落实档案安全管理制度。

市档案馆制定了严格的档案库房准入和管理制度，实行管理员专人负责制，严格执行档案进出库登记制度。库房入口安装了集温湿度监测系统与密码验证、指纹认证、人脸识别等安全系统于一体的综合管控设备以保证档案实体安全。

（3）创新利用方式。

莱州市档案馆新建了档案利用服务中心、档案阅览室，建成数字档案查询系统并率先借助山东省政务云平台，将馆藏所有开放档案的目录及全文数据接入山东省档案查询利用平台，实现了群众“零跑腿”网上查档。这样的查阅方式省去了库房提卷程序，既提升了查阅效率，也减少了利用者对档案资料的人为破坏，增强了对档案资料尤其是珍贵史料的安全保护。

（4）定时进行安全检查。

莱州市档案馆搬迁完成后，对档案数量、排列顺序等情况进行了排查，防止档案遗失未被发现情况的出现。建立日常安全检查制度，对库存档案进行例行检查，如发现遗失、缺漏、损坏等异常情况及时上报处理，第一时间发现库存档案的异常能够提高追回遗失档案的可能性，从而减少损失。

【思考题】

1. 档案实体安全在档案工作中有可能面临的风险包括哪些？
2. 档案实体安全保障应从哪些方面着手？

案例 4-11　北极世界档案馆的长久保存模式[①]

【案例简介】

北极世界档案馆是由挪威科技公司 Piql 创立的营利性企业，于 2017 年 3 月 27 日开放。北极世界档案馆位于斯匹茨卑尔根岛，该岛隶属挪威斯瓦尔巴群岛。北极世界档案馆作为信息数据库，其目的是用胶片离线储存全球的重要资料，让人类历史与文明成果得以不受天灾人祸的干扰而长久延续，堪称“人类文明的挪亚方舟”，同时它也是专门保护数百万种植物种子的种子库所在地。

不同于公益性质的世界种子库，北极世界档案馆是一个商业项目。北极世界档案馆正式开放后，巴西、墨西哥和挪威政府选择其作为大量历史文献的保存机构。

① 案例来源于展晓鸣：《挪威：北极世界档案馆可存储数据千年》，《中国档案》，2017 年第 6 期，第 68 页。

北极世界档案库选择用何种媒介保存来自世界各地的珍贵资料？该馆工作人员比耶克斯特兰展示了一卷胶片，在胶片上可以清晰看见一段段微缩的文字和图片。这种胶片可以将不同格式的数字资料转化为大面积的、高密度的二维码保存；也可以保存可视的图文资料，透过放大镜就可以直接阅读。因此，在任何恶劣状况下，人们均无须使用特殊解码器或更新操作系统，就能轻松解读资料，比起保存数字资料要方便得多。

Piql 的数据存储介质为高分辨率胶片，用户可选择几种不同方式存储数据。Piql 以电子设备可读的开放源码格式记录用户数据，或直接在胶片上以文本和图像格式存储数据。用户的胶片会被放入保险库并密存于安全设备中。Piql 还提供胶片上可读文本的数据检索服务。这种胶片可在北极地区持续存储数据长达 1000 年，并且无须任何能量来维持存储温度。此外，因为信息是固定、离线的格式，没有物理访问设备，所以不存在黑客入侵系统的风险。用户如果需要检索数据，则需联系 Piql，在公司确认用户有权访问信息后，用户将收到一个链接来查看上传的信息，或选择接收通过物理媒介传输的数据。

不少硬盘会在 4 年内出现故障，要让数据得到妥善保存并可供访问，就需要进行重复迁移。这种无休止的信息迁移成本高昂且会给数据造成风险。而 Piql 的胶片由特殊材料制成，耐磨且无法撕裂，预计可以保存 500 至 1000 年，省去了数据迁移的麻烦。

“使用档案库保存资料非常简便。”比耶克斯特兰说，“客户只需要将数字文件传输给 Piql，由我们将其写入胶片，它会被安全地运到斯瓦尔巴群岛保存起来。这些数据是不可变更也不可改写的，但在一定的 IT 环境下，通过认证后，客户可以在线检索自己的资料。”Piql 的技术有信心应对当今世界层出不穷的网络攻击、数字间谍、数据操纵和电子战，而除了安全可靠，轻巧灵活的胶片也能比数字存储提供给客户更多的便利。

北极世界档案馆得到了包括挪威科研理事会、欧洲委员会在内的多家研究机构与国际组织的资金支持，它的服务也向全世界敞开。它为梵蒂冈图书馆保存了数以万计的历史原稿；将捷克电台珍贵的广播资料纳入馆藏；印度中央邦高等法院是它的客户之一；巴西足协也用它保存了球王贝利的精彩瞬间。北极世界档案馆自投入运营以来，在 3 年多的时间内已在全世界范围得到广泛认可。

【背景】

文献遗产的长期保存历来是人类社会关注的问题，尤其是在数字时代到来之后，面对极其脆弱的数字信息，长期保存成为一个全球性的话题。那么，如何才能把保存人类文献遗产做到极致呢？北极世界档案馆做了极大胆且成功的探索。斯瓦尔巴群岛的斯匹次卑尔根岛是经由全球 45 个国家承认的非军事区，这意味着无论世界何处发生了战争，它都能够独善其身。北极世界档案馆就位于斯匹次卑尔根岛的首府朗伊尔城的一个废弃矿山中。保存方面的技术由 SNSK 保证。作为一家老牌矿业公司，它拥有丰富的建造和维护山区金库的经验和资源。在永久冻土层的保护下，档案库不会受到核和电磁脉冲的损害。此外它还配备了严密且封闭的安保系统。

【原理】

国际档案理事会（ICA）的《电子档案：档案工作者实用手册》要求电子档案保存实践长于产生这些档案的源系统（软件和硬件环境）的生命周期，还要长于我们有把握能够预期的技术变化的周期，从而确保电子档案的真实性、完整性和可用性。国家标准《版式电子文件长期保存格式需求》（DA/T 47—2009）对长期和长期保存定义为：长期是虑及技术变化（包括支持新载体、新数据格式）和用户群体变化对典藏信息影响的足够长的时间段，这个时间段延伸到无限未来。长期保存是以可靠的、科学合理的方式长期维护电子文件真实、完整、有效的行为。国家电子文件管理部际联席会议办公室发布的《电子文件管理标准体系框架》指出电子文件长期保存是对电子文件采取更新、迁移、仿真、封装等方面的活动。

【案例解读】

总结北极档案馆长期保存的成功经验有如下几点。一是地理位置优越，保存成本较低。该馆位于挪威大陆与北极之间，永久冻土带的北极气候以及洁净的空气环境非常适合胶片的保存，同时非军事区的条件使其有效避免战争影响。二是开发免迁移，技术可行可信。由于胶片寿命可达500年以上，可以确保载体免迁移；通过与数字档案数据、软件环境及读取技术等联合存储，可以确保软件方面免迁移。三是服务与推广结合，全程服务且口碑良好。针对客户需求量身定制长期保存方案，提供长期保存集中代管，为客户彻底解决数字档案长期保存难题，同时与重量级客户合作，提升自身的口碑和影响力，为进一步拓展市场提供助力。

同时，北极档案馆长期保存的管理模式体现了集中管理的特点。数字档案长期保存集中代管模式是指依托具备资质的档案部门或第三方机构，采用市场化运营模式，在确保长期保存技术、管理等方面可行且可信的基础上，根据托管档案部门数字档案资源特点和长期保存需求，有针对性制定长期保存“一揽子”解决方案，提供“一站式”长期保存服务，确保所存储数字档案的长期可用性。

相较于集中管理模式，集中代管模式的特点首先表现为责权更加清晰，即集中代管机构只负责数字档案的长期保存工作，不涉及所有权和使用权。其次是市场化运营模式，通过收取保存费用实现代管机构自身的良性循环发展。再次是服务对象社会化。服务对象不限于国家综合档案馆，还可以进一步拓展到高校、企业、个人等，实现长期保存服务对象社会化。

面对我国目前面向数字档案或电子档案长期保存的需求，北极档案馆集中管理模式有利于缓解档案部门的海量保存需求压力，通过代管机构的技术手段和管理优势，有效应对技术难题和风险挑战等困境。数字档案长期保存涉及各种资源，包括软硬件资源、库房资源和人力资源等，集中管理下的共享系统在开发、实施、后期阶段的成本效益方面具有显著优势。长期保存是档案信息化工作的重要内容，集中代管模式具备高效与节约的优势，不仅可以集中资源提高我国在数字档案长期保存方面的水平，还可以有效减缓我国档案部门的任务压力。

【思考题】

1. 假若我国要将电子文件托管至北极世界档案馆应当注意哪些方面的问题?
2. 建设我国数字档案集中管理模式的途径有哪些?

案例 4-12　丹东市档案馆对伪安东海关档案的抢救①

【案例简介】

丹东市档案馆共保管伪安东海关档案 214 卷，时间从 1880 年到 1947 年，包括伪安东海关与海关总署、总税务司、全国各地海关的来往信函、资产管理、海关业务资料、组织机构和人事管理公文、码头建设平面蓝图等。

近年来，为拓展档案编研工作内容，丹东市档案馆决定对伪海关档案进行挖掘。在调卷翻阅过程中，发现这些档案以前曾简单整理过，纸张大小不一，有的纸质已发黄变脆。纸张、照片和税票、电报等均粘贴在白纸托上。档案仍使用白色卷皮，用线绳装订。装订时在档案原件上打孔，在翻阅中对档案纸张造成了一定的损害。如果不进行抢救维护，将影响档案的保存寿命。因此，决定边研究伪安东海关档案内容边对这档案实体进行抢救。

一、对伪安东海关档案实体的抢救

为维护原始档案的原貌，防止在抢救过程中档案难以恢复原状，避免税票、电报、便条等小件档案遗失，首先委托具有档案安全保密资质的数字化外包公司对伪安东海关档案进行了全息扫描。其次，为减少在抢救过程中对档案的破坏，将档案原件进行拆卷、装盒保存。在以后的抢救工作中，将根据纸张、照片、税票等不同材质，分别采取加膜保护、对纸质档案进行装裱等方式，逐页抢救修复。同时，根据档案的时间顺序、内容联系、事件发展重新分类整合。

二、对伪安东海关档案内容的抢救

因当时伪安东海关由外国人把持，所有档案均为英文，需要对档案内容进行初步翻译。已翻译的部分档案从一个侧面反映了该地区当时的政治、经济、文化和社会生活情况，对研究清末、民国时期该地区历史和海关的发展史具有重要意义。伪安东海关从设

① 案例来源于宋敏:《以档案开发带动档案抢救工作——伪安东海关档案抢救初探》,《兰台世界》, 2019 年第 6 期, 第 112~113 页。

立以后，一直把持在外国人手中。据档案记载，从1907年至1932年，伪安东海关税务司共有13位，从中可以看出帝国主义列强为争夺在东北地区的权益，博弈是如何激烈。在档案中，有一份1930年8月18日的英文电报，这是当时的伪安东海关税务司、英国人弼素乐（Bessell）发给上海总税务司同为英国人的劳德福的私人信件。信中弼素乐介绍安东情况时，提到了高尔夫球场。英文大意是说，安东的税务司官邸有一辆汽车，其唯一用途就是去打高尔夫球，这里的高尔夫球场有九个洞。这份档案，为东北地区第一处高尔夫球场建在安东提供了档案佐证。

丹东市档案馆通过对这些翻译过来的档案的研究考据，撰写了诸多历史文章收录在该馆出版的《寻找丹东市鲜为人知的历史》一书和《档案资政》期刊中，并在《中国档案报》《鸭绿江晚报》《丹东市广播电视报》等报刊上登载，对于宣传本地的历史和文化，向广大市民开展爱国主义和革命传统教育发挥了积极作用。

【背景】

1931年九一八事变，安东沦为日本帝国主义的殖民地。在日本侵略者操纵下，东北伪政府成立“满洲国”。1932年10月27日，安东海关改称安东税关，归属伪满洲国经济部领导，仅负责监督海关税收、承转政府章则法令，毫无实权。丹东市档案馆共保管伪安东海关档案214卷，时间从1880年到1947年，包括伪安东海关与海关总署、总税务司、全国各地海关的来往信函、资产管理、海关业务资料、组织机构和人事管理公文、码头建设平面蓝图，其中有部分照片档案，包括伪安东海关税务司官邸、三道浪头海关办公楼等，非常珍贵。

【原理】

档案保护工作涉及档案的方方面面，其中既有人的因素，也有物的因素，还有周围环境的因素。档案载体与信息长期有效的存取取决于相关的很多层面，体现了“整体性”的现实特点。档案的整体性保护首先是观念层面的认识调整和改变，其次是管理层面的各项法规、制度的完善与执行，最后是技术层面标准和规范的制定与实施以及操作规程中的程序与运行相关联。整体性保护的目标是使档案的主体、客体表现出最有效的应对环境的适应性，在物质的性能、人的操作、标准的规范指导、技术方法与设备设施的保障、环境的制约等多层面的控制上实现传统保护方向的转型、新利用方式的拓展，从而确保档案的实体材料、数字信息和扩展利用途径的安全性和原真性，发挥档案的价值。

【案例解读】

伪安东海关档案抢救工作所涉及的档案类型多样，时间跨度较长，价值也因其记载的内容独一无二而较为突出，因此，需要将档案保护与档案整理、档案数字化工作有机结合，达到保护为先，重在整理，有序推进数字化，以便长期有效地保护此类历史档案。

首先，对伪安东海关档案实体的抢救处理体现了档案修复中的最小干预原则，以便保持历史原貌。对于历史档案来说，如何修复是技术性问题，而用什么样的理念去指导修复、修复到何种程度是原则性问题。伪安东海关档案中包含税票、电报、便条等小件档案，保存难度较大，同时其材质也各不相同，修复难度较大。市档案馆采取的重新分类整合后加膜保护、装裱逐页修复的方式全面有序地保障了修复工作的开展，时间顺序、内容联系、事件发展等分类逻辑能有效串联起这一部分历史档案，全息扫描的数字化技术、拆卷装盒等工作减少了对档案的破坏。

其次，档案保护为先，与整理和数字化有机衔接。时间跨度大的历史档案抢救工作可视为一项保护工程，其目的在于保护档案。抢救工作会涉及大量的工作标准，应从工程的各个环节出发，将工程的科学化管理作为目标，科学制定和完善相关的各项标准。在科学规范的标准指导下，人力、物力、财力的使用将更加合理，实现预期目标。市档案馆发现伪安东海关档案曾经简单整理过，因历史原因存在组卷不合理、排序混乱等问题，故在整理过程中对该部分档案进行了重新组卷、排序。结合档案实际，通过翻译外文了解内容，尊重档案形成规律，保持文件之间的有机联系，同时也为事件存在的历史阶段提供佐证。

对历史档案进行抢救保护是档案整理工作程序的前提，也是后续信息化工作的基础。开展档案整理需要遵循科学的流程。第一步是要对档案的基础状况进行整体把控和摸底，了解档案的受损程度，进行破损等级的科学划分。第二步是在摸底的基础上制定抢救方案，不仅要明确目标档案的数量，更要确定确切的抢救方式、实施周期和预期效果。

抢救伪安东海关档案是一次以开发推动档案抢救的有益尝试。这次抢救工作探索出一种“边编研，边抢救”的模式，在抢救档案实体的同时开发和利用档案内容。

【思考题】

1. 在历史档案抢救工作中，实体抢救与内容抢救是怎样的关系？

2. 湖北省档案馆馆藏汉冶萍公司档案属国家重点保护与抢救档案，2002年被列入《中国档案文献名录》，对于研究我国半封建半殖民社会工业经济有着重要意义。了解汉冶萍档案的抢救与保护实践，并结合案例分析开展重要的历史档案抢救工作有哪些重点。

案例 4－13　德国科隆档案馆坍塌事故[①]

【案例简介】

德国西部城市科隆的城市档案馆于 2009 年 3 月 3 日下午突然坍塌，同时引发周边建筑出现不同程度的坍塌和下沉，其中档案馆旁的两座公寓楼也在不久后先后坍塌。尽管当时正值档案馆开放时间，但由于疏散及时，馆内人员悉数逃生。科隆城市档案馆位于市中心，周边建筑密集，给搜救行动造成很大的难度。

据调查，当日下午 2 时左右，位于科隆市中心的科隆城市档案馆外部墙体开始出现多道裂缝，在短时间内裂缝就蔓延到了这幢 4 层建筑物的楼顶，随即引发了档案馆的坍塌。坍塌事件发生在档案馆对公众开放时间内，工作人员和访问者像往常一样在接待或查阅。科隆消防局局长史蒂芬·诺伊霍夫说，所幸坍塌前档案馆楼体传出阵阵“怪响”，楼内人员立即迅速逃离，还没有发现档案馆内有人员伤亡或者失踪。

档案馆的倒塌还导致邻近的两栋建筑受到牵连，这两幢公寓楼也出现了部分坍塌的现象。先后赶到现场的消防员分头寻找被埋在废墟下的人员，同时向整个街区的人们发出了撤离警告。档案馆所在的整条大街上一片废墟，附近的居民和养老院中的 76 名老人纷纷撤离。由于档案馆坍塌所引起的巨大震动还导致附近一个地铁建筑工地的顶棚坍塌，目前还没有建筑工地人员伤亡的消息。

除了数人还被埋在废墟中之外，科隆档案馆内的大量珍贵历史资料也急需得到救援，不少历史超过千年的珍贵史料，包括中世纪汉莎同盟时期的重要文书都处于危险之中。

科隆警方发言人沃尔夫冈·巴尔德在 3 月 5 日表示，现场勘查的情况表明，受损最严重的是档案馆的公共阅览室，而重要馆藏所在的地下室则相对受影响最小。目前警方主要集中力量搜寻失踪者的踪迹，清理现场的工作要晚些时候才能展开，届时才能知道档案受损的具体情况。由于楼房倒塌引起地下的水管发生破裂，目前消防人员正在处理此事，以防止由于档案馆坍塌而引起周边建筑的连锁反应。

据一位科隆市档案馆的前管理人员埃尔伯特·伊尔纳说，档案馆的坍塌早有征兆，对此科隆市政当局要负责。早在 2008 年，伊尔纳就在档案馆的地下室发现了多处墙体裂缝，并通报了上级，然而却未得到任何回音。在出事前的一周，伊尔纳再次在档案馆地下室发现多处新的墙体裂缝，馆领导仍然置之不理。具有讽刺意味的是，在档案馆坍塌悲剧发生的本周二，他终于收到了科隆市政府的来信，确认他反映科隆市档案馆存在建筑安全隐患的来信已经收到，有关部门正在处理中。事实是，市建筑管理局早收到了有关科隆档案馆存在建筑安全隐患的报告。但在出事前两周科隆市建筑管理局对该份安

---

① 案例来源于王勍：《德国科隆历史档案馆倒塌》，http://world.people.com.cn/GB/14549/8908738.html。

全隐患报告进行了评估，结果是“并不值得担心”。

老百姓显然对此有其他看法，不少居住在该地区的科隆市民认为，由于建造地铁等原因，该地区的不少楼房都出现了墙体裂缝和地面沉降的现象。从 2004 年开始建造的地铁南北线已造成市中心地区部分楼房的倾斜，最著名的例子是 2004 年 9 月底科隆市中心的圣约翰教堂塔楼顶端出现了 75 厘米的水平偏移，成了“科隆斜塔”。

根据科隆市消防局局长史蒂芬·诺伊霍夫的说法，在档案馆附近的地铁工地，在深度 28 米的地下，很可能是挖掘土方导致地层出现断裂，从而引起地层移动，最终导致档案馆及周边建筑形成连锁效应的坍塌。科隆地铁项目负责人拉尔夫·帕普斯特也对媒体表示，的确有可能是地铁项目建设导致地层出现位移，但是近 30 天以来，地铁的现场建设并没有进行过大的挖掘土方作业，还不能确定就是地铁建设的单一原因造成塌陷。来到现场勘探的专家也表示，目前发现倒塌建筑物都朝着地铁工地方向坍塌，因此很有可能地铁工程要为此次坍塌事故负责。

目前还无法计算这次坍塌所造成的财产损失数额，仅科隆档案馆馆藏的珍贵史料，其保险价值就高达 4 亿欧元，如果再加上建筑和周边民居的财产损失，这将会是近年来最严重的一起工程事故。更大的问题还在于，地铁工程所通过的地区，有不少民居住宅都出现了墙体开裂的情况，科隆市长施哈姆表示，现在应该全面评估地铁工程对老城区建筑安全所带来的问题，以防造成新的悲剧。

【背景】

现代建筑风格的科隆城市档案馆是德国最大的历史档案馆之一，于 1971 年正式开馆。档案馆内藏有 65000 宗各类历史档案，其中最早一份档案是 922 年的一份文字档案资料，不少档案已超过千年，在全德国都属于珍贵历史文物。同时还有不少名人原稿手迹如马克思和恩格斯的著作手稿、诺贝尔文学奖获得者海因里希·伯尔的文学作品原本等。这座档案馆还珍藏着科隆地方史图片资料近 50 万件。在档案馆内任职部门主任多年的伊尔内说：“我们今天损失的是摆放在总计 18 公里长档案架上的德国历史。”

【原理】

档案馆地理位置的选择是重要又复杂的问题，馆址的选择要考虑多种要求，而要求之间又往往会出现一些矛盾，实际情况也很难完全符合多项要求，需要从具体情况出发，权衡轻重，慎重考虑，充分搜集所勘查地址的气象、水文、地质、地震资料以及城市建设规划等方面的信息，做出正确决策。依照我国《档案馆建设标准》（建标 103—2008），选址要求有四：选择工程地质条件和水文地质条件较好地区，选择环境条件较好的地区，选择便于档案提供利用的地区，选择有利于档案馆长期发展的地区。

【案例解读】

档案作为具有原始记录性的信息资料，同时也是重要的记忆资源。德国科隆档案馆坍塌事件对档案馆建筑的选址和规避档案馆外部的风险具有如下启示。

一是把控档案馆建设标准，提升档案库房建设标准。档案馆与档案库房是档案安全保存和利用的物质条件。档案馆建设标准首先需要考虑其选址要素。科隆档案馆建于公元12世纪初，在多次搬迁和战争动荡影响下档案仍奇迹般地平安留存。该档案馆选址位于市中心，交通道路繁杂，周边建筑密集，因此发生灾害或突发事件时救援工作难度相对较大。因此档案馆的选址需要同时考虑建设标准和救援的便利性。档案馆不适宜建在人口密集或建设结构比较复杂的地段。其次，重视特藏库的建设。档案馆建筑按照功能分为库房区、对外服务区、业务技术区、办公区和附属用房区。在建设档案馆库房时，库区应根据档案类别、保管要求和经济性设置不同类型的库房。各档案馆应当设置特藏室保存珍贵、重要的档案资料。在科隆档案馆事件中，科隆警方发言人表示，就现场勘查的情况表明，受损最严重的是档案馆的公共阅览室，而重要馆藏所在的地下室则相对受影响最小。再次，保护档案馆周围环境。为保证档案馆库的安全性，档案馆一旦建成，周围的土建工程要谨慎行事。在科隆档案馆事件中，档案馆附近的地铁工地挖掘土方很可能导致地层出现断裂从而引起地层移动，最终导致档案馆以及周边建筑形成连锁效应的坍塌。

二是强化风险意识，建立异地备份制度和安全隐患报告机制。随着突发自然灾害和危机事件的频率增高，各档案管理机构应当强化自身的风险防范意识，利用新技术或新管理模式提升应急或应灾能力。针对突发的天灾，档案馆应当开展档案实体和信息资源的异地备份。一方面，针对价值高但同时风险程度高的馆藏档案需要尽早开展数字化工作。另一方面，对馆藏电子文件应当尽早建立并完善异地备份制度。其次，档案馆在常规工作中要严格排查安全隐患，建立安全隐患发现报告机制。对于实体库房的检查和管理制度的反思工作需要及时进行，并坚持及早发现及早处理的原则。如在案例中科隆市档案馆的管理人员察觉到档案馆的坍塌征兆，无论是2008年地下室的墙体裂缝还是出事前一周的新裂缝，工作人员向上级报告却没有得到重视和及时处理。档案的独特性决定了档案的丢失和损坏无法挽回和弥补，各级各类档案馆要制定应急救援预案，以便紧急情况发生时抢救工作有备进行。

【思考题】

1. 除档案馆本身选址问题外，影响档案馆建筑的外部风险因素一般有哪些？

2. 任何突发灾害都必然造成档案大面积的损坏，德国科隆档案馆的坍塌事件致使数十万珍贵历史档案深埋地下，国内汶川的强烈地震更是导致大量档案被损坏。请思考：如何在灾害发生后的第一时间最大限度地抢救受损档案，减少损失？

案例 4-14　广东省水文局建立档案安全机制[①]

【案例简介】

为加强档案安全管理，广东省水文局于 2019 年专门印发了《广东省水文局档案安全管理规定》《广东省水文局档案工作突发事件应急预案》，从档案安全工作机制、档案库房安全、保护设施设备安全、档案管理安全和档案信息安全等方面对加强档案安全工作做出了规定，建立了档案安全日常检查、定期检查和专项检查“三位一体”工作机制，明确要求省水文局领导班子每年研究部署档案安全工作不少于一次，进一步明确了火灾、水情、档案被盗或泄密、档案系统崩溃及虫鼠害等突发事件的应急处置方式，确立了档案工作突发事件应急处置流程。

按照国家档案局《机关档案管理规定》要求，省水文局新配置了档案密集架、防磁柜、保密柜、气溶胶灭火系统、干粉灭火器、视频监控装置、湿度自动控制器等，对档案服务外包工作实行全程监控管理，实现了办公室、阅览室、库房和整理室“四室分开”。对照《广东省档案安全执法检查内容及标准》，省水文局坚持定期对档案安全工作开展专项检查，并将自查自纠情况向省档案局作书面汇报。同时，要求全省各水文分局开展档案安全自查自纠工作，并向省水文局作书面汇报，省水文局专门组织工作人员对分局进行现场检查，及时发现问题并提出整改措施。

从 2013 年开始，省水文局将档案现场评估工作作为档案安全工作的重要抓手，专门成立了档案评估小组，每年对全省 3 到 4 个水文分局开展档案现场评估工作，评估内容包括各水文分局单位领导对档案工作的重视支持情况、档案安全管理情况、对下属测报中心及测站档案工作开展督导情况、文件材料收集整理归档情况、档案信息化建设情况等。评估工作以各水文分局档案目标管理考核标准为主要依据，根据年度现场评估情况，设置了优秀、良好、合格、不合格 4 个等级。

近年来，因水文测验方式改革，大部分水文测站工作人员转移到水文测报中心集中办公，使得档案资料得不到有效保管和保护。为解决这一问题，2016 年 5 月，省水文局印发了《广东省水文局水文测报中心档案管理达标办法》（以下简称《办法》），计划用 4 年时间对全省 10 个水文测报中心开展档案达标工作，旨在通过在各测报中心建立标准化档案室的办法，将水文测站档案材料集中到水文测报中心统一保管。《办法》明确，全省各水文分局要为辖区内测报中心档案工作提供组织保障和资金保障，对测报中心文件材料的形成、归档和移交工作进行业务培训和监督指导；各水文测报中心要建立健全档案管理制度，落实具体责任到人，配齐配全基础设施设备，严格执行档案管理法规及达标标准；加强对档案工作人员的培训，确保测报中心文件材料齐全完整真实有

① 案例来源于宋大庆：《多措并举筑牢档案安全防线》，《中国档案报》，2020 年 2 月 17 日，第 3 版。

效；在达标考评体系中设置管理体制、业务建设、档案利用 3 个考评类别，标准分为 100 分，90 分以上为优秀、80～90 分为良好、60～80 分为合格、60 分以下为不合格，并在组织保障、档案库房保障、档案安全 3 项评分中设置一票否决项。截至目前，全省 10 个水文测报中心均以优秀等次通过达标评审。

2017 年，按照《广东省档案局转发国家档案局办公室关于加强汛期档案安全保管的通知》和《水利厅政务中心转发档案安全管理有关文件的通知》要求，省水文局第一时间组织开展档案安全自查工作，并将自查情况报告上报给水利厅政务中心，并要求全省各水文分局加强档案安全工作。2018 年，按照《国家档案局印发〈关于进一步加强档案安全工作的意见〉的通知》和省水利厅政务中心《关于开展 2018 年度档案安全专项检查的通知》要求，省水文局印发了《关于开展 2018 年度档案安全专项检查的通知》，部署全省各水文分局认真组织开展档案安全自查工作，还对部分地市水文分局进行了档案安全现场检查，并提出了整改意见。

【背景】

近年来，广东省水文局坚持把档案安全工作作为一项重要任务来抓，主动作为，多措并举，筑牢档案安全防线。2019 年 10 月，广东省水文局为进一步加强档案安全管理工作，筑牢档案安全防线，确保档案实体和信息安全，根据《机关档案管理规定》（国家档案局第 13 号令）《国家档案局关于进一步加强档案安全工作的意见》《国家档案局关于进一步筑牢安全防线确保档案安全的通知》《广东省档案安全执法检查内容及标准》和《广东省档案局关于印发档案室安全保管保护条件建设指引》，结合局内档案安全管理工作实际，制定《广东省水文局档案安全管理规定》。

【原理】

档案安全包括档案实体安全和档案信息安全。档案实体安全指记录档案信息的载体，包括传统的纸质档案、实物档案、照片档案、记录声音图像的磁带以及缩微胶片档案，电子档案载体如光盘、磁盘、硬盘等不被损坏。档案信息安全包括保障档案信息不流失、不泄密，档案信息不被篡改和可读取安全。而档案安全工作机制是处理或管理档案安全风险管控工作的重要内容和组成部分，是为预防和抑制各种自然或者人为的风险事件引起的档案灾害而设计建立的一套完整的系统。

【案例解读】

广东省水文局的档案安全风险自查不仅是对隐患的一次排查，更是对档案馆安全工作的一次彻底普查，有利于全馆干部职工摸清“安全家底”，在以后的安全工作中能做到有的放矢，在常规工作中明确安全巡查督察工作，有针对性地对档案库房和档案实体进行排查，确保档案实体与信息的安全。与此同时，档案馆也在工作经验的基础上建立完善档案安全工作机制，促进档案管理的规范化、程序化、科学化、有序化，结合案例举措可总结以下五点。

一是加强档案安全工作组织领导。把档案安全保障体系建设工作纳入整体规划、岗位责任、绩效考核中，既形成了目标清晰、管理有力、措施有效的档案安全管理保障体系，同时垂直管理档案安全工作队伍，各岗位职责环环相扣，相互监督。同时，档案部门与其他部门协调配合，整合多方面力量，形成共建档案工作的良好氛围。广东省水文局建立了档案安全日常检查、定期检查和专项检查“三位一体”工作机制，明确要求省水文局领导班子每年研究部署档案安全工作不少于一次。

二是建立档案安全工作责任体系。将责任体系转化为档案安全指标体系，细化分解档案安全工作各环节的具体责任，引导工作分解，并制定科学合理的保障措施。广东省水文局要求对照《广东省档案安全执法检查内容及标准》，坚持定期对档案安全工作开展专项检查；各水文测报中心要建立健全档案管理制度，落实具体责任到人。

三是完善档案安全工作监管模式。监管工作是保障档案安全工作质量的重要环节。通过不同频率的检查工作可及时发现档案安全工作中的隐患并整改。监管主要对馆内基础设施、档案实体原件、电子信息效力、安全备份储备、开放利用程序等五个方面严格把关。广东省水文局对档案库房进行检查，定期巡检安全设施设备维护情况；按照《机关档案管理规定》要求配置防磁柜、气溶胶灭火系统、干粉灭火器、视频监控装置、湿度自动控制器等，对档案服务外包实行全程监控管理，同时要求确保测报中心文件材料齐全完整、真实有效。

四是建立档案安全风险管理机制。引入风险管理思想，逐步识别、控制、消除档案安全风险。制订风险管理计划，识别风险威胁因素，评估风险等级程度，再根据档案存放环境、设施设备、管理流程等情况，分析可能产生威胁的原因，运用恰当的风险测量工具或方法，确定风险的大小与级别；采取相应的保护措施，最大限度降低或避免风险，在风险控制后对风险计划的效果、风险控制的情况进行总结报告。广东省水文局对照《广东省档案安全执法检查内容及标准》，坚持定期对档案安全工作开展专项检查，并将自查自纠情况向省档案局作书面汇报，并以分数制的方式呈现评估情况。

五是注重档案安全预警与应急响应。预警是在灾害发生前，按危害前兆和以往规律及时发送紧急信号，规避危害。应急是在紧急情况发生后，迅速启动应急预案或采取措施，以减轻事故造成的后果。首先是加强对档案灾害的预警，有效预防非突发性档案灾害问题的出现。其次是制定突发事件应急预案，在灾害发生时采取合理恰当的应急处置与档案抢救方法。广东省水文局建立了档案安全日常检查、定期检查和专项检查“三位一体”工作机制，进一步明确了火灾、水情、档案被盗或泄密、档案系统崩溃及虫鼠害等突发事件的应急处置方式，确立了档案工作突发事件应急处置流程。

【思考题】

1. 上述档案安全工作机制的各部分之间存在什么联系？

2. 有学者认为，档案安全保障体系由档案管理安全子系统、档案维护安全保障子系统、档案信息资源开发利用安全保障子系统三个系统构成，涉及档案安全全程管理、安全保障设施、安全组织管理和档案安全法规四个方面。除上述档案安全工作机制外，档案管理部门应当从哪些方面落实推进档案安全工作？

案例 4-15　加拿大自然博物馆的文化财产风险分析模型①

【案例简介】

1994 年学者 Robert Waller 提出了文化财产风险分析模型，并应用于加拿大自然博物馆的风险评估工作。

在此模型中，Robert Waller 对于风险概念的界定主要通过博物馆保存文物的目标出发，他认为保存的目标是在未来的某个时间内馆内 25 件藏品不受伤害。

2017　　　　　　　　2117

未来可能会发生以下情况：一些藏品会被放错地方并丢失；一些藏品因被展出了几十年而受到损坏；除了这些累积的小错误和时间导致的老化外，所有或大部分藏品也有可能在一场灾难中（如火灾）被摧毁。因此，风险就是偏离目标，同时也可以描述为可能发生的情景。

2017　　　　　　　　2117

由于我们无法确定文化财产的每种具体风险，总有一种未知的“黑天鹅”风险存在。不过，结合“恶化因子”和“风险类型”，可以更加全面地识别、分析风险。因此，该模型基于数学公式，综合考虑了风险发生的概率、价值损失和易受损范围等因素。

---

① 案例来源于 Waller R. R.：Cultural property risk analysis model：development and application to preventive conservation at the Canadian Museum of Nature，Göteborg University，2003：25—48。

Robert Waller 认为所有恶化因子造成的风险可以视为所有单独风险的组合，具体见下图。

对于恶化因子的识别，Robert Waller 参考借鉴了 Stefan Michalski（1993）预防性保护框架中影响博物馆环境的九个恶化因子，即物理力量、火、水、罪犯、害虫、污染物、光和紫外线辐射、温度不正确、相对湿度不正确。在此基础上他提出了一个新的恶化因子，即监护疏忽，后将其定义成脱离。它包括丢失标本、未能获得合法所有权、无法永久记录标本数据并有效地将其与标本联系起来，以及一系列其他减少收藏效用和价值的知识和法律缺陷。这十种恶化因子以发生的频率和对馆藏影响的严重程度为依据，可以分成三种类型，即罕见且灾难性的、偶发且严重的、常见且缓和的。

十个恶化因子都有其相对应的三种风险类型，因此在风险识别时运用“恶化因子+风险类型”的组合方式，就能获得如下表所示的一般风险汇总，其可较全面反映风险表现形式与具体风险类型。

一般风险	表现形式
物理力－类型 1	地震会导致书架倒塌，导致藏品破碎
物理力－类型 2	处理错误会导致装载藏品的抽屉掉落，导致藏品破碎
物理力－类型 3	重力作用在支撑力差的可变形藏品上，导致藏品变形
火－类型 1	火点燃，引燃其他物体然后蔓延到其他房间，引燃建筑和破坏整个藏品
火－类型 2	火点燃，然后引燃其他物体，引燃一个房间，并摧毁房间里的所有藏品
火－类型 3	火点燃但不会引燃其他物体，并且在起火点处仅摧毁个别藏品
水－类型 1	来自附近河流的水溢出堤岸，淹没建筑物地下室至 1 米深度并浸湿藏品，导致藏品和标签的可溶部分损失
水－类型 2	水从泄漏的水管流入内墙，润湿悬挂在墙壁上的藏品，导致藏品有潮痕
水－类型 3	建筑物附近地面的水渗透地下室地板，导致直接存放在地板上的金属物体被腐蚀
犯罪－类型 1	职业窃贼有计划有针对性地盗窃导致藏品丢失
犯罪－类型 2	被赋予访问藏品权限的人会窃取藏品或藏品的一部分，从而导致藏品丢失
犯罪－类型 3	博物馆的参观者拿走暴露在外的藏品，导致藏品部分丢失
害虫－类型 2 和类型 3	害虫附着在退回的外借藏品中并影响部分藏品，导致藏品损失

续表

一般风险	表现形式
污染物－类型 1	博物馆附近的工业或运输事故导致污染物进入空气调节系统，污染藏品
污染物－类型 2	腐蚀性清洁液意外溢出到藏品上，导致藏品腐蚀和表面损坏
污染物－类型 3	暴露在高温和高温下的存储硬件会释放出酸性气体，腐蚀敏感藏品，导致藏品表面受损
光线、紫外线辐射类型 2 和类型 3	紫外线过滤的光线会导致藏品颜色褪色
温度不正确－类型 2	超冷冻机失效以及报警系统故障会导致样品熔化和 DNA 降解
温度不正确－类型 3	年平均或季节性温度过高导致化学反应加速，导致藏品逐渐崩解
不正确的相对湿度－类型 2	由于空气调节系统的故障导致相对湿度偏移，导致金属腐蚀，导致材料损失和藏品模糊
不正确的相对湿度－类型 3	冬季较低的相对湿度会导致尺寸变化，导致藏品中受约束的材料断裂
脱离－类型 1	特殊情况导致藏品丢失
脱离－类型 2	丢失与藏品有关的文档（如注释说明）将导致对象价值的损失
脱离－类型 3	如果标签丢失或无法重新关联，则标识标签的分离将影响藏品价值

不同类型风险的风险评估数据获取渠道也有所差异，对类型 1 风险的预估高度依赖于有关事件概率的统计信息。这不是一般的馆藏保护人员所能涉及的知识领域，因此必须从消防等领域的专家那里获取信息。估计类型 2 风险所需要的信息主要来自馆藏使用、展览或研究过程中形成的相关报告。对第 3 类风险的估计则需要将保护研究的成果同影响馆藏环境的专业知识相结合。但目前，由于我们缺乏准确估计大多数风险所需的具体信息，所以，通常可以依据博物馆工作人员对馆藏保护方面的经验来获得合理的预估。

在风险分析环节中，运用公式 $MR=FS\times LV\times P\times E$ 对风险大小进行量化。其中，MR 代表风险大小（Magnitude of Risk），LV（Loss in Value）代表价值影响，FS（Fraction Susceptible）代表易受影响的分数，P（Probability）代表可能性，E（Extent）代表影响范围。具体地讲，可能性（P）是发生特定严重性事件的估计可能性，概率这一参数往往用来分析类型 1 风险的大小。当风险类型为 2 或 3 时，$P=1$，只有类型 1 风险的 P 介于 0～1 之间。范围（E）是指风险发生所波及的范围，对于确定类型 2 与类型 3 风险的大小有较大意义。易受影响的分数（FS）定义了被认为易受特定风险影响的特定馆藏。价值损失（LV）定义为馆藏价值减少，此处考虑的值与馆藏的利用价值有关，很难具体量化，因此是最难预估的数值之一。易受影响的分数与价值影响都介于 0～1 之间，因此最终计算出的风险等级也是 0～1 之间的数字，风险等级越接近 1 则风险越高。通过数理计算后，就可以直观看出风险处理的优先级，为风险应对与处理提供数据参考。

【背景】

1994 年，学者 Robert Waller 曾在预防性保护的理论基础上开始探索馆藏风险评估模型，在预防性保护的框架下引入系统科学的思想，提出了文化财产风险分析模型并应用于加拿大自然博物馆的风险评估工作。文化财产风险分析模型在文化遗产、文化财产领域的应用最为广泛，其他国家或者机构对图书馆、档案馆与博物馆的风险评估大都依托该模型，在该模型的基础上加以创新与改进。

【原理】

风险是指某一事件发生的概率和其后果的组合，通常用风险因素、潜在事件、发生的可能性以及发生后果来表示。风险管理国际标准 ISO 31000—2018《风险管理指南》将风险评估界定为：风险评估是风险识别、风险分析及风险评价的全过程。我国国家标准 GB/T 27921—2011《风险管理风险评估技术》同样将风险评估分为风险识别、风险分析和风险评价三个步骤。

预防性保护理念源于 1930 年的罗马国际会议，主要是针对馆藏机构的温湿度控制。20 世纪 70 年代开始，国际文化财产保护与修复研究中心（ICCROM）逐渐在博物馆领域推广预防性保护的理念。直到 20 世纪 90 年代，这一理念逐渐有了相对统一的阐释。预防性保护理论的核心内容是指在不危及物品真实性的前提下，延迟任何形式的、可以避免的损害所采取的必要措施和行动。

【案例解读】

风险评级的主要任务是根据风险分析环节的计算结果，确定风险被处理的优先级。量化后风险数值大的考虑优先处理，为风险管理中的风险应对工作提供参考，为风险应对策略制定提供数据支持。Robert Waller 在提出该模型后就将其应用于加拿大自然博物馆的风险评估工作中。

文化财产风险分析模型评估对象为文化财产，适用范围为图书馆、档案馆、博物馆，其指标体系由 10 个恶化因子与 3 种风险类型构成，识别结果较为完整，能灵活根据不同需求识别出不同风险。其以风险因子的概率、范围、价值损失和易感性分数作为参考因素，数据来源可以是图书馆、档案馆、博物馆工作总结和报告，也可以是专家和工作人员的经验，采用定性与定量相结合的分析方法，通过数理统计计算按量化的风险的 MR 高低来确定优先级，结果多用柱状图、条形图等直观反映。从应用情况来看，文化财产风险分析模型因其需要数理计算而导致应用难度较高，对于风险评估后的处理措施而言，能够较全面地揭示风险并评定优先级，方便后续应对。从评估耗时来看，耗时较长，需要按照指标体系进行风险识别，收集大量信息用于风险分析并进行复杂计算。

文化财产风险分析模型在图书馆、档案馆与博物馆风险评估领域内应用最为广泛，以 10 个恶化因子指标较为全面地识别风险，同时针对不同数据来源的参数确定不同的数理计算公式量化风险，既有全面性又有针对性，在文化财产风险评估方面发挥着极大效用。

着眼于我国的档案风险评估工作，与馆藏档案风险管理相关的活动主要有以下两类：第一类是馆藏调查与安全检查。这类活动主要表现为通过开展档案破损情况调查，根据馆藏档案破损原因与破损程度识别与分析影响档案寿命的风险因素及风险发生的后果。同时，档案馆开展日常管理巡查，并定期组织隐患排查，在档案馆的安全检查（自查、排查、督查、巡查）中发现安全隐患，消减隐患。第二类是档案馆的安全风险评估。国家档案局发布的《档案馆安全风险评估指标体系》为各级国家综合档案馆开展风险评估提供了参考标准。部分国家综合档案馆积极参考指标体系，围绕馆库安全、档案实体安全、档案信息安全、安全保障机制逐条对照评估内容开展自评估与检查评估。但目前我国档案馆风险评估工作仍存在风险评估人员专业性不强、风险评估数据获取渠道单一等问题，需立足于国内基础现状构建适合的风险评估模型。

【思考题】

1. 为进一步加强各级国家综合档案馆的安全管理，提高档案安全风险防范和保障能力，确保档案馆库、档案实体和档案信息安全，2018 年底，国家档案局办公室印发《档案馆安全风险评估指标体系》。该指标体系中的风险因子和识别方法与加拿大自然博物馆文化财产风险分析模型中的 10 因子有什么异同？

2. 除文化财产风险分析模型外，另有土耳其新世纪大学的 5×5 风险矩阵法与加拿大保护研究所与国际文物保护与修复中心的 ABC 量表法较具有普适性，请对比三个模型的具体内容和应用情况。

案例 4-16　江苏民间力量抢救电影胶片档案①

【案例简介】

出于对老电影的情有独钟，只要和电影有关的老物件都成了刘建收集的目标。但由于多种原因，拥有文化与历史价值的电影胶片面临着霉变、褪色，甚至损毁的风险。针对这一状况，他认为，老电影直接记录时代的生活、文化、思想和艺术，保护抢救好胶片电影就是保存好时代记忆和文化记忆，这样的保护抢救是一件非常有意义的事情，抢救修复老电影迫在眉睫。

随着时间的推移，当刘建的胶片电影收藏到一定规模时，胶片电影面临的损毁风险、长期妥善保存、数字化利用等问题的严重性渐显。江苏省和南通市档案局馆等档案部门伸出援手，从档案整理、保管、修复、数字化等规范管理的角度为刘建的藏品提供

① 案例来源于崔志华：《用档案续写电影传奇》，《中国档案报》，2018 年 9 月 27 日，第 1 版。

了帮助和支持，并鼓励其成立专业电影资料馆。2017 年 12 月，由刘建所在市如皋档案局馆和刘建所在的江苏华夏电影胶片修复技术有限公司承担的电影胶片档案收集保管与文化产业建设研究项目通过了国家档案局的验收。该项目通过引进国内外先进设备，以专业化手段对电影胶片进行常规性和创新性抢救保护，进行电影胶片物理修复与数字修复方法的研究开发，其中运用的多项专利技术具有创新性。2018 年 8 月，该项目获得国家档案局优秀科技成果二等奖。

除档案部门专业技术支持外，当地政府也向刘建提供帮扶。如果市政府十分重视胶片电影的抢救修复工作，不仅给予政策上的扶持，而且还帮助提供厂房，解决电影胶片档案存放的问题，目前正积极筹划在如皋建设以电影展示、音视频电影档案资料抢救修复为主，集配套服务于一体的旅游文化综合体。

要实现胶片电影数字化保护，前提是要做好胶片修复工作，而目前只有部分胶片电影完成了数字化转换，还有许多的胶片电影等待修复。做好胶片电影数字化保护尤为紧迫和重要，需要投入大量的专业人才、技术和资金。一部 90 分钟的影片大约有 10 多万帧画面，一名专业技术熟练的修复人员一天最多能修复完成 200 帧画面，完全修复好这部电影需要一个修复团队花费整整半年时间。

在刘建拥有越来越多的藏品后，考虑更多的是怎么把这些藏品变为公共文化资源，让更多的人享用，更好传播电影文化，弘扬中华优秀传统文化，发挥社会效益。他认为收藏、修复和传播老电影是一种民间自觉的文化传承行为，传播老电影就是把民族的精品文化传给后人。文化事业不仅是政府的事，也是老百姓的事。他希望手里的电影档案资源能为大众所用。

随着收藏老电影的知名度越来越高，许多单位和个人慕名而来，既有查找胶片影像资料、开展科普教育的，也有寻求技术修复帮助的。几年来，许多单位在这里寻找到以往的记忆，如南京长江大桥博物馆查找到《南京长江大桥通车》《南京长江大桥施工》等纪录片，苏州中国丝绸档案馆查找到《云锦》《采锦绣》《土家织锦》等纪录片。此外，这里还吸引了越来越多的人前来参观，楼内经常不定期举办爱国主义教育观影活动、青少年科普教育活动，配合市档案馆中小学档案教育社会实践活动放映爱国题材胶片电影，面向各行政机关单位、企事业单位预约开放，几年来共接待国内外参观者 2 万余人。现在，这里已成为该省科普教育基地、华侨华人文化交流基地。

【背景】

刘建，20 世纪 60 年代生人，是电影的痴迷者，他带领自己的团队 10 多年来从事电影胶片档案的收藏和抢救修复，由一个电影的怀旧者逐渐变成了电影记忆的守护者和传承者。刘建对电影有关物件的收集存放于当地的一幢小楼，10 多年的时间，他收集到 20 多万盒电影胶片、2 万多张原版海报、1.1 万多本电影剧本、2.1 万多张剧照、1500 多台来自世界各地的电影放映机、1.7 万多部电影拷贝等，其中有第一次世界大战期间英国女王加冕的无声电影、20 世纪 20 年代法国制造的 Pathe 电影放映机、20 世纪 30 年代电影放映技术转折时代美国的 Sinnplex 放映机、第二次世界大战期间德国军队使用的 Elektor Junior 放映机、可播放 35 毫米和 16 毫米两种规格的胶片机等。刘建认为，随着岁月的流逝和现代数字影像的发展，电影胶片无法再生，只会越来越少，多收集一些有价值的电影资料，就能多保留一些珍贵的历史影像和一代人的回忆。

【原理】

胶片档案是利用胶片上的感光材料在光的作用下能够发生一定变化的特性，把文字、图像、声像等通过光波形式记录在胶片上而形成的档案。与影像档案保护有关的，主要有胶片等影像材料的结构与性质、影像档案的老化规律及其影响因素以及影像档案的保护方法与技术手段。

【案例解读】

电影档案是利用摄录像设备将影像记录在胶片等载体上的档案，它和常规的文字记录相比，具有更加鲜明的价值和特点。一方面，电影的胶片或者画片实现了物质现实的机械记录，具备经济开发价值。另一方面，电影蕴含的艺术思想和内在涵义能够进一步平衡社会记忆结构，参与现代影像艺术的构建和融合。然而传统的修复效果有限，通常仅对电影胶片中的少许脏污、划痕等损伤进行简单修复，而对于如霉变和底基损伤等复杂损伤无法修复。案例中的电影胶片抢救与开发工作相互衔接，形成电影档案再生性保护和保护式开发的模式。

在再生性保护模式下，将数字修复技术应用于胶片修复和长期保存具有优势。在修复方面，模拟态的电影信号可以转换为数字信号，利用计算机技术和软件修复数字信号更加快速和安全，超越传统修复方法的优势并且保护其不受二次损害。在存储方面，数字信号存储环节要求较低，对于胶片的变质和损伤等都可以较好地预防和处理，也压缩了存储空间。在利用方面，数字信号可以较为方便和快速地进行获取和传播，立足于互联网平台能扩大电影的传播范围。

在保护式开发模式下，可丰富资源，建设红色教育新阵地。十余年来，刘建及其团队广泛收集到与电影有关的一切档案资料，不乏中国近代百年珍贵的声像，其中丰厚的红色电影资源是参观教育的艺术资料。如今的江苏电影档案展示馆已成为科普教育、爱国主义教育、红色主题教育、党性教育的大讲堂，传承历史、资政育人，发挥着电影档案史料不可替代的红色教育功能。

但同时，电影胶片档案的数字化修复工作同样面临如下问题。一方面是如何改善保存环境的物质条件。电影胶片对于温度、湿度、光线等环境物质条件要求较高，需要充足的资金和场地等资源支持。二是电影胶片档案的修复速度落后于损坏速度。在延缓性保护方面，还基本停留在传统的保护技术上，修复手段和速度远远落后于档案的损坏速度。

【思考题】

1. 为什么胶片档案要求避光保存？光线对胶片的保存有哪些危害？影响胶片影像保存的外界环境因素有哪些？

2. 在新媒体环境下的今天，应当如何对电影档案或胶片档案进行保存和开发？如何实现电影档案或胶片档案保存的安全性?

案例 4-17 汶川大地震中北川档案的抢救[①]

【案例简介】

2008年5月12日14时28分，四川省汶川县突发1949年以来破坏性最强的一次8.0级特大地震，中国唯一的羌族自治县北川在地震中遭受灭顶之灾，县档案馆整体坍塌，馆藏8.5万余卷档案资料被全部埋于山石中。

2008年5月19日，沈阳消防总队和某炮兵部队在北川县委大院搜救幸存者时，破开一栋大楼的顶部，发现房间里面全部是档案。为此，成都军区某部的500多名官兵和两台大型挖掘机日夜奋战。由于北川县档案馆是钢筋混凝土结构的建筑，已完全坍塌，官兵们先用挖掘机对办公楼周边的残垣断壁和垃圾进行清理，然后再用扩张钳、切割机等工具挖掘，最后又用手刨开散乱的瓦砾，把档案一卷卷从档案柜中取出来，两天时间里共抢挖出档案5万多卷。同时，抢救人员严守档案秘密。挖掘时，任何人不得翻阅档案，严格按程序编号；不得遗漏档案，即使是掩埋在石块和泥土中的，也要一点点拣选出来；按比较完整的、损失严重的、特别严重的三种情况进行仔细分类，迅速转移至绵阳市档案馆。

装入1000个编织袋的5万多卷北川档案占了绵阳市档案馆底层的4间房屋、1个大仓库。临时库房立即安装了空调机、去湿机，严格控制温湿度，确保档案不再受到二次损害。有1万多卷北川档案在掩埋、日晒雨淋50余天后存在损毁危险。经专家组研究，北川档案必须进行冷冻处理，防止更严重的霉变。随后，北川档案全部转移运往位于雅安的四川省档案学校，进行紧急处置和异地修复。

5万多卷档案运抵雅安，四川省档案学校腾出一栋3层高的实验楼，用作档案存放库和数字化处理室。受损较轻的3万多卷档案在经过消毒、干燥处理后，被分放在8个库房里，并逐一进行数字化录入。

破损、霉变档案的修复、还原像一道道难题横在面前。为此，国家档案局专门下达科研项目“北川档案抢救科学化管理策略研究”，四川省档案局成立了由副局长为组长的项目组及北川档案抢救工作领导小组，出台《北川档案抢救工作总体方案》，将抢救工程分为现场挖掘、紧急处置、抢救修复、系统整理、数字加工和妥善保管六个阶段。总体方案要求及时抢救、修复应处置档案，破损档案应按照国家有关规范修裱、修补和修复，字迹褪色的档案要进行字迹加固、恢复处理。

对于抢救修复，有如下难题需要解决。首先是冷冻的问题。有1万余卷包括珍贵民

---

① 案例来源于孙琪、王飞：《抢救北川记忆——5万卷档案震后修复记》，《四川日报》，2010年11月19日第10版。郝勇：《抢救5.23万卷北川档案“高精尖”技术令人称奇》，《四川日报》，2012年10月23日第10版。

国档案在内发生霉变和污损的档案被迅速冷冻处理。其次是干燥灭菌。冷冻结冰的档案必须要脱水干燥后才能修复。但冰一旦化开，档案必将湿透。在实验楼的底层安放一台大型的“多功能档案冷冻干燥灭菌器”，每天被冻成冰块的档案用棉被盖住保温，然后放到干燥器的箱体中。在真空条件下，案卷上的冰还来不及浸湿纸页，就直接从固态升华为气态。再次是灭菌的原料。经专家组多方论证，决定采用环氧乙烷加二氧化碳混合气体消毒灭菌，这种配方彻底灭除了存在于北川档案中的多种霉菌和害虫。经过 70 天昼夜运作，11978 卷受潮档案顺利实现干燥灭菌，填补了国内规模化真空干燥处理档案的空白。最后是还原字迹。民国时期的档案因是用毛笔和墨水书写的，墨迹不易褪落，整体情况尚好。但近现代的档案大多使用圆珠笔、水性笔，很容易分解，因此，救援组采用了由国内著名的档案保护专家李玉虎发明的字迹显色剂。这种透明药水只需要用棉签轻轻涂抹在案卷上，原本看不清的字迹就会重新显现，反复使用 3 次，字迹清晰可见，并最终固定于纸上。之后，这一系列抢救手段又运用在了汶川映秀镇、北川擂鼓镇和甘肃舟曲地震受灾档案的抢救中。

2012 年 10 月 16 日，5.23 万卷北川震损档案在雅安完成修复回到新落成的北川县档案馆。这意味着北川档案抢救成果已全部交付使用。接下来，北川县档案局局长带领馆里的职工对进馆档案存放地仔细消毒，并按照档案编号和分类，将“起死回生”的各类档案一一上架、入柜。

【背景】

北川县是中国唯一的羌族自治县，羌族文化是我国重要的文化遗产，北川县档案馆保存的档案是北川近现代历史的缩影，是羌族文化的历史记录。北川县档案馆馆藏档案 8.5 万余卷，藏有北川羌族 1400 多年的珍贵史料。其中，国家重点档案 8801 卷，档案没有复印件，均为珍贵孤本。2008 年 5 月 12 日发生的汶川特大地震使北川县档案馆夷为平地，馆藏的 8.5 万余卷档案资料全部被埋在泥土中和废墟下。地震发生后，如何紧急抢救和保护北川档案，使民族记忆得以长期保存下来是灾害档案抢救的一次严峻挑战。

【原理】

灾害档案即在档案灾害中受损的档案。档案灾害发生后，应及时采取措施抢救灾害档案，减少损失。灾害档案的抢救工作任务繁重，时效性强，须坚持如下原则：其一，优先抢救重要档案、珍贵档案。灾害档案的抢救工作应先重点后一般，先抢救后修复，优先抢救重要档案、珍贵档案。其二，尽量保持档案原貌。档案原貌是指档案形成时的全部物理特征信息，如档案使用的纸张、大小、字迹、颜色以及组卷使用的卷皮、目录、备考表等。其三，尽量减少对档案本体的干预。灾害档案的抢救修复应将保持质量放在第一位，在保护档案原貌的前提下，选择风险最小、效果最佳的方法和最耐久的材料，科学合理地确定修复档案范围和应采取的措施，力求所选择的抢救修复内容、修复材料、修复方法等对档案本体的干预最小。

【案例解读】

北川档案抢救工作的长期任务是修复破损档案。从抢救工作的组织和开展过程来看，北川档案抢救工作具有如下三个亮点。

一是响应及时，抢救修复工作开启迅速。首先构建抢救工作负责队伍并启动应急预案。四川省档案局在地震发生当天及时组建了抗震救灾工作领导小组，并明确该小组的指挥统筹职责，以确保档案的安全与完整作为开展抢救行动的目标和原则。北川县档案馆在工作领导小组的指挥下启动了应急预案，并积极与各受灾地区的档案局取得联系，同四川省档案局形成条块结合、属地管理、上下联动的档案系统应急机制。其次是第一时间采取措施处置危急档案。北川县档案馆在小组领导下，抓紧时间协调各方力量开展抢救工作，先后三次抢救挖掘出5万余卷档案，确保了北川档案和羌族文化的延续。

二是科学管理，抢救修复工作有序展开。首先是强化宏观指导。地震发生后由国家和省档案局组建的领导小组高效科学地部署工作，推进资源协调、人员调动、设备保障、后援补助等工作有序开展。北川县档案馆按照先急后缓、突出重点、分步实施的原则，明确受灾档案的抢救工作，如档案馆库的加固重建、信息系统的恢复与更新等。其次是创新管理模式。北川档案的抢救工作得到国家档案局的支持，不断探索创新，攻坚克难，探索总结出了不少可供借鉴的管理模式。面对汶川地震中损毁严重的北川档案，救援队伍遵循抢救与保护相结合、确保质量与注重效率相结合、立足当前与兼顾长远相结合、最低干预和高效节能的原则，在抢救修复、整理重构等环节力求恢复档案原貌。再次是质量管控。档案抢救工作领导小组研究制定了《北川档案抢救工作总体方案》，引进智能管理、项目管理和质量控制等现代管理方法，实行质量管理的全程控制。

三是创新技术，抢救修复工作有力延续。在受灾档案的抢救过程中，领导队伍不仅重视抢救工作，同时也借此契机将科研工作融入，在修复条件有限、修复资源紧张的状况下推进抢救技术的创新。面对抢救工作中的技术障碍和材料紧缺，救援队伍克服困难，成功完成了国家档案局下达的"北川档案抢救科学化管理策略化研究""北川地震受损档案抢救关键技术研究与应用"和省科技厅下达的"'5·12'汶川大地震北川受灾档案抢救、修复和保护关键技术研究"三个档案保护技术方面的重大课题。如在抢救过程中采用低温冷冻技术控制档案继续霉变水解，有效遏制了档案的二次受损；研发的多功能档案冷冻干燥灭菌器保证了档案被冷冻后固定的张页间距离不因干燥时的升温而缩小，有效防止了"档案砖"的形成，填补了国内规模化真空干燥处理档案的空白。

【思考题】

1. 各种灾害对档案馆及档案的主要危害有哪些？总结各种灾害下档案抢救工作的主要工作流程。

2. 不同档案由于受损程度和状况不同，抢救修复工作的步骤和程度也不同，为避免重复、交叉或遗漏现象，各抢救、修复步骤应当如何有机衔接和配合？

案例 4-18　湛江市档案馆 3619 卷档案受虫蛀污染[①]

【案例简介】

2004 年 9 月中旬，湛江市档案馆为迎接省档案局的复查调整全宗、更换卷盒，发现档案生虫。市档案局向省档案局报告：该市档案馆民国档案虫害严重，部分档案已被蛀毁。

据市档案局报告，早在 1997 年，该市档案馆就已发现馆藏民国档案生虫，害虫的种类为烟草甲幼虫和成虫，全馆 4 个库房的档案不同程度被虫侵蚀，当时曾对有关档案进行过清扫和冷冻杀虫，但效果不明显。2003 年，又发现 1950—1991 年形成的市委办、人民银行分行、海关、市水产局等 22 个全宗的档案被害虫蛀蚀或污染，受虫害档案达 3619 卷。其中海关和人民银行个别案卷受虫侵蚀严重，破损较大。害虫种类主要为烟草甲、毛衣鱼、蟑螂、书虱、螨虫等。2004 年该馆在整理档案准备迎接省局的复查时，再次发现民国档案生虫。害虫种类与 2003 年相同。这次发现虫害后，局馆全体人员分 4 个小组对 4 个库房的馆藏档案进行逐盒逐卷的全面清点检查。经检查，有 25 个全宗的档案发生虫害（含二次生虫），共 1817 卷。其中虫蛀较为严重的有 180 卷，需裱糊的有 151255 张。检查除发现民国档案再次生虫外，还在 1～4 库中发现烟草甲成虫。

从调查情况中得知，市档案馆档案在进馆时多数没有消毒杀虫。多年来，该馆对接收进馆的档案在尚未进行消毒杀虫的情况下就直接入库上架。该馆工作人员入库不更衣、不换鞋，每年两到三次用水直接冲洗地板搞卫生。同时，库房现有空调购于 20 世纪 80 年代末 90 年代初，由于使用时间较长，设备的效能较差。为节约电费，2003 年以前空调的使用率很低，2002 年全年未开过库房空调。库房没有抽湿设备，排气扇达不到通风透气的效果。库房门、窗不符合要求。档案柜内经常不放防虫药，或药性失效后没有及时更换。库房地板所用建材为水磨石板，吸水性强，湿度大，灰尘大，且不易于清洗。库房外全是堆积的档案纸箱和档案盒，空气流通不畅。

2004 年 9 月下旬广东省档案局监督指导处，10 月中旬省局领导和监督指导处、综合法规处负责人先后两次前往该市调查了解情况并指导杀虫工作。11 月 3 日省局向市局发出了监督检查通知书，提出了整改意见，并拨款 5 万元帮助该馆杀虫。同时，为落实《中华人民共和国档案法》和《广东省档案管理规定》关于档案安全保管的规定，防止类似事件发生，省档案局决定对市档案馆作出严肃处理，撤销市档案馆“省一级”档案馆的称号，并予以通报批评，责成市档案局对有关责任人员进行严肃的批评教育，并提出若干保护意见，包括各级政府要切实落实档案保管保护经费，确保每卷档案每年最

① 案例来源于楚石：《湛江市档案馆发生虫害的思考》，《中国档案》，2005 年第 7 期，第 50～51 页。

少不低于2元，专款专用，主要用于档案的消毒、防虫、杀虫、除霉和防光、防高温高湿；各级档案馆要严格按档案法规关于档案保管保护的要求，建立科学的管理制度并狠抓落实，加强库房巡查，定期对利用率不高的档案进行翻动，发现问题，及时解决；各市、县（区）国家档案馆在安全保管方面存在重大隐患或发生危及档案安全的要及时向省档案局报告，以便及时采取有效措施，消除隐患和抢救档案。

【背景】

广东省湛江市地处南海，气候高温高湿，由于自然和环境条件的原因，保管保护好档案有一定难度。1997年，市档案馆就已发现馆藏民国档案生虫，害虫的种类为烟草甲幼虫和成虫。2003年，又发现22个全宗的档案被害虫蛀蚀或污染，受虫害档案达3619卷。害虫种类主要为烟草甲、毛衣鱼、蟑螂、书虱、螨虫等。2004年该馆在整理档案准备迎接省局的复查时，再次发现民国档案生虫。害虫种类与2003年相同。

【原理】

档案虫蛀大多由档案害虫引起，档案害虫属仓库害虫，是指能够在档案库房内完成其生活史或生活史的一个阶段，并对档案馆的馆藏品、装具及建筑本身造成一定危害的昆虫，因其具有耐干性强、耐热性与耐寒性强、耐饥力强、杂食性、高繁殖力等特性，在库房内繁殖所引发的危害表现在取食档案、蛀损档案、污染档案等三个方面。

档案害虫的防治与环境中的温度、湿度、食物、光、空气以及管理卫生等人为因素密切相关。档案库房害虫防治的基本要求是：其一，坚持“以防为主，防治结合”的防治思想，统筹兼顾，组织协调，系统防治，将多种防治技术统一起来，进行一体化防治。其二，前端控制，预防为主，创造不利于害虫生存的生态环境，破坏害虫生长、发育和繁殖的途径。其三，防治技术和材料尽量选用绿色和无公害的，具备环境与生态友好性。其四，所选用的技术和材料对档案、图书、文物基本无损坏。

【案例解读】

通过案例中对于该市的调查情况可分析出，市档案馆出现虫害的原因有以下三点：首先是意识问题。一方面对于档案虫害问题认识不足，另一方面对档案的保管工作也不够重视。1997年、2003年、2004年该馆先后三次发现虫害，但并未及时采取上报措施，馆内工作人员也并未意识到虫害的威胁，当发现清扫和冷冻杀虫效果不明显后仍未能采取坚决有效的措施进行杀虫，致使虫害再次蔓延。在日常工作中，为节约电费，而全年未开过库房空调，不够重视温度对虫害的影响。其次是环境问题。一方面是库内缺乏必要的保护设备。该馆由于保护经费长期紧缺，必要的档案保管设备得不到及时的添置和更新。空调效能较差，使用率很低，夏季温度高，无抽湿设备，排气扇达不到通风透气的效果，地板为吸水性强的水磨石板，湿度高。档案柜内经常不放防虫药，或药性失效后没有及时更换。另一方面是库外环境糟糕。库房门窗不符合要求。再次是管理问题。一方面是对于入馆档案的消杀措施缺失。市档案馆档案进馆多数没有消毒杀虫，对于草板纸、毛边纸等纸质而言，都易生虫，存在虫害隐患。另一方面是人员管理缺乏要求和规范。案例中市档案馆工作人员入库不更衣、不换鞋，用水直接冲洗地板搞卫生，增加了库房的湿度，为害虫生长提供了条件。

对于与湛江市档案馆类似，同处高温高湿气候区域的档案馆而言，预防档案害虫的措施通常有：其一，调控库房温度和湿度。档案害虫作为变温动物，喜温畏寒，喜湿畏干，地处亚热带的档案馆库房的温度常年控制在20℃以下，湿度不超过65%一般可有效预防。其二，防止外界害虫传入档案库房。入库前的检疫和杀虫是必不可少的措施，严格的检疫工作需要注意调查方法，检查易生虫的部位、曾生虫的库房等有无可能生虫的迹象。其三，对档案进行定期检查。及时发现虫害后主动处理，不得隐瞒，同时通过检查处理破坏害虫的生态环境。其四，药物防虫。需尤其注意防虫药的杀虫效果以及是否会影响人体健康。其五，定期清洁，尤其需要注重档案库房内外的清洁工作，不仅需要做到定期清扫，还需要做到通道无杂物。

【思考题】

1. 除预防害虫的措施外，有哪些常见的杀灭害虫的方法？档案库房大面积生虫应当如何处理？

2. 档案馆发现虫害情况后应立即采取应急措施“冷冻杀虫”，以最快的速度扑灭肆虐的档案害虫，有效地降低事故的损失。当前国内外档案低温杀虫的研究与实践进展如何？

3. 档案害虫是外源性的，也就是说害虫需要经过特定的途径才能进入档案库房，在库房内造成危害，档案馆开展档案害虫调查的方法有哪些？

第五章　档案信息化

案例 5-1　美国档案与文件署云环境中的档案管理①

【案例简介】

美国档案与文件署（NARA）于 2010 年 9 月制定了针对云环境中的文件管理政策，这主要是由于美国档案与文件署在调查联邦政府机构时发现，所有受访机构都感受到云服务带来的成本、可用性、灵活性和协作等方面的好处，也认识到管理数据如隐私、安全、数据所有权方面的挑战，故开始探索相应的解决方案。该指南具体内容主要包括：

（1）云计算对文件管理提出的挑战。不同类型的云服务对文件的形成、利用和存储的影响不尽相同，也会相应需要不同类型的文件管理模式，主要挑战表现为：①云应用可能缺少实施文件处置计划的能力，包括移交或是永久删除文件或是发挥其他文件管理功能。所以特定的服务或是配置模式可能无法满足相关的文件管理要求，如在文件的全生命周期中维护文件的功能性与完整性、维护文件与其元数据间的关联、依据美国档案与文件署通过的保管期限表移交归档文件至美国档案与文件署或是删除暂时性文件。②鉴于对应用的依赖性，必须使云服务提供商了解文件保存要求。无论文件处于哪里，即使是删除的文件，机构也需要对其有控制力。云服务提供商必须能够确保文件在需要的时候机构能够获取。③不同的云机构缺乏正式的技术标准来指导数据在云环境中如何存储与管理，这会影响数据的可信性与可持续性。④移动性（portability）标准的缺失可能导致难以依据文件管理要求移除文件或是将文件迁移至另一环境。这将影响机构履行向美国档案与文件署移交文件的能力。⑤由于云服务提供商的业务运营可能消失或终止，机构和云服务提供商应当考虑持续性的保存与利用事宜。

（2）机构的文件管理职责主要包括：①在规划、开发、部署与使用云计算的过程中要配备文件管理人员。②界定文件为复制件是要声明为机构的文件复制件。云中文件的价值可能由于标引或是其他的原因大过其他系统中的价值，这种附加值要求将这些复制件指定为文件。③有相应的说明帮助确定云环境中的联邦文件涵盖在现有的文件保管期

---

① 案例来源于周文泓、张黄丽、余文婷等：《云环境中电子文件管理的挑战与策略研究——基于美澳政策的文本分析》，《兰台世界》，2018 年第 4 期，第 13～15 页。

限表之下。④有关于如何捕获、管理、保存、为授权用户提供利用和实施保管期限的指导。⑤提供进行文件分析的说明，制定并向美国档案与文件署提交出环境中形成的新类型文件的保管期限表，这些说明应包括系统调度文件、元数据和相关文件。⑥包括定期测试联护文件传输到其他系统环境的情况说明，以确保文件保持前移植性。⑦提供有关如何将数据迁移至新格式、新操作系统的说明，以保证文件的可读取性。⑧通过良好的文件管理政策和其他数据管理实践解决文件可移植和可访问的问题。数据治理通常涉及计算系统的互操作性、数据的可移植性以及信息安全。然而，机构的文件管理政策不能与机构所遵守的《联邦文件法》、美国档案与文件署的相关法规相抵触。

（3）与合约商协商机构的职责。无论文件是由合约商存储还是由机构保管，机构都有管理文件的职责。在与合约商达成协定的过程中，机构必须写明文件管理条款，要在条款中确保机构与合约商都清楚其法定的文件管理职责。

【背景】

随着信息技术的发展，云技术逐渐应用到电子文件管理领域，为电子文件管理提供基础设施、硬件、软件以及平台等多方面的支持。但是，在云环境中电子文件又面临着管理与技术的双重挑战。如何使用云服务，云环境中电子文件管理的风险与挑战，云环境中如何保障电子文件的可信、真实、完整、可靠、有效与安全等本质属性，云环境中电子文件管理策略等成为重点关注的议题。电子文件管理水平处于世界前沿的美国国家档案馆出台了与云环境相关的文件管理政策，为我国政府机构在云环境中实现更加完善的文件管理提供了参考。

【原理】

云计算能够按照用户对资源和计算能力的需求而动态部署虚拟资源，不受物理资源的限制；云计算在文件管理上的优势包括确保档案服务器的可靠运行，最大限度地降低服务器的出错概率，降低相关费用，极大地扩展了信息资源的共享范围。但云计算同时存在管理风险。“云”会成为机构改变业务行为的主要方式，业务机构产生的大量非结构化数据收集与保存将需要云计算虚拟存储的支持以及可信任数字仓储系统对云存储的应用需求。

【案例解读】

美国档案与文件署颁布的针对云环境中的文件管理政策梳理了联邦机构的云服务文件环境中的文件控制与长久保存困境，并明确了相应责任方职责，集中于机构方与合约商方两大主体。责任下的详细策略要素同样有一定程度的方向性指示。其中，可得到三方面的应对策略启示：

（1）将电子文件管理要求嵌入云环境的构建中。建设符合电子文件管理要求的云环境首先要有这方面的意识。就目前的调查来看，云服务提供商或是未关注到为电子文件管理提供相应服务，或是提供的服务未能满足电子文件管理的功能要求。

（2）基于电子文件管理框架升级云环境的管理与技术配置。当前的问题主要在于云服务与电子文件管理需求不尽匹配，没能从电子文件的可信管理出发设定管理环境与功能。因而，云环境的优化升级中，电子文件管理主体与云服务提供商应当共同明确电子文件管理需求，依此设定所提供的云服务管理功能、环节、流程、细节、责任人等，并由此提供相应的技术配置与具体方案。

（3）应用合约建立适应于云环境的电子文件管理能力。为更好明确云环境中各利益相关者如电子文件所有者、云服务提供商的权利与义务，界定各利益相关者的管理权限与权益以及确定电子文件管理的要求得到满足，基于合约的管理与完善将是重要支持。因而，在云环境中，为了更好地帮助云服务提供商升级服务，电子文件形成者（如政府机构）、电子文件保管者（如档案机构）应当同云服务提供商通过合约明确电子文件管理的具体要求与内容，确保双方有达成一致且可行的协议作为依据。

【思考题】

1. 云计算在文件管理中的应用优势有哪些?
2. 美国档案与文件署的云环境中的文件管理策略包含哪几个方面内容?

案例 5-2　浙江省档案馆的电子化归档改革①

【案例简介】

2016 年底，浙江首次提出“最多跑一次”改革，主要依托浙江政务服务网“一网通办、集成服务、一次办结”的政务服务模式创新，实现让企业和群众到政府办事“最多跑一次”的行政目标。要实现“最多跑一次”的目标，需要两个重要的支撑：一是政务服务事项实现全流程网上办理，让群众和企业可以通过网络提交申请材料，不必一定跑到现场办事；二是打破信息孤岛、实现数据共享，群众和企业不用再东奔西跑去打印各种证明、重复提交各种材料。

在 2015 年，浙江省档案馆就主动对接浙江政务服务网，完成了行政审批电子文件归档与电子档案移交接收试点和课题研究。2017 年，开始全面推广应用，电子化归档举措涉及三方面内容：

（1）开发部署电子化归档需要的平台。

开发部署政务服务网电子文件归档模块，建设馆室一体化电子档案归档接收系统，建设基于局域网的电子档案长久保存系统和基于不同网络的电子档案利用系统，建成了一个适应电子档案“收、管、存、用”全流程管理的数字档案馆系统。2019 年 9 月 17 日，浙江省档案馆数字档案馆系统通过国家档案局专家组测试，成为全国首家通过全国

① 案例来源于郑金月：《建设融入数字政府大格局的新一代数字档案馆——浙江省档案馆全国示范数字档案馆创建工作综述》，《中国档案》，2020 年第 1 期，第 40～42 页。

示范数字档案馆测试的省级档案馆。浙江省档案馆以局域网数字档案管理系统和电子档案长久保存系统、政务网电子文件归档接收系统和档案利用馆际共享服务系统、互联网“浙江档案网”门户网站、浙江档案服务网和“浙里办”App等系统平台为依托，构建了存量数字化与增量电子化并重的数字档案资源体系，实现一网查档、百馆联动，系统建设规范、技术选择合理、整体水平先进，为浙江省电子政务建设和档案现代化管理提供重要支撑。

（2）制定配套制度规范。

制定了《政务办事“最多跑一次”工作规范》《浙江政务服务网电子文件归档功能需求和技术规范（试行）》《浙江政务服务网行政审批类电子文件归档元数据方案》《浙江省省直单位虚拟档案室电子档案管理办法》《浙江省档案馆政务服务电子档案接收办法》等标准规范，为电子档案全生命周期管理提供制度保障。

（3）积极推进电子文件归档和电子档案接收工作。

2014年，印发《浙江省省直单位电子公文归档与电子档案管理暂行办法》。2015年，以省“两办”名义召开全省数字档案馆（室）建设推进会，印发《浙江省档案局关于开展全省数字档案室建设测评的通知》，通过数字档案室建设，省直单位OA系统普遍开发部署归档模块，实现了电子公文归档。2017年，与省政府办公厅联合召开“最多跑一次”电子化归档工作部署会，通过浙江政务服务网电子文件归档模块，省本级归档平台已完成90万个政务服务事项办件的电子化归档；通过电子档案归档接收系统，省档案馆已接收14家单位移交的近30多万个电子档案数据包，数字档案馆增量电子化工作取得重大进展，构建了存量数字化与增量电子化并重的数字档案资源体系。

【背景】

2018年6月，国务院办公厅印发《进一步深化“互联网+政务服务”推进政务服务“一网、一门、一次”改革实施方案》（国办发〔2018〕45号），提出了“研究制订政务服务事项电子文件归档规范，推动开展相关试点，逐步消除电子化归档的法规制度障碍”的明确要求，标志着政务服务领域的电子文件“电子化归档”工作将在全国范围推广。在“中国电子文件管理论坛”不断有更多的地方和单位介绍了有关电子文件“电子化归档”和电子档案“电子化管理”的做法和经验，加入实践行列。

【原理】

电子文件“电子化归档”是指电子文件仅以电子形式归档，电子档案“电子化管理”是指电子档案的收、存、管、用全流程仅以电子形式运行。电子、纸质形式“双套制”归档的模式，将增加行政成本、降低行政效率，进而影响电子政务发展。单轨制概念已脱离“双套”“单套”概念范畴成为主流。

【案例解读】

浙江省档案馆采取多项措施加强电子文件归档与电子档案移交接收，显示出以下突出举措与特色：

一是全面梳理配置“最多跑一次”事项的归档范围。此举明确归档范围是推进“最多跑一次”事项“电子化归档”的前提和基础。“最多跑一次”事项（即政务服务事项）包括行政许可、行政处罚、行政强制、行政征收、行政给付、行政裁决、行政确认、行政奖励、行政检查、其他行政权力和公共服务。各行政机关职能不同，其履行的政务服务事项差别也很大，不同政务服务事项的办理流程、办理所需材料、办结形成材料都存在较大差异，因此“最多跑一次”事项归档范围的制定与文书类归档范围的制定不同，同时需要在归档平台进行系统配置，所以不可能只制定一份通用的归档范围规定，必须一个事项制定一个归档范围。

“最多跑一次”事项归档范围的制定流程为：由各行政机关的业务部门在本单位权力清单和责任清单的基础上，梳理各行政权力事项申请、受理、办理、办结等过程形成的电子文件，参考国家有关文件材料归档范围和保管期限的规定，制定本单位行政审批电子文件的归档范围和保管期限表；各行政机关的档案部门汇总并形成本单位的归档范围和保管期限表；由法规部门审核补充；各事项归档范围和保管期限表并报同级档案行政主管部门审核确定。

二是确定“最多跑一次”事项的“电子化归档”模式。浙江省档案局（馆）在进行了大量调查研究的基础上，探索实施了“单轨单套制”和“双轨单套制”相结合的政务服务事项电子文件“电子化归档”模式。首先，实行政务服务网“一网通办”全流程在线受理审批的，采取电子文件“单轨单套制”归档模式。其次，当前“一窗通办”办理窗口接受纸质申请材料的，采取网上审批事项的纸质申请材料以纸质形式归档、电子审批材料以电子形式归档的“双轨单套制”归档模式。这种归档模式的基本思路是：政务服务事项办理阶段以纸质载体形式受理或形成的应归档材料，可通过数字化扫描等方式补充上传，采用电子形式归档。对于不适宜数字化或者数字化扫描确有难度的，可在档案行政管理部门审查同意的前提下以纸质形式归档。在这种归档模式下，所有归档的材料都只有单套，或是纸质，或是电子的。这种“电子化归档”模式有效避免了行政审批材料电子、纸质重复归档的问题，提高了办事效率，同时也顺应了“最多跑一次”改革“让数据多跑路、群众少跑腿”的要求。在“最多跑一次”改革的现实背景下，采取这两种归档模式同时并存作为过渡，并向全程网上办理的电子文件“单轨单套制”归档模式并轨发展。

三是重点保障“电子化归档”的完整性。浙江省档案馆在电子文件办结预归档系统设计时，系统设置了归档参数配置模块，针对每个政务服务事项，按照归档范围和保管期限表配置该事项的归档范围和保管期限。在归档配置表中，特别增加了归档必要性（必要/非必要）、归档形式（电子归档/纸质归档）、归档分组（组一/组二/组三/依此类推，如行政许可受理通知书和不予受理决定书为一组，一组文件只可能产生一件，归档也只有一件）三个字段。配置完成后，在对存档信息包进行完整性检测时，仅对以电子形式归档的材料的完整性进行检测。同样，在实体归档时，也仅对需要实体归档的材料进行完整性检查。需要注意的是，归档配置要随着政务服务事项“网办率”的提高和流程简化优化等情况进行及时调整，以确保政务服务事项“电子化归档”的完整性。

【思考题】

1. “单轨制”与“单套制”的区别是什么?

2. 浙江省档案馆电子文件管理工作的创新点是什么?

案例5-3 美国档案与文件署基于社交媒体的数字资源服务①

【案例简介】

美国档案与文件署（NARA）在国家数字档案资源整合与服务中对社交媒体的应用已形成相对系统、深入的示范性实践，在整合对策与方式上都较为全面，具体情况如下：

一、逐步完善的社交媒体应用制度体系

美国档案与文件署（NARA）先后在2010年、2016年颁布第一份社交媒体战略及新的三年战略规划，由此形成了相对系统的制度保障体系：总体战略指导与具体操作流程指南兼具，从申请到使用均有相关规范和准则。同时，为实现精细化的平台运营以及利益相关者的权益，美国档案与文件署还逐渐完善各类辅助制度，具体如下：

（1）总体战略。美国档案与文件署发布《社交媒体战略2017—2020》，以应变共享持续增长的数字资源和不断扩大社交媒体受众范围的数字转型新变化、新目标。主要内容包括：①讲述好故事。通过应用社交媒体功能，从档案中发现与讲述能使受众产生共鸣的故事，丰富、拓展与深化档案同公众的联系，为公众呈现更深层次与多元的历史情境。②拓展受众。借助社交媒体平台庞大的用户基数，吸引更多数量与类型的受众的关注并与其产生关联。③深化公众参与。深度利用社交媒体的社区与互动特性，以更丰富有趣的形式共享档案信息资源，使公众参与到档案资源整合与服务中，在互动中得到反馈并加深联系。④构建实践社区。为更好地打造品牌项目与活动，构建专属实践社区，以促进任务分配、内容设计、平台部署、合作创新等工作的落实。

（2）具体指南和辅助制度。①账户运营指南。在社交媒体账户的内容形成、发布和管理上，规范档案机构及其账户管理人员的基本操作；明确利益相关者如社交媒体应用平台、档案机构工作人员、承包人等的原则和责任。②风险管理指南。美国档案与文件署制定风险管理指南，用文件管理威胁、可见度、结果、灵敏度等要素对社交媒体网站进行风险评估，以维护其可信赖度、合规性和全程可监控性。例如，每一个新的社交媒

① 案例来源于文传玲、张晓宇、周文泓：《社交媒体在国家数字档案资源整合与服务中的应用——基于美国档案与文件署的案例研究》，《兰台世界》，2020年第3期，第22～26页。

体工具或账户的使用和开通需要按照规范填写提案，接受审核和批示。③隐私评估与保护规定。美国档案与文件署对社交媒体平台上用户的个人信息合理管理方面作出规定，主要涵盖用户个人信息的分类、收集、利用、共享、存储、保护等，遵循不主动获取用户信息的原则，将隐私保护理念贯穿信息管理全程。

二、渐趋成熟的社交媒体多元化应用

经过十几年的实践，美国档案与文件署形成了涵盖以下四个方面的社交媒体多元化应用体系：

(1) 综合性档案信息传播与业务交流。以文本、图片、音视频等多种形式传播档案信息与业务信息，吸引公众关注与互动，促进档案业务工作的宣传与合作，这是档案机构应用社交媒体的主要功能之一。此方面美国档案与文件署使用的平台主要有：①Facebook。美国档案与文件署在 Facebook 上有 49 个账户，它是美国档案与文件署目前访问量最大的社交媒体。Facebook 上发布的内容大致可以分为五类：一是活动预告。Facebook 有“活动”功能板块，公众可在上面预约参加美国档案与文件署发布出来的活动，还可以查看往期活动。例如，“USNational Archives”的账户上 2020 年 2 月到 5 月一共有 8 场活动预告并可预约。二是有趣、有意义的文本、照片、音视频等档案分享，以及它们背后故事的简单阐述。三是美国档案与文件署举办的讲座、签售会、研讨会、趣味活动等的直播及直播录制视频。四是档案工作者的工作记录及访谈。五是已开展的活动或业务的照片及简介。②Twitter。Twitter 是一个社交网络与微博客服务平台，美国档案与文件署在该平台上建立了 35 个账户。Twitter 上发布的内容大致可以分为四类：一是新闻类推文，美国档案与文件署最近活动的简短新闻介绍，会附上 1～2 张照。二是有趣、有意义的文本、照片、音视频等档案分享推文，及其背后的故事的简单阐述。三是国家档案馆最新业务进展及活动通知推文。四是与公众的互动推文，美国档案与文件署会在推特上通过文字、图片、小视频等形式回答公众关于馆藏档案资源、档案工作等方面的提问。③Pinterest。Pinterest 是一个“钉板式”照片共享社交网络平台，允许用户创建和管理基于主题的图像集，如事件、兴趣、爱好等。美国档案与文件署在 Pinterest 上主要有两个账户：一是“USNational Archives”，这上面可查找家谱档案照片、精美历史照片、专利图纸照片，以及与即将到来的展品相关的图像、时尚、设计等。二是“Our Presidents”，推送前总统们小时候的照片、第一夫人的时尚穿着照片“、第一宠物”照片等。截至 2020 年 2 月，美国档案与文件署在 Pinterest 的两个账户还分别保持着每月 4.5 万次和 1.9 万次的高浏览量。

(2) 数字档案资源共建与共享。吸引公众参与数字档案资源的著录、开发、资源补充、背后故事挖掘等共建共享工作，是美国档案与文件署应用社交媒体的重点。此方面美国档案与文件署使用的平台主要有：①Giphy。Giphy 是一个互联网众包动态图片资源网站，允许用户以 GIF 格式搜索、发现和共享各种动态图像。美国档案与文件署在 Giphy 上共享的 GIF 动图涉及第一次世界大战、第二次世界大战、名人、女性历史等各种主题。这些 GIF 动图大多是从视频档案资源中截取出来的经典瞬间。例如，为庆祝美国宇航局成立60周年，美国档案与文件署在Giphy上发布了“阿波罗计划月球登陆”“宇航员培训”“友谊之旅”三个专题数十张动图，使用户能快速直观了解美国宇航局探索太空的工作。截至2020年2月，美国档案与文件署在Giphy上共享的档案资源GIF动图，共被浏览了14亿次。②Instagram。Instagram是当下最热门的在线照片和短视频共享社交媒体平台。截至2020年2月，美国档案与文件署在Instagram上共有18个账户。5个国家和城市档案馆账户：主要共享馆藏档案中有意义、有趣、经典的照片档案和活动照片和短视频。12个总统图书馆及博物馆账户：主要共享美国前总统们之前的工作、活动、生活等方面照片档案以及与他们密切相关人物的照片档案。1个“国家档案保护项目”账户：共享档案工作者工作时的照片及短视频。美国档案与文件署在Instagram上与用户的互动性极强，每个共享的档案照片下通常有数百个点赞和评论。同时，美国档案与文件署还鼓励用户在Instagram上共享自有照片档案资源和参与美国档案与文件署活动的照片。③YouTube。YouTube是一个视频共享网站，它允许用户上传、查看、评分、分享、评论、收藏视频以及订阅其他用户。美国档案与文件署在自己的YouTube官方账号上发布三类视频：一是国家档案馆中保存的历史视频，如第一次世界大战及第二次世界大战时期的视频。二是美国档案与文件署举办活动或会议时直播及其回看视频，如美国档案与文件署常规举办的“宪法日入籍仪式”直播视频。三是档案工作者的工作视频，如档案工作者修复一个破碎纸质档案的工作视频等。公众还可以参与该平台部分视频的字幕添加、转录等工作，这一过程需要的不仅是技术支持，更重要的是官方和用户的共同参与。④Historypin。Historypin是一个融合地理位置信息与图片的社交媒体，美国档案与文件署鼓励公众在其上按照谷歌街景共享照片、音视频档案及其背后的故事，以每个人独特的描述和记忆来充实呈现身边环境的变化。例如，美国档案与文件署做了关于华盛顿街道、建筑及历史事件的照片档案等专题收集。

（3）信息技术协同开发。美国档案与文件署使用社交媒体积极吸纳人才，提升信息技术能力，目前主要做法是将已开发的部分应用程序发布在开源社区GitHub上：①美国档案与文件署文件分析器。验证文件名称、大小、类型、内容的可读取性等，并生成验证分析结果报告。②美国档案与文件署视频帧分析仪。自动执行数字化视频文件的质量控制和视频帧级元数据的分析操作。③美国档案与文件署AVI编辑器。为AVI格式文件提供编辑、嵌入、导入和导出元数据等操作，便于后期管理与开发。④美国档案与文件署MediaInfo。支持多种媒体文件格式的视频参数检测工具，其支持自定义数据显示和格式导出是美国档案与文件署将其共享在GitHub上的重要原因。

（4）公民档案员社区自主建立。美国档案与文件署除了使用第三方社交媒体，还于2010年开始搭建可实现公众间共享档案资源、参与档案信息资源开发、互动交流的自建社交网络——公民档案员平台（Citizen Archivist Dashboard）。公民档案员平台上有六种公众参与美国档案与文件署数字档案资源整合与服务的方式：①转录数字化后的历史文件。2020年2月在进行的专题有“阿拉斯加公路委员会”“富兰克林·罗斯福演讲档案”等。②贴标签。为在线档案增添关键词、术语、人名、地名、事件等标签，以便于用户查找和利用档案。③用Amara为视频添加字幕与翻译。主要针对的视频是第一次世界大战与第二次世界大战时期的电影。④天气报告抄录项目。抄录数字化后的第二次世界大战至内战期间海军、缉私船及海岸警卫队的船务日志。⑤维基文章编辑员。倡导公众在编辑维基文章时引用美国档案与文件署提供的档案资源，加大档案在维基的覆盖面。⑥开辟“HistoryHub”（历史中心）网页板块。让公民档案员在其上提出问题、相互交流经验、寻找所需档案数字资源并获得项目管理员的工作支持。

【背景】

社交媒体凭借其社会性、自媒体特质、联动性等优势得到社会组织、机构、群体、个人的全面应用，其功能涵盖创作、信息传播、资源共享、业务协同、社交服务等，为创新国家数字档案资源整合与服务信息基础架构提供了探索空间，得到了各国与地区的应用。在世界范围内，档案机构应用社交媒体已有十多年的历史，中国档案机构对社交媒体的应用以2010年的政务微博元年为开端，发展至今取得一定成效，比如建立起“一站式”档案资源服务与共享共建平台。

【原理】

社交媒体是基于人际关系进行信息共享、资源传播、文化建立的新型互动媒体平台，档案服务创新则包含注重服务社会化、服务民生、服务文化休闲、服务信息化的特点，与社交媒体工具相适。档案机构可利用社交特质构建并持续升级数字档案资源整合与服务的信息基础架构。

【案例解读】

美国档案与文件署多元化地运用社交媒体，使得不同的群体如公民、科研人员等更多地被吸引，更多地关注和参与档案资源建设。它通过社交媒体构建并持续升级数字档案资源整合与服务，如下策略应当得以关注。

一是多层次构建完备制度。战略性的政策导向与具体制度的细化指导所形成的社交媒体应用制度体系是在国家数字档案资源整合与服务中深度应用社交媒体的必要条件。有赖于社交媒体战略，美国档案与文件署得以在国家数字档案资源整合与服务中协同不同主体、受众、目标、技术、过程等。相比之下，我国由于缺失针对性制度，在社交媒体应用整体规划与日常运营中都稍显混乱。下一步我国档案机构在社交媒体应用制度体系建设方面，应着重于以下几点：①制订整体布局社交媒体战略。档案机构应结合《关于加强和改进新形势下档案工作的意见》《档案事业“十四五”规划》以及“互联网+”与新媒体相关政策，宏观布局社交媒体应用的目标、准则及方法。②配套辅助性政策。例如制定社交媒体账户开设，信息发布的内容、形式、语言、步骤、风险评估，信息管理等方面的操作细则与指南。③保持制度的可持续性。在不同实施阶段，不断接受公众和专家的完善意见，以实现有输出、输入及反馈的循环系统。

二是匹配需求强化平台应用效率。国家数字档案资源整合与服务涵盖档案业务工作的不同方面，只有针对不同方面的目标以及需求选取平台才能将应用效果最优化。第一，深化对社交媒体平台的认知，对社交媒体平台从传播性能、特点、主体、对象等方面予以调查和理解，发现社交媒体的潜在使用可能。第二，明确档案工作的需求，从国家数字档案资源整合与服务的整合方式、整合对象、整合措施等方面的需求出发，明晰用社交媒体做什么。第三，落实需求匹配，即针对不同社交媒体在特点、受众、功能等方面的不同，选择最合适的社交媒体及协同方式来支持数字档案资源整合与服务。例如，我国的类似于GitHub这样的开发者社区——Coding，档案馆利用其开放共享的特点，面向众多的档案和技术人员，不定期分享有关社交媒体运营的资源及项目，能促进社会公众在专长和专业领域内为档案馆利用社交媒体做数字档案资源整合与服务出力。

三是基于协同主体机制深化资源建设的支撑功能。社交媒体能创新档案资源共建共享的途径、内容、方法和形式，其关键在于做好受众的多元分析，并建立不同受众的协同机制。我国的许多档案机构依托微博与微信公众号整合与提供各具特色的档案资源，如家庭档案，呈现国家建设与个人发展历程，这些实践有一定成效。但依据社交媒体的强大媒介功能还需提升内容与形式的多元性，这需要以用户为中心明晰多元需求：在内容主题的选择上应当连接历史与现实、国家与个人、趣味和知识。在形式上应当采纳不同类型的平台从简单的文本、视频、图片等拓展到3D、游戏、技术代码等。在方法上不仅限于单向的输出与呈现，还可以发挥社交媒体的互动与社区功能，吸引用户在协同主体建设的框架内贡献充实数字档案资源，例如美国档案与文件署对Historypin的成功应用。此外，在为部分有专长的用户提供档案资源时，可以争取其帮助以完善数字档案资源整合与服务，如历史学家、计算机高手、谱系学家等。

四是强化社交媒体运营机制过程建设。完善的运营机制有利于全过程多方面保障在国家数字档案资源整合与服务中深入应用社交媒体。可从两大方面设计：一方面，最大化社交媒体应用效果。使用定量分析等方法分析信息行为，优化社交媒体的取舍、运营方案、内容设计等。例如，美国档案与文件署2018年停用收效甚微的Storify，其评估使用的社交媒体数据分析仪表和度量标准值得借鉴。同时，通过分析平台数据和用户信息设计相应的推送方案，优化传播效果。此外，及时追踪与发现时事热点，积极与历史故事融合，用老档案来讲述新故事。另一方面，加强团队建设。制定能力培养和发展计划，明晰社交媒体员工的职责、必要的培训和技能以及可用到的平台或工具。重视合作及多方参与，联系政府内涉及社交媒体运营的各部门，通过在线研讨会、电话会议、视频群聊上的教学会议等加深社交媒体运营的经验交流。

五是基于社交媒体创新国家数字档案资源整合与服务理念。一方面，将人文情怀融入社交媒体的使用。在国家数字档案资源整合与服务的创新升级的过程中，不应只是简单地拓展至社交媒体档案的物理迁移和保存，还应当发挥其共享、开放、参与社区的特点，以用户为中心，切合公众需求，密切公众互动，发动公众档案工作参与力量。另一方面，加强立足于社交媒体应用的传播理论与方法的学习乃至研究。这要求如上述所说要解析媒介的发展趋势及规律，针对社交媒体的不同特征形成最佳应用方案，提炼国家数字档案资源整合与服务中应用多元媒介的方法，从而能将经验持续应用于动态变化的媒介群落中。

【思考题】

1. 社交媒体在国家数字资源建设中的作用是什么？

2. 美国档案与文件署的社交媒体应用体系是什么？

案例 5-4　河北省财政厅公务人员差旅电子凭证的网上报销改革[①]

【案例简介】

2017 年 9 月，河北省成立了省政府主要领导任组长的预算单位差旅电子凭证网上报销试点工作领导小组，办公室设在省财政厅，明确各部门职责分工，细化时间节点。在政策层面，领导小组修订差旅费管理等有关办法，反复推敲方案细节，并邀请国电联办、财政部等领导专家进行方案论证，加强与审计、监察、公检法司等执法部门的沟通。

河北省依托财政国库集中支付电子化管理系统和互联网资源，搭建起预算单位差旅电子凭证网上报销平台，探索建立差旅电子凭证网上报销新途径、新模式。根据电子凭证网上报销的操作流程，预算单位财务工作人员首先申请开通“公务之家”财务管理 PC 端管理员账户，用于财务审核，并申领 USBKey 数字证书和数据摆渡盘。同时，开通“河北财政信息系统一体化平台”中的“财政公务卡子系统”功能用于差旅报销费用的网上还款，开通“会计集中核算子系统”功能用于差旅报销费用的会计核算。

申请出差人员提交出差申请时，使用“公务之家”手机 App 填写出差事由、出差类型、出发和返回日期、出差人员、所乘坐交通工具、经费列支渠道等相关信息，并提交给审批人。审批人核实出差人员的申请并给出审批意见。服务平台自动对出差申请管理的全过程进行电子签名，并将此作为财务报销的依据。

报销时，由服务平台对各服务商提供的电子凭证进行真伪识别、合规性校验、格式化转换后，出差人员在手机 App 中填制报销申请，按本单位差旅费用报销审批流程提交审核。审核通过后，单位财务工作人员在“公务之家”财务管理 PC 端核定报销申请单中的各项费用，生成电子报销数据，包括电子支付文件和会计电子原始凭证等，并使用摆渡盘导出数据。

财务工作人员将支付数据导入“河北财政信息系统一体化平台”的“财政公务卡子系统”中，完成报销费用的支付。将会计电子原始凭证导入部署在财政部门的“财政财务会计电子原始凭证集中存储系统”，并在“会计集中核算子系统”完成会计核算。如果单位部署了本单位的电子凭证柜，则同时导入电子凭证柜，妥善保存会计电子原始凭证。

一年来，河北省预算单位差旅电子凭证网上报销的试点工作，得到国电联办、财政部的高度肯定，也让试点单位第一时间享受到改革成果。

---

① 案例来源于张敏、何菲、霍辽远：《电子凭证网上报销时代悄然来临——河北省预算单位差旅电子凭证网上报销改革试点成效明显》，《中国财政》，2019 年第 7 期，第 64～66 页。

省机关事务管理局从 2017 年 10 月试点以来，基本实现局机关人员全员注册、95%以上差旅管理线上申报、审批、报销，在差旅人员特别是经常出差在外的人员中引起较大反响，带动了全局财务服务、监督管理、核算、财务数据应用等各方面效率的巨大提升。

河北省试点工作通过国电联办、财政部的初步验收，目前已在河北省直各部门，各设区市、定州市、辛集市、雄安新区及所辖各县（市、区）展开，每个市县至少选择 3 个信息化及财务管理基础较好的预算单位实施，2018 年底实现河北省预算单位差旅电子凭证网上报销试点省市县三级“全覆盖”。

【背景】

互联网技术和移动支付快速发展使原有差旅报销流程显得格格不入，应该顺应信息时代潮流开展“报销变革”，探索会计档案电子化存储的全流程电子化管理。建立公务差旅网上报销新模式有助于培育电子文件应用环境，提高政府信息化效能，推进国家治理体系和治理能力现代化。

【原理】

电子文件单轨制与全程管理已成趋势，电子文件单轨制是指文件完全在电子环境中运行管理，电子文件需在形成运转全程通过技术手段保障原始性、真实性。尤其在财务会计业务领域，以会计凭证、账本和报表为内容的会计档案以几何级数量增长，需要脱离纸质文件管理，实现电子凭证在线形成与文件全程管理以释放管理效能。

【案例解读】

河北省公务人员差旅电子凭证网上报销改革取得如下成效与经验。

一是形成会计信息全流程电子化管理新模式，释放管理效能。会计信息全流程电子化体现为会计审核工作脱离纸质电子凭证，同时实现记录—申请—审核—支付—存档—核算的全程在线自动化管理。记录指公务人员出差行为的全程、全方位电子化记录、采集，如公务人员出差网上申请、审批、报销，机票、火车票、汽车票、定点宾馆等网上预订，国库集中支付系统将自动支付。出差人员提出申请可从移动端随时随地上传差旅信息。审核、支付指会计人员通过河北财政信息系统一体化平台进行真伪识别、合规性校验、格式化转换在线自动审核后支付报销款项。电子凭证进入“财政财务会计电子原始凭证集中存储系统”，并在“会计集中核算子系统”完成核算标志电子凭证业务流程结束，进入存档与维护阶段。会计信息全流程电子化管理新模式大大提升报销业务与凭证管理效率，减少机关运行成本。改革通过电子签名、平台识别保障了电子凭证真实性、原始性，实现文档一体化与全程控制。

二是“1+3”制度模式、一体化平台建设提供全面制度技术保障。河北省预算单位差旅电子凭证网上报销改革，已经形成建立一套工作方案，实施一套业务流程规范、一套系统建设规范、一套电子凭证管理规范的“1+3”制度模式，为改革的具体施行给予规范指导，并为向全国推广河北经验提供制度、策略借鉴。另外，一体化平台为差旅信息电子凭证网上报销提供了强力技术保障，省财政厅信息中心负责升级完善河北财政管理信息系统一体化平台，主要完善了公务卡子系统、电子支付子系统和单位会计核算子系统，有效辅助财务人员便捷快速地为每张公务卡准确、及时还款，并实现了自动生成会计账，可准确查找每张会计凭证对应的原始电子报销凭证。

三是扩展公务“大数据”，规范公务行为，辅助决策流程。除提升财务管理效率与水平外，电子凭证网上报销扩展形成公务大数据，更加全方位记录公务差旅数据，系统内可迅速调取出差人员、人次和时间等各项数据并集中展示及查阅分析。差旅数据拓展构建了规范干部公务行为、加强干部管理的新方式，构建了直观反映工作力度、辅助领导决策的新途径，更加直观地反映了工作推进力度，为领导科学决策提供重要参考。例如，系统数据显示截至 2018 年 12 月 20 日，省直试点单位赴张家口调研出差 179 人次、平均 2.5 天，赴康保县调研出差 183 人次、平均 2.8 天。

【思考题】

1. 河北省公务人员差旅电子凭证存档管理的局限是什么？
2. 电子文件单轨制推行的必要性有哪些？

案例 5-5　苏州工业园区档案管理中心的档案信息化建设①

【案例简介】

早在 2011 年，围绕“智慧园区”的总体思路，苏州工业园区档案管理中心开发建设了数字档案馆（室）信息平台。该信息平台包括十大子系统：数字档案馆、数字档案室、在线业务指导、馆藏资源管理、离线档案管理、城建档案整理、GIS 管理、地理库切片归档系统、声像资料管理系统和门户网站。

园区档案管理中心建设的城建档案“在线业务指导”系统是面向全园区建设单位、专门用于建设工程竣工文件归档和报验工作的规范化管理系统。系统根据国家相关法律、法规并结合园区实际建立了整套建设工程竣工文件归档报验流程，包含公司管理、模板分配、文件登记、档案预验收、档案整理、窗口报验、业务审核、移交入库等主要流程步骤，具备在线咨询、工程管理、案卷管理、档案员管理、可视化查询等辅助功能选项，实现了从项目报建、报验审核直至移交入库全过程的规范化管理。

“地理库切片归档”是园区档案工作创新服务理念、打造服务平台的切实体现，是档案工作的一大创新，对拓展园区档案服务领域，提升档案服务水平具有深远的意义。项目于 2017 年分别获得国家档案局优秀科技成果三等奖和江苏省档案局优秀科技成果

---

① 案例来源于金波、戈荟慧：《找准着力点　谋求新突破——苏州工业园区档案信息化建设纪实》，《档案与建设》，2019 年第 4 期，第 63～64 页。

一等奖等荣誉。“地理库切片归档研究与实践”项目由园区档案管理中心于 2015 年 7 月开始建设，旨在对园区开发建设以来形成的地理库数据以定期归档的方式实现长期保存和妥善利用。项目通过选取特定的时间节点，对园区地理库数据进行切片（快照），经过整理后形成具备归档价值的地理库图层数据包，进而按照电子文件归档的标准流程进行归档。

园区档案管理中心重视档案科研工作，近年来建设并完成了多项国家、省档案科研项目，先后获得了多项国家、省级档案优秀科技成果奖项。与苏州大学社会学院合作共建了“苏州大学研究生工作站”，通过档案科研提升档案管理水平。

园区党工委管委会高度重视信息化建设工作，不断加强信息化建设的领导和规划，部署“智慧园区”建设，推进政府工作与信息化深度融合。作为“智慧园区”建设的一环，园区档案管理中心根据《国家档案局办公室关于印发的通知》（档办发〔2016〕3 号）文件精神，开展“全国示范数字档案室”工作，此项工作得到了国家档案局和省市档案局以及园区党工委管委会领导的大力支持，中心被国家档案局列为全国首批、江苏省仅有的三家试点单位之一。同年，园区管委会成立苏州工业园区“数字档案室”建设领导小组，把创建“全国示范数字档案室”工作纳入园区信息化工作发展规划。通过认真解读《数字档案室建设评价办法》的 6 项一级指标、40 项二级指标、135 项三级指标，园区档案管理中心从领导与组织、基础设施建设、应用系统建设、数字档案资源建设、保障体系建设、工作亮点等六个方面重点投入力量，取得了很好的成效。中心构建了集在线收集、整理、鉴定、查阅、监督、指导等功能为一体的数字档案室系统，从区域性、集中式的角度整体提升了全区数字档案室信息化建设和服务水平。

2018 年 10 月，园区档案管理中心通过了国家档案局馆室司组织的由全国档案专家组成的评估组的现场测评。2018 年 12 月 26 日，国家档案局正式发文《国家档案局关于批准苏州工业园区档案管理中心数字档案室为“全国示范数字档案室”的通知》（档审字〔2018〕65 号），园区档案管理中心数字档案室正式成为“全国示范数字档案室”。

【背景】

城建档案作为城市建设的真实记录，蕴含着大量城建信息，直接支撑城市的运转。城建档案信息化是智慧城市建设的基础信息支撑，加快城建档案信息化可有效赋能智慧城市建设与政府数字转型。城建档案数字化建设包括管理信息系统建设、数字档案资源建设等多方面工作。

【原理】

电子文件管理对前端控制的要求是实质性甚至是强制性的，理想的解决方案是由一个系统统管全程。即使尚未建立统一的电子文件管理系统的机构，也在现有系统中强化了前端控制，将文件阶段、档案阶段的管理任务统筹安排，将可能在文件生成初期完成的工作尽量提前。

除前端控制与全程管理外，城建档案信息化管理平台又与地理信息系统可视化技术具有天然相适性。Geographic Information System（GIS）是用于采集、存储、查询、分析和显示地理空间数据的计算机系统。城建档案的记录主体“项目”在空间中有唯一对应的实体，因而与GIS关系数据库相配，使项目在计算机系统中成为聚合、关联档案的直观基本单位，方便了工程项目数据与电子文件的逻辑归档。并且，GIS系统支持图层叠加来分层、组合显示不同类型的文件，适用于城建档案多类型档案的整合、关联与利用。

【案例解读】

园区档案管理中心开发的数字档案馆（室）信息平台具有三大特色，即政策对接地区信息化顶层规划，采用前端控制、全程跟踪的流程模式，实现三维可视化库房管理和GIS可视化管理。具体内容如下：

一是政策对接地区信息化顶层规划。园区党工委管委会提出“智慧园区”建设目标，容纳档案工作信息化作为“智慧园区”建设的基础环节。园区档案管理中心依照《国家档案局办公室关于印发的通知》（档办发〔2016〕3号）文件开展“全国示范数字档案室”建设，同年，园区管委会成立苏州工业园区“数字档案室”建设领导小组，把创建“全国示范数字档案室”工作纳入园区信息化工作发展规划。2018年10月，园区档案管理中心通过了国家档案局馆室司组织的由全国档案专家组成的评估组的现场测评。2018年12月26日，国家档案局正式发文《国家档案局关于批准苏州工业园区档案管理中心数字档案室为“全国示范数字档案室”的通知》（档审字〔2018〕65号），园区档案管理中心数字档案室正式成为“全国示范数字档案室”。

二是采用前端控制、全程跟踪的流程化运作模式。其体现为在工程竣工前开始工程文件报验与归档，并在管理过程中随时加入过程文件档案，实行卡片式流程管理。以城建档案“在线业务指导”系统为例，该系统是面向全园区建设单位，专门用于建设工程竣工文件归档和报验工作的规范化管理系统。首先，建设单位最早可在项目取得建设工程规划许可证前，在系统内报建登记项目信息，项目过程中产生的文件均可随时在系统内进行登记。同时，系统具备工程跟踪管理功能，实时跟踪工程状态以及文件收集进度，便于用户掌握项目动态。其次，其归档目录实行模板化管理，提高了收集效率。系统内嵌的“建设工程竣工档案归档内容与排列顺序表”按照国家相关法律、规范制定，用户需按照模板所示的内容及排序逐条登记文件，大大提高建设工程文件的收集效率以及准确程度。最后，项目实行流程卡片式管理，卡片按照项目流程顺序排列，项目流程清晰，阶段明确，协助用户了解档案的报验过程。

三是实现三维GIS可视化管理。园区档案管理中心保管的城建档案相关管理系统融入了GIS可视化管理功能，可视化平台能够直观、快速定位工程项目及建筑全宗单位下的相关档案与逐年采集的视频、图像等三维GIS数据，同时能通过图层叠加直观地反映园区城建变化进程。以“地理库切片归档研究与实践”项目为例，项目由园区档案管理中心于2015年7月开始建设，旨在对园区开发建设以来形成的地理库数据以定期归档的方式实现长期保存和妥善利用。项目通过选取特定的时间节点，对园区地理库数据进行切片（快照），经过整理后形成具备归档价值的地理库图层数据包，进而按照电子文件归档的标准流程进行归档。项目完成了园区自成立以来（1994年至今）7大类、18 中类、32 个小类的地理库专题图层的切片和整理工作，建设了包括基础设施、地面建设、环境保护、土地规划、市域 CBD、动迁安置等专题，实现了 130 多个地理库归档数据包的在线移交进馆，并通过“地理库切片归档展示系统”向社会公众提供在线查阅、对比、统计等服务。

【思考题】

1. 请概述苏州工业园区工程档案管理信息系统平台的现状与特色。
2. 地理切片归档式管理城建工程档案的优势有哪些？

案例 5-6 江苏省档案馆建设“援鄂医务人员档案数据库”①

【案例简介】

2020 年 5 月 20 日，由新华日报社、江苏省档案馆、江苏省妇联等单位联合发起，“学习强国”江苏学习平台、中国江苏网·新江苏客户端策划制作的江苏援湖北医疗队队员档案云平台正式上线。

2 月 14 日，江苏省档案馆发布《关于面向社会各界征集抗击新冠肺炎疫情防控工作档案资料的公告》，重点征集江苏支援湖北一线医护人员的个人照片、工作影像、抗疫日记、“请战书”等档案资料，全面启动为战“疫”前线“最美逆行者”建立专题档案库工作。

为确保江苏儿女在荆楚大地无私奉献、救死扶伤的英雄壮举，以及江苏人民服从大局，同舟共济共战“疫”魔的珍贵记录得以永存，江苏省档案馆采取多项措施、多种途径，全力为江苏支援湖北一线医务人员建立专题档案。对接相关工作指挥部，收集出征人员名单和相关信息，发布保存个人抗疫档案资料的征集意向和办法，联合省内各级国家综合档案馆、有关医疗机构档案部门以及湖北省档案馆、武汉市档案馆、黄石市档案馆，共同收集相关档案材料，建立援鄂战役档案数据库，与“学习强国”江苏学习平台、新华报业传媒集团等媒体合作，及时收集前线战况、战役镜头、战地日记、人物风采、采访笔记等档案资料。援鄂抗疫结束后，陆续对受表彰的先进典型及代表性人物进行专题口述档案采集。

该平台已收录文字及音、视频档案 5000 多篇，从“战‘疫’日记”“英雄留影”“医护档案”“出征记录”“湖北前线”“专家档案”“口述存档”“融媒报道”等八个方面，全方位、多角度地记录了 2820 位江苏白衣英雄，用 2820 双紧紧攥在一起的手，与湖北人民相拥相握，结成铜墙铁壁，把病人护在里面，把病毒挡在外面，最终圆满完成

① 案例来源于陈向阳、周云峰：《江苏省档案馆创建“援鄂医务人员档案数据库”的探索与实践》，《档案与建设》，2020 年第 7 期，第 1～3 页。

任务，全部安全回家的战“疫”历程。

平台还将不断补充完善，最终实现一个不落、一个不少。本次江苏援鄂白衣勇士一人一档数据平台上线仪式还为医护代表现场录制了紫砂手模，后续还将为每一位医护录制手模永久收藏。

【背景】

随着档案管理工作的不断完善，重大活动与突发事件建档成为拓展档案活动的重要方面，便于保管利用的主题性客体全宗建立再次印证全宗理论创新的必要性。文件在社会活动过程中形成，社会活动过程就成为文件（档案）的真正来源。一个特定的社会活动过程是由主体和客体两极构成的，所以将档案组织成全宗的时候，既可以以社会活动的主体为核心组成主体全宗，也可以以社会活动的客体为核心组织成客体全宗。同时，数字档案资源库建设是客体全宗组织下档案利用的有效保障，是重大事件主题数字档案资源的有效利用途径。

【原理】

抗疫档案的征集与信息化开发展开对重大活动与突发事件建档的理论以及方法探索。重大活动和突发事件档案是指在举办重大活动和应对突发事件过程中直接形成的对国家和社会具有保存价值的各种文字、图表、声像、数据、实物等不同形式的原始记录。案例中的抗疫档案具有多方面的价值，其具体行动是重大公共卫生事件建档的重要体现。

【案例解读】

江苏省档案馆创建“援鄂医务人员档案数据库”取得了一定成效，为公共卫生事件乃至重大活动与突发事件建档提供了行动参照。

一是政府超常推动，多主体联动主导。在两个多月时间内，江苏省档案局与省卫健委、省委办公厅、省政府办公厅等省级政府、党委机构联合下发 4 项关于做好疫情防控档案工作的通知，反映出多主体联动的，对抗疫档案征集的超常推进力度。如省档案馆 2 月 6 日印发《江苏省档案局　江苏省档案馆关于做好新型冠状病毒感染的肺炎疫情防控期间档案工作的通知》，2 月 26 日以省新型冠状病毒感染肺炎疫情防控工作领导小组办公室名义印发《关于加强新冠肺炎疫情防控工作档案管理的指导意见》，3 月 9 日与省卫健委联合印发《关于在新冠肺炎疫情防控中做好文件材料归档工作的通知》，4 月 20 日以省委办公厅、省政府办公厅名义印发《关于做好全省新冠肺炎疫情防控档案工作实施意见的通知》。关于征集实施主体，省档案馆联动全省各市、区档案馆共同征集，联合省内有关单位和医疗机构档案部门，对接湖北省、武汉市、黄石市等地档案部门，联动协同，共同承担“江苏援鄂医务人员档案数据库”的建设任务。在具体的开发层面，省档案馆创建档媒合作新模式，与新华报业传媒集团、“学习强国”江苏学习平台开展合作，合力开发融媒体环境下的在线档案产品《战“疫”·苏史记》，取得了创新性宣传效果。

二是征集对象广泛多元。江苏省档案馆抗疫资料征集范围主要面向社会全体，重点征集江苏支援湖北一线医务人员的个人照片、工作影像、抗疫日记、“请战书”等档案资料，省档案馆专门征集每位援鄂医务工作者在湖北抗疫期间形成的实物、影像、文字资料，对受表彰的先进典型及代表人物，陆续开展专题口述档案采集。此外，所征集的档案资料包含多媒体类型，囊括实物与电子数据等，为后期档案云平台的可视化开发积累了丰富全面的资源基础。至 2020 年 6 月下旬，江苏省档案馆收集到援鄂医疗队队旗等实物 30 多件、日记 160 多篇、工作照片 2000 多幅、视频 150 余条、新闻报道 6000 多篇、电子数据 114GB，2820 位江苏支援湖北医护人员一人一档资料近万件。

三是实现档案资源与新闻的融合开发与社会化编纂。首先，江苏援鄂战“疫”档案数据库云平台使用云平台基础设施，向公众开放已收录的文字及音视频档案 6000 多篇(件)，并在融媒体环境下实现档案与新闻双重视角对江苏抗疫过程的记录、宣传，刊登图文、视频稿件共 15000 多篇。其次，云平台按照抗疫重大主题及人物，以事件、人物全宗形式组织档案资源的开发开放，例如设置“战‘疫’日记”“英雄留影”“医护档案”“出征记录”“湖北前线”“专家档案”“口述存档”“融媒报道”八个专题，全方位、多角度地记录了 2820 名江苏医护人员的援鄂过程。除平台外，省档案馆还在平台上线发布全媒体档案产品《战“疫”·苏史记》，采取社会化开发形式，编纂者不仅有省档案馆和《扬子晚报》的工作人员，更包括了广大网民。网民可通过实时互动式补充、更新，全天候、全民性线上呈现、线上互动，使抗疫档案收集更加全面、详细、完整。

【思考题】

1. 以利用为导向的档案信息化成果、产品有哪些形式?
2. 重大事件档案信息化开发应遵循哪些原则?

案例 5-7　美国国会图书馆 Twitter 的档案化管理[①]

【案例简介】

2010 年 4 月，美国国会图书馆与 Twitter 签订协议，协议规定 Twitter 公司将为国会图书馆提供公司成立之初开始的 tweets 文本。由此，国会图书馆的 Twitter 档案馆项目正式启动。

一是项目目标。国会图书馆认为 Twitter 正成为社会主要的交流与表达方式，由此补充甚至替代了信件、期刊、系列出版物和其他图书馆日常收集的材料，它对国会与公众都有重要价值。因而，开展这个项目的目的是为未来的研究者在学术、立法、创作、

① 案例来源于周文泓：《社交媒体信息档案化管理的挑战与对策探析——基于美国国会图书馆 Twitter 档案馆项目的调查与启示》，《档案管理》，2018 年第 6 期，第 51～53 页。

教育和其他方面的事务中提供关于当代的文化规范、潮流、对话和事件更全面的利用材料。

二是主要任务。项目主要开展如下工作：①接收数据。2010 年，Twitter 交由 Gnip 公司来完成数据移交事务，之后国会图书馆和 Gnip 在移交“现行”tweets 的具体要求和流程上形成共识，移交工作在 2011 年开始。②建立稳定与持续的 Twitter 档案馆。这是指形成稳定和可持续的方式获取、保存与组织 Twitter 不断增长的信息流。③探索实现 Twitter 收藏利用方法。Twitter 信息数量大，增速快，内容和形式的条样化、复杂化等特征都带来了管理与技术层面的挑战，如何将这些海量信息整合成可供对外方便利用的资源需要研究。

三是项目收集对象。项目对 Twitter 的收集对象主要分为三个阶段：①对 2006 年至 2010 年 12 月的 Twitter 档案的文本进行全部收集，这是签订合约时明确规定的。②以更加同步的时间接收 Twitter 在 2011 年之后形成的 tweets 的全部文本类信息。③从2017 年 12 月 31 日起基于国会图书馆的收集政策有选择地收集 Twitter 的信息，形式上不再仅限于文本，而是包括视频、图片、音频、链接等其他形式。

四是项目主体。项目的主要参与方包括三个：①Twitter 公司，主要是明确将 Twitter 平台上的信息提供于国会图书馆，并明确捐赠、知识产权、利用、处置等方面的事项。②国会图书馆，信息的接收方，依据协议对信息进行接收、保管和提供利用。③Gnip 公司，作为 Twitter 公司的执行代表与国会图书馆进行具体事项的协商与落实。

五是成效与不足。总的来说，国会图书馆的 Twitter 档案馆项目获得相关领域内外的关注，从项目启动到每一次的项目进展都有大量的新闻媒体报道；国会图书馆选择的合作平台 Twitter、投入的资金是否合理、项目的成效与目前的实践困境等均引起各方热议。可以明确的是，项目确实形成了一定成果，也为类似实践提供参考，同时也凸显出部分问题供学界与实践领域探索。

自 2010 年达成协议之后，项目成果主要表现为：第一，数据接收方面，2012 年 2 月接收了 2006 年到 2010 年的档案，总共包含大约 210 亿的 tweets。2012 年 12 月，接收了超过 1500 亿 2010 年之后的 tweets 以及相关的元数据。当前，头 12 年的公共 tweets 都得到了接收。第二，在 Twitter 档案馆建设上，国会图书馆同 Gnip 已达成较为统一的整合与移交方式。移交形成了自动化的流程，由 Gnip 从 Twitter 实时获取 tweets，整合之后上传至安全服务器供国会图书馆全天检索。一旦可供下载，国会图书馆就将其下载至临时的服务器，检查其完整性与是否损坏，及时做好统计工作，将其复制到磁带中再将其从临时服务器中删除。第三，利用环节上，制定了部分规范，如利用应遵循三大原则：尊重内容形成者的意图，遵循 Twitter 的利用要求，管理好纳税人提供的资源。

【背景】

社交媒体以各类功能与形态的平台被社会组织、机构、群体与个人广泛用于社会活动中，形成海量记录人类社会活动的证据、记忆材料与信息资源，这些信息的管理成为研究与实践的热门议题。社交媒体信息的档案化管理是电子文件管理向互联网领域拓展的代表性方向，是网络归档在互联网发展中的升级呈现。

【原理】

“档案化”一词随电子文件的出现而产生。在纸质文件时代，“归档”是将档案的载体通过一系列工作环节妥善保管起来。而电子文件兴起后，电子文件与载体的可分离性、电子文件背景信息的重要性、电子文件的物理结构和逻辑结构都使电子文件的保存不能适用于“归档”的概念。移动互联时代，海量信息在社交媒体平台生成，其中相当一部分具有独特的业务价值、证据属性和记忆功能，有必要将其视为数字文件的一种特殊类型进行档案化管理。社交媒体信息档案化管理是指为尽可能保障社交媒体信息的真实性、完整性、长期可用性以及维护其凭证效力和信息价值而采取的系列保存措施与管理过程。

【案例解读】

国会图书馆 Twitter 档案馆项目面临许多困境，这是由于社交媒体变革了信息形成与传播的环境，其经验为明确开展类似项目的策略提供了探索方向：

（1）明晰社交媒体档案化管理的挑战。

国会图书馆调整档案化政策，明确提出从全部接收到部分接收，这确实也呈现了社交媒体信息档案化在范围设定上的困难：一是收集对象的体量远远超出管理负荷。海量的个人形成者意味着庞大的信息体量，加之其几何级增长对存储空间以及管理设施与人员配备提出更高的要求如何在多元的信息资源中评估社交媒体信息的价值并配备相应的资源管理成为难题。二是形式多元。当前以视频、图片等形式为主的视觉类信息海量形成，因而接收的将不仅限于文本类信息，这将进一步加重接收与保存工作的负担。三是如何确定收集范围极具挑战。国会图书馆提出将按照已有的收集政策，然而社交媒体信息在记录多样性如主体、主题、事件、形式、背景等方面都有极高的复杂程度，同时碎片化信息又存有大量信息噪音，档案领域一直都未能完全达成如何科学鉴定的定论，如何应对这些信息则更具难度。四是明确提供利用依旧是档案化管理重要的目标环节。收集政策的调整很大程度是为后续的管理环节提供更多实现的可能，国会图书馆在提供利用方面停滞很大程度在于没有在设计和启动项目时充分理解信息整合和利用面临的挑战。

（2）深化主体协作是应对资源不足的方向。

Twitter 档案馆项目是三方协作的成果，这得益于国会图书馆网络档案化的前瞻意识与 Twitter 公司的社会责任意识且得到 Twitter 公司指定的执行方及时有效的落实。然而目前协作并不充分，作为信息接收方的国会图书馆并没有在档案化及其之后的整合、开发与利用上建立有效的协作框架。这也对类似的项目给予启示：应当倡导更多记忆机构的参与来共同配备资源以分解任务难度。图书馆、档案馆、信息协会依据各自的优势共同制定各有分工的网络档案化并实施各自的配额任务早有已定传统。面对日活用户以亿来计的社交媒体平台，若要使档案化保存进度跟上形成与传播的速度，联合其他记忆机构参与项目可能较为必要。其次还需要引入第三方机构的力量。无论是商业公司还是公益性的社会机构，目前都有参与社交媒体信息档案化的意向与实践，如较知名的企业 Archive Social 与公益机构互联网档案馆都在开发针对社交媒体信息的工具，互联网档案馆的重要收藏也包括这些社交媒体，因而从专业与技术角度同这类机构展开协作也是一个重要方法。充分发挥社会公众的集体智慧也是重要思路。由信息体量造成的档案化管理挑战可以尝试通过公众的参与有效分解任务，英国在开展奥运会社交媒体档案化项目时就提出类似的解决方法，即由公众参与形成大量信息造成的管理困难也应当由公众参与档案化管理解决。

（3）面向管理需求提高技术能力。

社交媒体信息档案化管理过程中数据的处理、移交、接收、整合、开发、利用等无一不需要技术的支持，然而，这些环节的贯通不能用目前的电子文件、档案、信息管理系统或是网站档案化技术方案加以解决。这很大程度是社交媒体信息在数量、内容、形式、背景等方面的特殊性与复杂性造成的。例如，由跨媒介信息构成的记录如何实现整合与语义开发就极具技术难度。因而，社交媒体信息档案化管理需要充分构建技术能力。于社交媒体信息档案化管理而言，自动化的流程、智能化的挖掘、即时性的利用以及充足的存储空间是关键，这些都需要应用各类前沿技术且需要持续升级应用。在其中，电子文件管理系统和已有的网站档案化平台都应提供充分的基础架构与经验，并通过 API 工具调用社交媒体平台的程序接口将信息捕获，只是系统或平台需要依据社交媒体信息的内容、形式与背景特征调整。同时，大数据、人工智能、云计算等技术应当充分应用于整体流程中，例如可通过大数据技术做好信息组织，人工智能可帮助解决劳动量较大的工作任务如对照识别已在平台删除却在删除前被捕获的信息，云计算可通过灵活的分布式存储尽量降低存储成本。

【思考题】

1. 如何激发公众参与社交媒体信息档案化管理？

2. 社交媒体信息档案化管理可以使用哪些技术及如何使用以促进管理的自动化、智能化、即时化？

案例 5-8　美国档案与文件署电子文件的全数字管理①

【案例简介】

为实现电子文件全数字管理，美国档案与文件署（NARA）为此实施了一系列推进式举措，主要包括以下四方面：

① 案例来源于周文泓、马晓玥、王锦文等：《电子文件全数字管理的实现框架研究》，《兰台世界》，2019 年第 10 期，第 15～19 页。

（1）规划方向性战略。

在《总统备忘录——管理政府文件》要求有关部门制发文件管理指令的背景下，美国档案与文件署与美国行政管理和预算局在 2012 年联合发布《政府文件管理指令》，通过征求联邦机构、跨机构组织及利益者意见，构建合法合规的文件管理框架，要求联邦机构尽可能消灭纸质文件，完善电子文件全数字管理。联邦文件管理改革有两个具体目标：一是到 2019 年末，联邦机构要实现将文件以电子形式进行管理和移交，推动联邦机构文件管理的电子化和规范化进程；二是到 2016 年末，联邦机构要以可访问的电子形式管理电子邮件。《政府文件管理指令》中的计划项目时间安排清晰：例如到 2013 年末，各机构制定并实施数字转型计划，美国档案与文件署要完成并颁布永久电子文件移交指南修订稿等；2017 年末，美国档案与文件署应完成对《通用文件保管期限表》的重大修改等。

2018 年 2 月，美国档案与文件署发布战略计划（2018—2022），在明确自身定位与方向的前提下设定具体的目标，明确相应任务以及路径。其中，关于电子文件全数字管理提出了进一步的发展要求。例如，明确联邦机构高级官员负责机构电子文件管理计划的审查；修改永久电子文件的移交指南；创建新的电子邮件指南；完善电子文件管理框架，构建方法与工具、系统与技术、政策与规范、人员与职责以及外部监督与评估的有效保障框架；为保障联邦机构电子文件管理活动合法合规性，定期召开高级机构官员会议，讨论指令执行进展情况等。

（2）制定保障性制度。

以《政府文件管理指令》为纲，美国针对永久性电子文件的全数字管理提出阶段目标，从各机构关于电子文件的转移格式、元数据、机构培训、风险管理等方面提出要求并加以指导，针对电子邮件和电子信息这两类特殊电子文件提供了相应的管理指南。在针对永久性电子文件的制度上，美国档案与文件署发布的《政府文件管理指令》确定了电子邮件文件管理成功标准的目的，并从政策、系统、获取途径和处置四个方面提出管理电子邮件的要求，列举与电子邮件管理相关的法规、规章以及美国档案与文件署发布的指南、公告等制度性文件资源，以提供健全的电子邮件管理的配套标准规范。为实现此目标，美国档案与文件署发布了《永久电子文件管理标准》，为各机构提供了成功管理永久电子文件的标准，包括各机构为实现 2019 年的目标必须重点关注的关键领域和供各机构完成的业务活动。对于永久电子文件的转移，美国档案与文件署在《永久电子文件转移格式指南》和《永久电子文件转移元数据指南》中，对于移交永久电子文件时可接受的文件格式、方法、步骤都做了相应规定，定义了向美国档案与文件署传输永久电子文件时必须附带的最小元数据元素集，与战略中关于转移永久电子文件中包括元数据的行动相配合。

（3）开发执行性系统。

为保障电子文件全数字管理的顺利推进，美国档案与文件署不仅从国家战略和制度层面予以重视，为电子文件的科学高效管理提供可靠外围保障，更结合数字环境下计算机技术的进一步发展，有计划地推动系统的开发，以具体落实和执行电子文件全数字管理的目标与任务。针对电子文件爆炸式增长带来的一系列问题，美国档案与文件署做出战略性布局，启动电子文件档案馆（ERA）项目，旨在保证联邦政府永久性电子文件的移交、接收、管理、保存和利用等环节流程化、一体化、系统化和科学化。该项目最早从2002年正式启动，于2012年基本完成，具备支持联邦机构向美国档案与文件署提交审核保管期限表、移交电子文件，以及电子文件接收、处理、长期保存和开发利用等功能。

具体而言，在系统架构方面，电子文件档案馆系统采用开放档案信息系统(OAIS)，即为解决电子文件的长期保存问题以及保护电子文件的真实性、完整性而提供的参考模型。电子文件档案馆系统兼顾信息生成者、管理者与利用者三大主体的需求，保证了信息生成、管理与利用之间的互联互通，从宏观上保证了综合性数字档案馆系统的合理性。此外，电子文件档案馆系统还包括存取工作区、存储工作区和查询工作区等三大工作区，满足各种功能需求，例如联邦机构生成的永久性电子文件的移交与接收，电子文件在系统存储模块中的保存、备查以及电子文件元数据的保存，公众对允许开放的电子文件的查询以及在线利用等。

由于开发时间跨度大，电子文件档案馆部署目标也不断调整，从最初保证系统具备真实性、持续性与可进化性以满足电子文件长久保存利用的需要，到建设综合性的数字档案馆系统，打破了电子文件形成的时间、空间与载体的限制。为更好地适应新形势下电子文件管理的需求，美国档案与文件署于2015年正式启动了电子文件档案馆2.0项目。电子文件档案馆2.0项目在系统开发理念、开发方法、技术架构、功能规划等多个方面都进行了优化，在提高移交处理效率和降低管理成本上有突出的表现。

美国档案与文件署除了开发电子文件档案馆系统以满足联邦机构永久性电子文件长期保存和利用的需要，也出台了《通用电子文件管理要求》，制定通用机构风险管理要求。这份通用要求根据生命周期和移交格式划分了不同的需求主题、需求类型、需求优先级、资源等情况。在第四节中也为代理机构提供了管理电子文件的标准，帮助供应商提升应用电子文件管理工具的能力，并帮助代理机构确定最佳工具以满足其需求。联邦机构在机构电子文件的管理和处置过程中可以参考《通用电子文件管理要求》，开发本机构的电子文件管理系统，做好全数字管理的前端工作。

【背景】

电子文件的高效管理已成为美国联邦政府优化升级尤其是建设开放政府的重要措施，这在《政府文件管理指令》里得到明确。电子文件的全数字管理作为战略核心，持续在美国档案与文件署的规划中被凸显为关键目标。

【原理】

电子文件全数字管理是指机构内建立了功能完善的电子文件管理系统，可以对本机构的电子文件实施全程管理，可以与机构业务流程和其他信息流实现高度集成，实现电子文件全生命周期的无纸化。在较成熟的电子化环境中，电子文件管理系统能够对电子文件实时鉴定，实时捕获和归档，完整记录和维护元数据，有成熟的日志管理，从而确保机构能够依赖这些文件开展业务活动。

【案例解读】

（1）建立电子文件全数字管理的配套措施。

为实现联邦政府的电子文件全数字管理，美国档案与文件署对应不同需求设定不同功能的配套措施，这为实现框架的构建设定了多元的基本构件：战略用于从宏观层面确定电子文件全数字管理的方向、价值、紧迫性以及整体规划，为电子文件全数字管理提供顶层指引；制度用于电子文件全数字管理实现过程中的全面指导，帮助确认电子文件全数字管理的方法、流程、环节、系统功能要求等；系统用于从实践上落实全数字管理，只有配套相应的功能模块，全数字管理的意识、方法与具体方案才能得以实现。

（2）促进各类措施的关联以形成组合效应。

实施框架的完备构建不仅在于不同构件的确认、设定以及设计，还在于将各构件从整体进行关联，从而能够为电子文件全数字管理的统筹规划和实践落实提供方案。从美国档案与文件署各类推进措施来看，各构件不仅发挥各自效用，且形成了组合效应，主要表现在两方面：一方面，各构件具体内容的设定具有较高的契合度。从现有框架来看，战略、制度、系统各有侧重，但电子文件全数字管理的内涵贯穿其中，各构件之间相互统一和衔接。例如，系统建设是全数字管理中的重要任务，为此美国档案与文件署制定了系统功能需求作为制度规范，成为系统开发、策略或采购的标准。另一方面，各类型的措施是组合推进，在时空上达成一致，共同实现不同阶段的目标。

（3）构建动态性升级的技术方案。

电子文件全数字管理并非一蹴而就的静态事务，美国档案与文件署的实现框架较好地针对它的复杂性与动态性进行了过程性构建。电子文件全数字管理既非简单的技术方案升级，亦不是纯粹管理层面的制度调整。它涉及管理、技术、文化、司法等多方面的事宜，相应的实现战略、制度、系统难以在短期内完整设计到完全成熟的程度。同时，电子文件全数字管理的理论内涵与实践要求亦在探索中，在数字环境多变和社会转型深入的情况下其要义与具体表现在动态变化中。从美国档案与文件署的电子文件全数字管理的实施框架来看，其内容在持续建设中。以战略为例，在 2010 年之前的电子文件管理整体建设基础之上，其于 2011 年在联邦政府层面的战略中被提出，并随之在 2013 和 2018 年的战略规划中被设定为核心目标之一。在不同阶段，电子文件全数字管理从被简单提出到有一定阶段性规划，至今则有更明确具体的规划和任务设置。在制度层亦是如此，电子邮件管理的相关制度在 2011 年将其作为优先任务后，从 2013 年至 2017 年进行了系列性的制定，从提出基本框架到新方法，并配套相应的培训指南，这些都显示出过程性建设的重要性。

【思考题】

1. 如何立足我国国情理解电子文件全数字管理？
2. 如何设计电子文件全数字管理建设的实施框架？

案例 5-9 英国 ARCHANGEL 项目探索可信数字档案管理模式①

【案例简介】

英国 ARCHANGEL 项目是首个专门针对档案完整性管理问题所开展的为期 24 个月的区块链技术可行性及应用研究项目。该项目的目标是通过设计、开发和试验基于分布式账本技术（DLT）的系统来验证存储在数字档案中的信息或数据没有被更改或篡改，确保数字档案的长期可持续性，以促进访问并保证数字档案内容的完整性。区块链是一个点对点的分布式系统，由几个或数千名参与者共同参与，每个参与者都参与了对系统内存储数据的验证和接受，每个人都可以检查和添加系统数据，但没有人可以改变它。因此 ARCHANGEL 项目提出区块链是一种保障数据不被篡改，恢复数字档案信任的方式，其中分布式账本技术是区块链的一种具体应用，能够为数字档案的完整性提供保证。该项目联合世界领先的多模态信号处理小组（CVSSP）、萨里大学商学院的数字经济中心（CODE）以及包括英国国家档案馆和开放数据研究所（ODI）在内的 AMI 利益相关者联盟建立了一个战略性的多学科合作关系，由 UKRI/EPSRC 数字经济计划提供经济资助。

ARCHANGEL 项目研发的系统运行流程为：首先在移交保存文件时，文件格式识别工具通过对文件内的二进制信息进行分类来确定文件的内容类型（如 PDF、Microsoft Word），而不管其附带的元数据如文件名；其次，通过哈希算法以一种依赖于格式的方式从文档中提取内容证据；再次，在提取出内容证据后，将文件名或其他全局唯一标识符（GUID）、哈希值和标志着哈希算法过程的唯一标识符与区块链的补充元数据一起存储在分布式账本中，这种补充元数据可能包括档案管理员的说明、存储日期、版本信息等；最后，许多甚至是跨国参与的档案馆可以在任何时候对照存储数据进行验证以确保文件的完整性，共同维护、检查数据的意外和数据是否有故意损坏的状况。该系统可以确保两点：第一，在数字档案中没有未经授权的改动，利用分布式账本技术的透明性和不可改变性，在档案馆和研究人员、历史学家、记者和公众等用户之间建立信任；第二，任何经授权的改动都有透明的、可审查的线索，因此系统中存储的元数据如档案管理者的说明或存储日期等应支持搜索，从而可编制索引和交叉引用，这也意味着每个数字对象的哈希值都必须包括关于该对象的元数据，而且在哈希值存储在分布式账本中时，元数据必须是可搜索的。

通过以上方式 ARCHANGEL 项目能够确保数字档案的可信性，这使得数字档案不仅适用于学术研究和参考，而且可用于法律案件、官方调查以及追究组织机构和政府的

① 案例来源于杨茜茜：《基于区块链技术的电子档案信任管理模式探析：英国 ARCHANGEL 项目的启示》，《档案学研究》，2019 年第 3 期，第 135～140 页。

责任，其项目影响力也并不局限于传统的档案和记忆机构，还包括大学科研数据的存储和管理、跨国公司财务和技术数据的监管和维护等多个领域。目前该项目建立的新系统已经在英国、爱沙尼亚、挪威、澳大利亚和美国的国家档案馆进行了试用。

【背景】

数字环境中电子文件瞬息万变，具有动态性、技术依赖性等特征。这为档案馆在数据管理和维护方面带来了新的技术挑战，例如公众如何确定数字档案在发布时与原件基本无异？对此，有效利用各类数字技术为应对挑战的对策之一。其中，区块链作为新一代的泛在信息基础设施，能够以难以篡改、全程回溯的方式保存数据，和文件档案管理在真实性维护方面具有天然的契合之处。因而，各类实践项目获得启动以探索区块链技术对文件档案管理的影响、优劣势和可能应用的要点以及具体方案等。

【原理】

电子文件的长期保存是档案馆的重要任务，档案馆作为档案资源的存取基地，如何对数字格式的记录予以可靠保存是维护电子文件档案属性的关键，要点在于真实、完整、可用和安全四大属性的保障。

（1）电子文件的真实性包含两个方面：一是过程的真实性，即文件根据法定程序形成和运行，与其形成目标和既定运行状态保持一致，在形成后的整个生命周期中保持不变，需要在电子文件管理的全程予以保障；二是内容的真实性，即文件内容准确反映了记录对象的当时状态，与形成时的原本含义一致，主要在形成阶段予以保证。

（2）电子文件的完整性一方面是指每一份电子文件的内容、结构和背景信息没有残缺；另一方面是指一个业务活动形成的所有电子文件齐全，文件之间的有机联系得以揭示和维护。

（3）电子文件的可用性表现在三个方面：一是电子文件可查询，二是电子文件可利用，三是电子文件可读、可再现。

（4）电子文件的安全性是指电子文件在产生、传输、使用等过程中载体和信息的安全，这意味着电子文件的载体未被破坏，其内容、结构、背景信息等未被非法访问、非法获得、非法操作等。

【案例解读】

该项目体现了档案馆在数字技术应用上的关键要点：

（1）强化公众信任，以技术维护档案馆作为文件长期存取基地的地位。

档案馆作为权威性和真实性文献保管场所的本质经久不变，但档案馆也需要通过在公众中取得声望、受到认可来不断维护自己的地位，也就是说公众的信任是档案机构生存的重要基石之一。然而在数字信息造假技术越来越泛滥的时代，公众对数字信息的信任度较低，再加上人们对公共机构信任度的降低，档案馆面临着严重的信任危机。ARCHANGEL项目利用区块链来维护档案的真实性，系统的开放透明可以让用户自己将数字档案的内容证据与区块链上存储的档案内容证据进行比较，他们可以看到档案自保存在档案馆以来是否存在被更改的痕迹。甚至ARCHANGEL项目期望基于区块链认证数字档案的法律效力，要实现这一点则更需要公众深度的信任和广泛的参与，以易懂的方式解释为什么公众可以相信DLT解决方案中固有的加密保证等。

（2）发现技术的文化本质，形成档案馆间的协同保管模式。

对区块链技术的应用显示出档案同技术不是静态与单项的使用关系，亦要积极顺应技术发展的文化背景。以该项目的区块链为例，区块链本质是去中心的协同管理，这同样体现在该项目的档案管理模式再造之中。一方面，ARCHANGEL项目展现了杰出的合作伙伴关系。世界各地的档案馆正在积累大量的数字档案，如何以安全和透明的方式向公众证明其出处和完整性成为共同的挑战。档案与记忆机构联盟的利益相关者积极参与、合作探索区块链技术的可行性及应用真实体现了档案馆如何联合起来为未来保护和保证重要的数字证据。此举为利用区块链保证大规模数字档案馆信任提供了突破性的研究，基于区块链技术的ARCHANGEL项目也已证明在数字时代保障档案数据的完整性是可能的。另一方面，使用区块链技术本身就要求大量档案馆作为分布式系统中的一端参与进来，档案馆之间以及与国内外其他记忆和遗产机构之间的合作能力和意愿是系统成功运行的关键。例如ARCHANGEL项目评估了AMI合作的潜力，以机构提供计算能力和建设平台的共识作为主要的评估维度，如跨越国界或地区边界的档案管理问题。这种参与式保管模式也体现出巨大的优势，一方面可以防止个别政府篡改档案；另一方面区块链技术通过保证档案未被篡改，促进档案馆的程序透明化推动用户与档案馆之间建立信任。

【思考题】

1. 区块链技术应用于数字档案保管中的局限性体现在哪些方面？
2. 区块链技术在文件档案管理中是否存在其他应用场景？

案例5-10　北京市市场监督管理局电子档案的智能化管理①

【案例简介】

北京市工商行政管理局于2016年试点、2018年推广企业登记注册全程电子化，并由此加强电子档案的管理和应用。北京市市场监督管理局（整合了市工商行政管理局、市质量技术监督局、市食品药品监督管理局的职责，以及市发展和改革委员会的价格监督检查与反垄断执法职责，市商务委员会的有关反垄断职责等，于2018年11月16日成立）在沿袭这一模式的基础上，近年来更是将人工智能技术与思维积极引进内部档案

① 案例来源于陈会明、史爱丽、王宁等：《人工智能在档案工作中的应用实践与挑战——以北京市市场监督管理局为例》，《档案与建设》，2019年第7期，第53～56页。

管理工作，不断探索档案智能化道路。

市场监督管理机关在负责市场主体统一登记注册工作的过程中形成的具有保存价值的文字、图表、声像等形式的历史记录，被称为企业登记档案，具有重要意义。全程电子化模式下，包括登记机关核准后的原始电子申请材料、登记机关电子审核表单及相关数据库文件、图像等电子材料。北京市市场监督管理局目前的人工智能应用成果集中体现在智能档案审核、智能档案划控鉴定、智能档案精准检索三方面：

（1）智能档案审核。虽然在相关政策文件中要求“实现系统自动归档保存”，但现阶段实际工作中，在线归档的审核难度大、效率低。针对这一情况，北京市市场监督管理局研究采用档案图像内容识别等人工智能相关技术，设计研发智能化在线归档的处理工具，以实现对在线归档的原生电子文件图文质量的智能化自动批量校核，包括图像清晰度、内容完整性和规范性等方面的检查，提升数据质量。

（2）智能档案划控鉴定。企业登记档案利用率高、共享性强，因此必须做好档案开放前的划控鉴定工作。早期馆藏未进行档案页面内容的公开属性鉴定，鉴定标准也在不同时期存在差异，给原有的人工鉴定带来了负担。为了解决这一问题，北京市市场监督管理局采用档案图像识别和内容识别等人工智能技术，结合专家系统的应用，研发了某些类型档案的智能鉴定工具：基于当前企业登记档案大数据，通过大量档案图像数据样本学习训练出可靠的算法模型，保证海量图像内容的识别精度；针对早期馆藏的数字化图像，按照现有的鉴定标准，采用批量智能识别处理对其页面公开级别进行全自动鉴定与校核处理，由此保证了开放企业登记档案时的页面级安全控制，消除了档案共享利用过程中的信息泄露等安全隐患。

（3）智能档案精准检索。一份企业登记档案会包含公司章程、验资报告、身份证明等数十种材料，但用户的实际需求往往只是其中的一项材料、一页内容或一条数据。以精确定位至用户所需内容为目标，北京市市场监督管理局引入了图像识别技术和信息抽取技术等，研发了档案图文智能定位与精细化检索工具，实现了对存量数字化图像内容的批量智能自动识别预处理和精确查找定位，大大提升了利用效率。此外，北京市市场监督管理局还研究了以语音识别技术、计算机视觉技术等开发音频信息服务为主体的多媒体内容分析处理等智能化信息处理工具，以对音视频文件进行自动分类管理和智能检索利用，便于查询的同时可最大限度挖掘分析其中有价值的数据信息。

北京市市场监督管理局将人工智能的深度学习技术成功运用至档案管理工作，极大地提升了其工作效率、降低了成本、提高了用户满意度。

【背景】

“互联网+政务服务”政策导向下，我国政府积极搭建平台，开展网上办事，不断优化服务流程，创新服务方式。在这种环境下，持续性的系统运转积累形成了海量企业登记大数据。在电子文件增量迅速加大的背景下，在线电子化归档成为企业登记档案中最主要的归档方式之一，实践中电子档案归档审核难度大、效率低以及档案查询利用的时效性低等问题要求人工智能等新技术的辅助，以提高电子档案的数据质量、归档效率和查询时效性。

【原理】

近年来人工智能发展迅速，取得了较大突破，正呈现出与各产业融合的态势。包含文本处理、信息抽取、模式识别、专家系统等技术的深度学习经过不断迭代，日益成熟，在面向数据化的档案管理工作中具有一定应用空间，能够解决实际问题。应用人工智能技术将从很大程度上提高业务数据管理工作的效率，节省人力物力资源，提升管理和服务质量，并推动政务数据管理工作的智能化变革。

【案例解读】

由北京市市场监督管理局档案智能化应用探索成果总结其经验：

（1）档案数据化态势下应用人工智能技术的需求增强。

北京市市场监督管理局档案智能化应用探索符合当前的档案数据化趋势。数字转型不断发展，档案界正在呈现明显的数据化态势，从机器可读到机器可理解，需要逐步将细粒度的内容也作为管理对象。案例中大数据的积累转化、人工智能对于企业登记档案的处理均表明数据化基础之上智能化的未来方向。

（2）人工智能技术需要更明确的应用策略。

在为档案管理引入新事物时，北京市市场监督管理局充分理解并抓住了应用落脚点。人工智能是新技术与新思维，是国家战略，是热点潮流，这种背景下极容易出现盲目创新与应用。但案例做法均以工作中的切实需求或问题为出发点，如在线归档难度大、人工鉴定负担重、需要精准定位信息等，针对待完成任务合理选择技术并开发相应工具，避免了过度的技术依赖而是使技术为己所用，从而为自身档案管理注入了新的活力。

【思考题】

1. 结合案例说明人工智能应用于档案管理的前提是什么？
2. 档案领域应用人工智能时会面临哪些风险？

案例 5-11　KDL 团队数字人文项目数据的管理、维护和保存①

【案例简介】

隶属于伦敦国王学院数字人文系的国王数字实验室（King's Digital Lab，KDL）针对内部近百个数字人文项目启动了“存档与可持续性”（Archiving and Sustainability）计划，作为其软件开发生命周期（Software Development Life Cycle，SDLC）的重要

① 案例来源于：Archiving and Sustainability，https://kdl.kcl.ac.uk/our-work/archiving-sustainability/。

一环。

在贯彻“存档与可持续性”计划时，KDL 团队会对每一个项目进行评估与分析，并在过程中与项目所有者、负责人展开讨论，以确定维护或存档项目的最佳方法。KDL 团队所提供的存档方案为满足相应需求不断发展，目前包括以下六种：

（1）根据与 KDL 团队达成的服务级别协议维护。服务级别协议（Service Level Agreement，SLA）是指 IT 服务部门与客户就服务提供与支持过程中，关键服务目标及双方的责任等问题协商一致后所达成的协议。典型的协议内容包括参与各方对所提供服务及协议有效期限的规定，服务提供期间的测试、维护和升级时间规定，对用户数量、地点和/或提供的相应硬件的服务的规定，对故障报告流程的说明，对变更请求流程的说明，对服务级别目标的规定，与服务相关的收费规定，用户责任的规定，对解决与服务相关的不同意见的流程说明。KDL 团队会根据项目年龄、基础设施要求、项目负责人偏好提供不同期限的协议，通常为 5 年。此时项目保持动态功能，由 KDL 团队托管并维护，部分机构在过程中给予支持。

（2）迁移至伦敦国王学院信息技术服务基础设施。若不满足于 KDL 团队提供的协议，在项目负责人同意、基础设施适宜的前提下，KDL 团队将帮助项目及其关联数据迁移至伦敦国王学院的微型网站。此时项目保持动态功能。

（3）迁移至外部主机/服务器（host）。如将项目及其关联数据迁移至项目负责人的新任职机构或某商业性托管提供商。此时项目保持动态功能。

（4）静态转换。免费将项目网站转换为静态网站留存至 KDL 的基础设施，使公众能够持续访问不再更新但仍具有价值的遗留项目与数据集。此时网站不支持搜索等动态功能，且无法保证外部因素所致问题的修复。

（5）数据集存储。这一方案由 KDL 团队与伦敦国王学院数字人文学院以及其他外部机构合作，形成相应数据目录、仓库、管理系统。

（6）最简存档。出于项目已经结束、缺少支持资金、不适宜转换为静态网站、无法联系项目负责人或项目负责人未知等多种原因，KDL 团队将会对部分项目采取最简存档方案。此时虽然不可直接访问相应项目，但项目和数据将在 KDL 的基础设施上存档 2 年，并在项目 URL 显示一个占位符页面。该占位符包含对项目的描述和其他元数据，以及导向外部网站所存相关快照的链接。

此外，虽然至今未被提出相应要求，但 KDL 团队对于通过虚拟机器实现项目脱机使用、依托记录工具捕捉项目最后良好状态等其他方式同样充满兴趣。

【背景】

数字人文项目的启动离不开大量的原始数据基础，此外，成功的数字人文项目也积累了大量的数据。因此数据的可持续发展问题值得我们思考：项目成果将在哪里进行存储和维护？持续研究项目的资金如何解决？如果要进行长期持续开发，可能的资助来源有哪些？哪些机构长期备份或存储项目的数据？如何实现有效管理确保数据有效性及数据完整性？

【原理】

数字人文研究项目所形成的数据应当作为一种资产有效管理和利用。在数据管理中注意安全性、重用性和可持续性将有助于使其更容易通过项目审查程序并在项目后期节省时间。同时，数字人文项目研究的产出要有高质量的基础设施和支持，以保证用户能继续使用资源。

【案例解读】

基于 KDL 存档与可持续计划，总结其成效与不足：

（1）数字人文项目数据的归档策略。

从主体来看，KDL 脱胎于伦敦国王学院数字人文系，团队背景与项目数据管理极其契合。除了团队自身知识与技能储备优秀，能够与项目负责人、研究者等充分沟通的便利条件也为项目数据管理提供了支持，整体来说不易在技术与管理两种取向中失衡。

从成效来看，KDL 目前已完成的项目包括 63 个根据服务级别协议维护类、26 个迁移类、26 个静态转换类与 25 个最简存档类，另有 4 个处于评估中、1 个处于迁移中状态，且大部分可通过其官网发布的链接直接查看。KDL 所启动的“存档与可持续性”计划确实在不同程度上支持了以上数字人文项目的数据管理与维护，针对不同项目不同需求提供了最适宜的方案，延长了项目的生命。

（2）现有方案的不足。

从项目数据管理与维护的结果来看，“可持续性”或者说“长期保存”的目标是模糊的。各类存档方案中能够明确的期限通常是五年以内，且不明确期限的占多数。那么 KDL 这项计划所完成的工作真的能够实现项目数据的长期保存吗？对于超出管理期限的项目数据将如何处理——再评估、销毁、迁移？或许有的问题难以解决，但这项计划既然以“存档和可持续性”为名，则应当对其予以考虑并有所说明。

【思考题】

1. KDL 团队管理、维护数字人文项目数据的经验是否适用于我国？为什么？
2. 如何设计科研项目数据管理及归档策略？

案例 5-12　英国国家档案馆手写历史文献的转录[①]

【案例简介】

英国国家档案馆组成研究团队对利用机器学习进行手写历史文献的转录以及如何在这一流程中结合众包项目展开研究。

项目以“PROB11”为样例展开探究。PROB11 是坎特伯雷特权法院（the Prerogative Court of Canterbury）的一大套遗嘱的登记副本。其中包含了大量有关地点、受益人、家庭、关系、货物、宗教、价值观和土地等方面的信息，但国家档案馆的目录仅显示单份遗嘱的制定者、地点和日期，使得其他内容难以检索与利用，由于数量过于庞大无法进行人工著录，故转录这些文件迫在眉睫。

国家档案馆目前采用手写文本识别软件——Transkribus 对文本进行转录。由于软件采用机器学习技术，故需要在开始前提供一份样本文档的完整抄本（即训练数据）供机器学习，软件会基于此创建一个笔迹模型，作为阅读此种特定笔迹的参照。一旦模型启用，就可以通过校对进行反馈使机器不断学习，从而获得精确度越来越高的成果（具体流程如图）。这也印证了 PROB11 这类格式统一、笔迹风格一致的文本被用于机器学习的合理性。

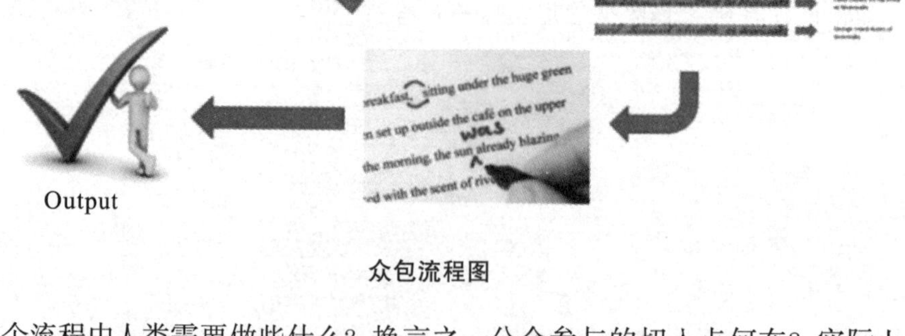

众包流程图

在整个流程中人类需要做些什么？换言之，公众参与的切入点何在？实际上有二：

---

① 案例来源于 The Nationl Archives：How to teach a computer to read，https://blog.nationalarchives.gov.uk/how－to－teach－a－computer－to－read/。

一是在最初阶段通过阅读并转录成文字，构造训练数据集；二是对机器学习的成果进行校对，对模型进行优化。

基于此，该研究团队展开了对公众参与转录项目的流程的设计与优化，主要从三方面展开：一是对于用户体验的改进，研究希望通过技术手段使整个转录的操作过程可以完整地呈现在一块大屏幕上，并且通过概率计算将最容易出错的段落用不同颜色突出显示，以便用户专门针对其进行订正。这样既可以提高整个转录工作的效率，又可以使公众在完成任务的同时了解其背景和历史，增进了解、增强兴趣。二是对于众包项目的优化，通过丰富项目的内容从而激发多方的参与积极性。研究团队发现，跨部门组织的、包含多方参与的项目往往更加成功、更具吸引力。三是尽量利用公众的碎片时间，采用“微型志愿服务”的形式来提高公众参与的频率和效率。由此，研究团队开发出名为“Many Hands”的移动端应用，它能够让用户在其中练习和提高古文字书写技能，同时还可以校对 Transkribus 中的转录文本。

2020 年初，国家档案馆研究团队还与伦敦大学学院（UCL）的项目组进行合作，通过游戏的创作开发等方式，提升文本校对和转录的乐趣，为完全不了解转录或对转录不感兴趣的公众参与其中提供了可能，研究团队也希望在他们的努力下转录可以成为每个人的乐趣。

【背景】

众包是借助公众智慧和力量实现档案资源共建共享的有效模式，近年来备受实践和研究领域关注，国内外均有大量内容多样、成果丰硕的实践项目可供借鉴。在诸如机器学习这类新技术的应用场景不断丰富的情况下，众包模式是否能在其中发挥更大的效用呢？英国国家档案馆进行了一次较为成功的尝试。

【原理】

众包是一个公司或机构把过去由员工执行的工作任务，以自由自愿的形式外包给非特定大众网络的做法。众包具有基于互联网、开放共建共享、参与式分配、分布式协同等特征，可以有效发挥公众的创造性和积极性，降低组织成本，提高工作质量和效率，对于完成繁重和复杂任务具有良好应用价值。众包的这些特点和优势恰好契合了档案开发利用的现实需求，为解决档案部门的管理瓶颈提供了很好的思路和解决方案。

【案例解读】

该项目既涵盖档案机构的机器学习实践，又结合了当前较为热点的众包模式。众包模式的应用优势及应用方式如下：

（1）众包模式以其独特的优势在当下获得广泛的应用场景。

众包一词最早由杰夫·豪（Jeff Howe）于 2006 年提出，并对其进行了定义。这一概念早期主要被用在商业领域，近年来逐渐被引入图书馆、档案馆等各类文化机构的实践和研究当中。当下，随着互联网技术的发展，人工智能、机器学习等技术兴起，并被引入档案领域展开了广泛研究与实际应用，而众包模式发展、互联、共享的特征则与新技术的发展内涵与要求不谋而合，获得了广阔的发展空间。英国国家档案馆的这一项目就很好地在机器学习项目中结合了众包模式，在机器学习进行文档转录的流程中寻找、定位到了公众可以参与的环节，从而实现了机器学习和公众参与的平衡，最大限度地发挥两者效用，提升了效率、提高了准确性。

（2）发布机构要从多方面、多角度提升众包项目的创新性。

纵观当前各类文化机构的众包实践项目，各类型的项目构建和平台开发层出不穷，我国也有如上海市图书馆历史文献中心开展的“盛宣怀档案抄录项目”，这些项目通过丰富的资源、便捷的参与形式吸引了大批公众参与其中。在众多众包实践涌现的情况下，如何能够提高对于用户的吸引力？英国国家档案馆的实践从用户的参与动机出发，进行调查研究与相应的任务设计、任务发布。如研究团队为了增强用户对所获取任务的了解从而侧面激发参与兴趣，利用技术手段使所转录文档尽量出现在一个完整页面，便于阅读；再如研究团队发现跨部门组织的、包含多方参与的项目更具吸引力，便从项目的发布方到项目设计、激励措施等多方面进行扩充。此外，研究团队还十分注意用户体验的提升，利用游戏开发等方式，既吸引了专业人士参与，又为吸引公众参与提供新的手段。这些研究的关注点与具体方法措施都值得我们借鉴与学习。

【思考题】

1. 档案众包是什么？
2. 档案机构开展众包项目的优劣在哪些方面？

案例5-13　京东集团开展“智慧财税”建设①

【案例简介】

电子发票是指在购销商品、提供或者接受服务以及从事其他经营活动中，开具、收取的以电子形式存储的收付款凭证。2013年，中国首张电子发票在京东集团诞生，随后电子发票在电商领域得到广泛应用。近年来，伴随着互联网经济的发展，电子发票的推广和使用已经成为大势所趋。

但面对电子发票、电子票据等电子文件的产生，企业既有动力，也有压力。这些电子文件关乎企业成本和效率。以京东集团为例，企业每年产生电子发票近20亿张，若全部打印，需要2万员工支撑。此外，电子发票的发展还面临着开票易入账难、财务人员普遍接受度不高、税务部门主管的发票系统和财政部门主管的会计系统未实现端口对接直接相关、政府部门的相关检查首选实体账本和发票等发展瓶颈。

面对以上种种现实困难与挑战，京东集团应用人工智能、云计算和区块链等技术在

① 案例来源于蔡磊：《从电子发票走向智慧财税》，https://mp.weixin.qq.com/s/qoEoENnv1ZlLyjlC6iJ57w。

企业内展开“智慧财税”的建设。所谓智慧财税，就是通过科技的手段，达到最高效率、节约最大成本、提高最大效益，而智慧财税的前提就是把所有票据电子化、数字化，没有这些作为基础智慧财税无从谈起。以区块链为例，京东上线了基于区块链的增值税专用发票，不仅实现了电子发票全流程电子化，还包括订单交易信息等，部署也非常快捷，只需要30秒就可以给税务机关增加一个节点。

未来，随着大数据、人工智能、移动互联、云计算、区块链等技术的发展，财税管理的集成化、信息化以及各种内外部环境的变化，还会有如京东集团大象慧云（电子发票）、“互联网+财税”联盟、益世商服（电子工商）和云京科技（电子印章）等符合智慧财税革新管理模式的创新实践不断出现。

【背景】

随着数字经济时代来临，数字信息成为企业生产的核心要素和核心驱动力。各类企业，尤其是诸如京东这一类的电商企业更是每时每刻有大量的电子发票、票据等电子文件产生，在为企业提供信息资产的同时也给内部的文档管理提出一系列要求。这些电子文件的价值和效用如何开发？企业的电子文件与档案该如何实现信息化转型、数字转型？这些问题都需要深入探讨。

【原理】

电子文件单轨制是指在数字环境中仅以电子方式运行和保存电子文件的全流程，包括生成、办理、归档管理、移交、保存和利用等业务活动，即文件、档案的全程无纸化，而不再同时生成、办理和保存纸质文件，传统的纸质文件也通过数字化后以电子的形式进行移交、保存。

【案例解读】

对于京东集团从电子发票向智慧财税的实践的具体要点可解读如下：

（1）电子文件管理的优化对于企业内部管理提升有显著效用。

当前，数字信息成为企业发展的核心驱动力。企业内部的文档管理呈现电子化、信息化的必然趋势。电子发票一类的电子会计档案对于企业来说不仅仅是财务凭证，更重要的是可以作为企业庞大的数据资产，供其挖掘与开发利用。京东集团的实践就印证了这一点，该集团没有将电子发票这类会计档案仅仅停留在保管和查阅阶段，而是在将票据全部完成数字化、信息化的基础上，开展了智慧财税的建设，实现了电子发票业务的全流程电子化。这样一来，文档管理助推企业管理，从而达到提升效率、节约成本、提高效益的目的。

（2）对技术的理解、接纳与运用是提高效率与质量的基础。

京东集团智慧财税建设的一个重点在于运用科技手段，也就是利用当前发展迅猛的人工智能、云计算等新技术。以京东集团的区块链增值税专票电子化实践为例，区块链技术凭借其自身防伪、溯源的基本特性，保障了加入专票电子化联盟链的企业与组织的发票信息安全，有效打通了财税全流程信息化的最后一公里。税务机关可以利用平台提供的订单信息、物流信息、资金流信息、发票报销入账等信息，利用大数据技术对其进行比对分析，了解税源状况，更为安全、精确、可追溯地实现数字化财税。再以人工智能技术为例，在未来财务标准化、流程化的工作将逐渐被机器替代，而财务分析报表也将进一步智能化，可对企业经营和财务状况进行全面分析诊断，自动生成实时性、可视化报告。此外，还有财务信息系统的移动端开发、云端化等这些技术手段的应用是支撑其智慧财税建设的基础。

【思考题】

1. 当前的企业电子文件管理中普遍存在哪些问题？

2. 试了解案例中提到的某项技术（如云计算、人工智能等）并简要分析其在档案领域的发展前景。

案例 5-14　数字地质资料馆的电子文件单轨制管理[①]

【案例简介】

全球数字化信息正以每年递增 40％的速度高速积累，2020 年有望达到 44ZB，是 2013 年年度统计数据量的 10 倍。一方面各种便携式的传感器测量技术的发展，使得采集数据覆盖面积成倍增长；另一方面科学数据的使用也不再是简单地对数值含量高低的直接评价，而是广泛地采用图像处理技术。这些因素都导致了数据的快速增长。地质资料也面临同样问题。

截至 2018 年，全国地质资料馆馆藏资料 14.7 万档。2017 年该馆接收地质资料 4338 档、214142 件，其中，地质调查资料增长 38.6TB，增长率为 47.4％；非地质调查资料增长 8.2TB，增长率为 10.7％。除存量大、新增资料数量大等特点，地质资料还具有档案性和专业性双重属性，具有较高的价值密度。

但当前我国的数字地质资料发展与美国、英国、澳大利亚等国家的先进实践存在一定差距，主要体现在如下几个方面：一是法规与标准体系跟不上时代发展需求与数字化现状；二是信息化业务能力的整体性不足；三是管理工作模式与时代发展对政府数据的需求存在严重的脱节；四是存在数据组织、数据规范上的质量问题；五是数据服务形式单一，难以满足应用需求。

通过研究分析可知，当前地质资料数据存在数据专题类别多、数据跨越周期长、数据格式平台多、数据理论标准多、数据版本多等五个特征，并面临如下发展八个问题：一是纸电一致的归档要求使得工作量耗费巨大；二是电子数据的多维信息无法用纸媒表

① 案例来源于吴轩：《数字地质资料馆单轨制电子文件管理思考与探索》，https://mp.weixin.qq.com/s/oqqDLlihHpu8dakHUex2tg。

达和保存；三是当代信息的核心数据无法通过纸质介质表达和保存；四是电子印鉴等电子凭证的合理保存存在问题；五是库藏压力巨大，保管难度增加；六是信息数据利用、开发极为不便；七是思想意识受控，陈旧思维影响队伍建设；八是数据诚信问题，可信数据要贯穿数据生命周期始终。

面对上述现状与问题，全国地质资料馆提出“以电为主、以纸为辅”的理念，在数据发现、信息可读、数据开放、共享模式、共享分级、数据权益等方面进行探究和具体应用，指导数字地质资料管控。如在数据发现模块，采用可信数据技术来保证数据真实，采用时间戳技术保障数据更新维护和工作实施；在数据可读、可解释模块统一数据表达，保证数据可读、可解释，统一数据属性保证数据语义一致；在数据开放模块，了解定密管理制度，明确各自领域定密工作细则，将密与非密分开管理；在数据开放模块，保证数据永久可用，使服务源于数据，跳出数据，满足需求，实现多维的服务内容；在共享分级模块，进行数据访问控制，明确用户权限体系；在数据权益模块进行数据出版等。

全国地质资料馆不断探索，以期将数据价值最大化、标准化，以适应中国特色，以解决共享问题，通过“质量管理机制+信息化手段”，保证科学数据的真实、完整、可靠和可用。

【背景】

长久以来，我国文档管理推行纸质、电子双套的管理办法，在社会信息化不断发展的今天，电子文件双套管理的弊端日益显现，亟需变革。在此情况下单轨制如何推行？实践要做出何种变革？电子文件后续的开发利用如何实现？这些都需要进一步的实践与探讨。

【原理】

我国在电子文件管理中有单轨、双轨、单套、双套四种说法，一般说来，“轨”是指运行状态，“套”是指保存状态。单轨双轨是指文件完全在电子环境中运行或是在电子、纸质两种环境中基本并行；而单套双套在这里是指只保存电子文件还是纸质电子同时保存之意，在其他场合还有同一载体文件移交和保存一式两套、多套之说。

【案例解读】

(1)“以电为主、以纸为辅”理念是解决其现实问题的有效途径。

从报告所反映的现实情况可以看出，地质资料面临的多数发展问题都由纸质与电子双套保存所引发，如纸质版本的必须留存导致工作量、库存量巨大；纸媒与电子文件的现实差异导致数据的多维信息无法完整呈现，影响后续的开发利用。在这种现实情况下，脱离传统的“双套制”思维，采用“以电为主、以纸为辅”的理念无疑是非常正确的。

时至今日，电子文件单轨制的优越性在各类实践中逐步凸显。冯惠玲教授的《走向单轨制电子文件管理》一文就在当前环境下，为什么要选择电子文件单轨制、如何推进电子文件单轨制进行了具体说明。我们需要像全国地质资料馆的电子文件管理实践为我们提供可参考的、有价值的实践范本。

(2) 数据开放共享大环境下，应当把握机遇、积极实践。

地质资料是国家重要的基础性信息资源，也是一类重要的科学数据。国务院于2018年颁布《科学数据管理办法》明确了科学数据从采集、汇交、保存到共享利用等规定，科学数据开放共享成为常态。

全国地质资料馆的数据开放实践行动在当前来说具有一定可借鉴性：一是树立数据思维与数据意识，相关的数据管理机构尤其是档案机构，要对当前大数据环境下的档案、信息、数据进行深刻理解和认识，正视社会信息化进程对于文件领域的深刻改变。二是完善数据开放制度，随着外部的政策环境逐渐完善，专业领域内、机构内部对于数据开放的规章制度要逐步建立健全，例如此案例中地质资料馆对于定密管理制度、定密工作细则的建立与完善就把握住了数据开放推进过程中的要点。三是注重数据权益的保障，在数据开放过程中，数据权益虽具有无形性，具体价值也难以确定，但无论是数据主体、数据收集和处理者以及数据利用者的权利均应该得到保障。

总体来说，全国地质资料馆的电子文件单轨制与数据开放实践为电子文件的单轨制推进提供了有效参考。

【思考题】

1. 电子文件单轨制的优势何在？请结合案例做进一步说明。
2. 如何认识档案馆数据开放？

案例5-15　加拿大国家图书和档案馆原住民遗产档案的在线服务[①]

【案例简介】

原住民遗产（Indigenous Heritage）板块在加拿大图书和档案馆网站发现馆藏部分（Discover the Collection）下，主要保存并提供代表加拿大原住民、因纽特民族、梅蒂斯民族的历史资料和已出版的档案遗产材料，这些材料包括文本、照片、地图和声像材料等载体形式。在板块下，加拿大国家图书和档案馆（LAC）发布了原住民谱系指南帮助利用原住民遗产档案的管理人员或社会公众更为透彻地对原住民历史和种类进行研究。指南简要介绍了加拿大第一民族原住民、梅蒂斯民族、因纽特民族等信息，阐述了如何使用LAC的网站对在线的档案资源和数据库进行利用，提供了了解原住民文化的书目和辅助网址。

---

① 案例来源于：Indigenous heritage，https://www.bac-lac.gc.ca/eng/discover/aboriginal-heritage/Pages/introduction.aspx。

We are Here：Sharing Stories 项目是 LAC 原住民遗产计划中的一项，旨在数字化和描述加拿大图书和档案馆馆藏中数十万与原住民相关的档案收藏。这些内容包括来源于私人捐助者、政府官方记录和出版的与加拿大原住民、因纽特人和梅蒂斯国家有关的文字材料、照片图像、艺术收藏、地图和出版物。“We are Here”的计划目标是通过 LAC 的网站、社交媒体和其他在线工具使所有人能访问该内容。

We are Here：Sharing Stories 计划列出了数字化后的原住民遗产档案，形成一个可在线查看和检索的表格，页面如图所示，通过标题和收藏链接、描述、民族来源、地理位置、日期等五个类目进行描述。截至 2020 年 6 月，加拿大图书和档案馆网站可检索的数字化的原住民遗产条目共 90 项，时间跨度从 1550 年至 1996 年，涵盖 50 项涉及加拿大原住民，7 项涉及因纽特民族，16 项涉及梅蒂斯民族，4 项涉及加拿大原住民与因纽特民族，6 项涉及加拿大原住民与梅蒂斯民族，7 项涉及加拿大原住民、梅蒂斯民族、因纽特民族的遗产档案。90 项原住民遗产档案中文本材料占大多数，如原住民语言的颂歌诗集、原住民所在州间的土地条款协议、任命州长的讲话稿、议会文稿记录、具有标志性的贸易术语词典、原住民探险日记、往来信件等。其次是图像材料，如原住民保护区的地图、原住民贸易公告图、各类摄影照片等。较为特殊的还有原住民爵士的水彩与素描画。

Filter items Showing 1 to 50 of 90 entries | **Show** 50 **entries**

Title and link to collection	Description	First Nations, Inuit, Métis Nation	Location	Dates
[The map shows the eastern parts of present-day Canada and U.S.A.]	Copy of part of a map made by Pierre Desceliers in 1550, showing Mi'kmaq, Wolastoq, and Inuit territories mapped by Jacques Cartier.	First Nations	Canada	1550
[Hymns in an Indigenous language]	Book of hymns written in an Indigenous language, probably Kanien'kéha (Mohawk), Latin and French.	First Nations	Canada	1600-1699
[A proclamation forbidding the disorderly trading with Indigenous Peoples in New England]	Facsimile of a proclamation by Charles I forbidding unlicensed arms trade with Indigenous nations.	First Nations	Canada, England	1630
Western Frontier collection	Collection consists of a document titled "The Speech of the French to the Shawanisse at Ohioh," dated May 2, 1732, as well as a letter from Conrad Weiser to Richard Peters dated 1747 concerning Weiser's political activities among the Six Nations (Haudenosaunee).	First Nations	United States (Ohio)	1732-1747
Deed of surrender of a tract of land in Albany County to the Crown of Great Britain	Deed of surrender for a tract of land in the province of New York (present-day New York State) to the Crown of Great Britain. The deed was signed by three Seneca Sachems (Supreme Chiefs) identified as Dekoschten (also known as Tenehokaiwee), Twessa (or Tewassajes), and Staichreseh (or Staghreche).	First Nations	New York State, United States	1740-1741

原住民遗产档案项目表页面（部分）

表内的各馆藏档案项目需要通过标题链接到“收藏数据库”（Collection Search）和“Aurora 数据库”进行查看。收藏数据库主要采用集合搜索方式，面向 LAC 加拿大原住民、梅蒂斯民族、因纽特民族图像库开展检索。其次是图书馆目录，通过 Aurora 数据库或者民族联盟目录 Voilà 中开展检索。

此外，We are Here：Sharing Stories 项目还开放了 Co－Lab 工具（Co－Lab：Your Collaboration Tool），让用户成为档案的贡献者，鼓励用户开展针对原住民遗产馆藏数字化图像识别描述或信息更正的工作。在原住民遗产板块下的通用工具和资源中，LAC发布了《术语指南》（*Terminology Guide*）以及《评估验证来源手册》（*Assessing and Validating Sources*）来辅助相关人员和用户撰写描述的档案材料标题、鉴别艺术品和摄影收藏中有关原住民的内容。

【背景】

随着生产力的不断发展和信息技术的日益更新，现有的档案数量越来越多，信息的种类和形式也越来越丰富，传统而单一的档案管理机制显然已不能满足信息时代档案工作的需求。在进入信息化时代的当今社会，如何利用先进的计算机网络技术有效管理档案信息、开发和利用档案信息资源，提高档案信息综合服务水平，已成为档案工作发展所面临的一个重要课题。

【原理】

档案数字化是指通过一定的技术手段将存储于传统载体上的、以模拟形态存在的档案信息转化为数字形态存在的、计算机可以识别和处理的信息并加以存储、组织、检索、维护的过程。其基础和核心是数字化加工和数字化转换，即通过一定的技术手段将存储于传统模拟载体上的档案信息转化为数字形态的信息，转换后的数字信息可以有文本、图形、图像、音频、视频等多种媒体格式。

【案例解读】

（1）档案数字化工作的基本要求。

一是方便用户查询和利用。数字形式的原住民遗产档案可以实现快速检索、异地传输、远程利用且易于操作，极大提高了遗产档案信息的易用性，为档案价值的充分发挥创造了便利条件。二是保护档案原件。加拿大原住民遗产档案形成的时间较为久远，最早可追溯至16世纪，都是珍贵的历史档案，制作数字化副本的形式可以减少因档案利用时的物理接触对其造成的损伤，通过数字化也可使其信息生命凭借数字方式得以延续，此外数字化信息的异地保存也是降低风险的有效措施。三是汇聚分散保存的档案信息。通过We are Here：Sharing Stories项目统一提供散存于加拿大各地甚至世界各地第一民族原住民、因纽特和梅蒂斯民族的遗产档案，并为今后更方便地研究加拿大原住民谱系建立了来源框架。

（2）档案数字化工作的协同化特征。

加拿大图书和档案馆原住民遗产档案在线资源检索体现了档案数字化工作的协同化特征。网站通过Co-Lab实验室鼓励用户对数字化图像进行如转录、翻译、描述、标注等工作，并结合《术语指南》以及《评估验证来源手册》提升用户参与的专业性和规范性，这不仅增强了用户的档案体验，也提高了原住民遗产档案的利用度。用户对在线的档案资源添加原住民知识和观点，不仅便于加拿大第一民族原住民、因纽特民族和梅蒂斯民族后代有机会通过他们的生活更准确地讲述民族的历史故事，培养公众档案意识，也使未来的研究人员可以轻松地查找和理解历史资料。如2019年11月，LAC发起了一项挑战，要求来自加拿大第一民族原住民的第一次世界大战士兵返回其社区，并在同年12月利用全加拿大原住民和因纽特民族社群的照片发起了挑战赛，对原有照片中缺少的人名和地点描述进行补充。2020年，拉丁美洲和加勒比地区在博客圈发起社交媒体活动，以鼓励人们审查皇家原住民照片收集委员会人名信息等。这些活动将挖掘更多潜在用户，尤其是原住民群体参与进来，在帮助到网站档案资源建设及其他用户利用档案的过程中实现自我价值。

【思考题】

1. 立足于目前的数字化档案在线平台，原住民遗产档案数字化开发工作可以从哪些方面开展？

2. 伴随着“世界记忆工程”以及我国各地纷纷出现的“城市记忆”工程、“乡村记忆”工程等，各档案馆用数字化手段将城市面貌进行全面记录，对旧貌进行抢救性留存和保护，这也成为新时期档案馆的工作之一。遵循档案与记忆的联系，档案作为记忆的延伸已成为建构社会记忆重要的资源和媒介。为更好地保存记忆相关的档案，着眼于档案数字化工作，我国档案部门应如何与其他主体开展合作？

案例5-16　亚美尼亚照片档案馆的在线馆藏数据库建设[①]

【案例简介】

亚美尼亚人的历史可以追溯到几千年前，他们位于欧洲和亚洲的十字路口，长期受到外国帝国的侵略和统治，但是一直以来都保持着自己的语言、文化和基督教信仰。在第一次世界大战后，150万亚美尼亚人死于种族灭绝，当亚美尼亚人逃亡并最终在世界各地定居时，他们创造了一个散居世界，建立了教堂、学校和商业，同时在他们所接纳的社区为社会做贡献。

1975年，在种族灭绝开始60年后，“拯救计划”项目肩负起了使命。亚美尼亚照片档案馆项目的任务就是通过拍摄照片和记录他们的故事来揭示亚美尼亚人的文化和历史，并提供给公众和教育使用，否则这些照片和故事将会被遗失、破坏或遗忘。该项目通过收集、记录、保存和分享与亚美尼亚人民和亚美尼亚摄影师工作有关的所有主题和时期的图像，致力于促进世界亚美尼亚社区的摄影遗产保护，通过组成一个跨越时间的亚美尼亚习俗和习俗的视觉目录来捕捉文化遗产。其目标是通过支持与其他历史、文化和教育组织合作，为社区做出贡献。

自1975年以来，此项目已经收集了超过45000张照片，其中11000张照片正在进行数字化处理，其内容主题涉及Cook、Gahter、Dance、Learn、Family、Wed、

① 案例来源于Lillian Avedian：Project SAVE unlocks archives，launches online collections database，https://armenianweekly. com/2020/08/19/project-save-unlocks-archives-launches-online-collections-database/。

Commemorate、Farm、Liberty、Work、Consecrate等诸多方面。馆藏中的每一张照片都经过工作人员精心记录和编目的，他们花几个小时采访照片捐赠者，记录捐赠者所能提供的姓名、日期和地点以及关于他们生活、祖先和文化细节的故事。此外，他们也收集所有亚美尼亚专业摄影师的作品，收集出生证明、文凭、商业账簿和旅行证件等与捐赠照片中的人有关的文件。该项目以其独特的使命，通过照片和亚美尼亚人在世界各地生活的记忆，保存了散落在外的亚美尼亚人的遗产。

亚美尼亚照片档案馆在网站建设上，主要设计了主页、我们是谁、日历、数字展览、贡献、联系我们、更多七个栏目。"主页"有许多特色图片，充分展示了网站主题。在"我们是谁"栏目下介绍了档案馆的历史及任务、团队、董事会、咨询委员会和志愿者。在"日历"栏目下介绍了不同年度照片档案拯救项目的日历，用户可以按年度查找并购买所需日历信息。在"数字展览"栏目下着重介绍了其特色馆藏——传教士收藏。这是一个数字化的图片库，这些照片记录了东西方的相遇，比如传教士和当地人穿着风格的差异等。它们还展示了不同社区之间的互动，包括亚美尼亚人、希腊人、土耳其人和库尔德人，描绘了难民营里的人们和照顾他们的志愿医生。还有在线馆藏数据库，它提供了关键词检索、高级检索、随机图像检索、目录检索等多种检索方式，能够满足用户不同的检索需求。在"贡献"栏目下，介绍了捐赠档案、常见问题解答、日历赞助等内容。"联系我们"栏目为用户提供了联系亚美尼亚照片档案馆的途径，用户可以把自己的信息及问题反馈给档案馆，便能得到回复。在"更多"栏目下介绍了相关的帖子、博客和其他资源链接，例如 The Alex and Marie Manoogian Museum、Armenian Dramatic Arts Alliance 等。

亚美尼亚照片档案馆这一项目一方面将今天的亚美尼亚人与他们的过去联系起来，颂扬了他们遗产和财富的多样性；另一方面也为世界各地的研究人员提供了利用服务，让公众能够看到这些历史照片，了解它们的来源、照片中的人物以及它们当时在做什么，并与之互动。

【背景】

在社会各项活动中形成的大量照片档案是档案信息资源的重要组成部分，不仅可以形象地再现社会活动，还可以使后人能目睹历史发展变化的真情实景。然而照片档案保管条件差，保护技术落后，损毁、丢失非常严重，同时照片档案的收藏、保管极为分散，照片档案难以及时归档，存在保存不完整、查阅不方便的情况。运用计算机技术、扫描技术、存储技术、信息技术等技术实现照片档案数字化处理与利用成为重点。

【原理】

基于技术工具的应用，档案利用由传统的单一向多维价值发现转型，对档案信息资源的挖掘与开发不再仅局限于表层，逐渐面向内容层甚至深入数据层，挖掘数据间的关联组织，从多个维度认识档案的价值，创新档案的价值实现形式，提供多种利用渠道。

【案例解读】

亚美尼亚照片档案馆的网站建设呈现出了以下特点：

一是页面设计简洁，便于用户直接定位栏目信息。网站总体分为主页、我们是谁、日历、数字展览、贡献、联系我们、更多七个栏目。“主页”通过许多特色图片来充分展示网站主题；在网站左上角还提供“在线馆藏数据库”的链接，便于用户直接查找在线馆藏中的照片档案资源。

二是资源内容丰富，便于用户全面查找所需内容。该档案馆收藏了45000张亚美尼亚历史照片的样本，其内容主题涉及Cook、Gahter、Dance、Learn、Family、Wed、Commemorate、Farm、Liberty诸多方面，每一张照片都由工作人员精心记录和编目，为用户获取相关信息提供了内容基础。此外网站还在“更多”栏目下提供了许多相关资源链接，便于用户获取完整的信息。

三是检索方式多样，便于满足用户不同检索需求。在在线馆藏数据库中，网站设置了关键词检索、高级检索、随机图像检索、目录检索等多种检索方式。关键词检索可以跨多个字段在线搜索任何目录记录；高级检索可以在特定的类别中具体搜索，或使用多个类别进一步缩小搜索结果；随机图像检索便于浏览集合，每个随机图像页面显示在线记录中的随机图像分类；目录检索可以通过仅使用选定的目录进行搜索，以缩小搜索范围。

四是互动渠道通畅，便于满足用户个性化诉求。该网站专设了“联系我们”栏目，针对特殊需求，用户可以填写个人信息及问题发送到档案馆，便能得到相应回复。网站还推出了FAQ常见问题解答，比如档案馆是否接受租借照片档案（只接受永久捐赠）、是否收集除照片以外的东西（收集与照片相关的文件）等，为想要捐赠照片或与照片相关的文件等资料的用户提供给参考。

亚美尼亚照片档案馆的“拯救计划”项目以其独特的使命，通过照片和亚美尼亚人在世界各地生活的记忆，保存散落在外的亚美尼亚人的遗产。在网站及在线馆藏数据库建设中，从用户的角度出发，设计简洁页面、丰富照片档案资源、提供多样检索方式、注重与用户间的交流等，一方面保存了这些记忆和遗产，另一方面也为公众提供了各种利用服务。

【思考题】

1. 照片档案数字化的对象与方式是什么？
2. 对于捐赠内容信息不清楚的照片档案，档案馆该如何处理？

案例 5-17　美国"9·11"事件数字档案馆的资源建设①

【案例简介】

2001 年 9 月 11 日，在纽约、弗吉利亚州和宾夕法尼亚州发生了恐怖袭击，该事件震惊世界，对美国和世界的民众都产生了巨大的影响，众多民众通过网络发布对该事件的看法和自己受到的影响。

为了长期保存这些记录，并长期追踪"9·11"事件给人们的生活甚至人生轨迹带来的影响，在斯隆基金会的支持下，由纽约城市大学毕业中心的美国社会历史项目和乔治梅森大学的历史和新媒体中心两大机构联合发起了"'9·11'数字档案馆"项目。该项目的宗旨和目标是为 2001 年 9 月 11 日的事件创建永久的记录。为此，"9·11"数字档案馆和美国国会图书馆开展合作，将档案馆的馆藏复本纳入国会图书馆的永久馆藏；同时该项目还获得了"拯救美国的珍宝"的项目资金支持，更好地实现其资源的长期保存。

自 2002 年开始，持续收集、保存、展示有关"9·11"的数字记录，目前该数字档案馆已有超过 70357 个项目，超过 150000 条的数字化条款内容，其中包括 40000 多份电子邮件及其他电子通信类文件，40000 份第一手讲述资料以及超过 15000 张的数字化照片等。

一、项目合作伙伴

(一) 官方公共文化机构

(1) 美国国会图书馆："9·11"数字档案馆项目与美国国会图书馆达成合作，将数字档案馆中的档案副本列入国会图书馆的永久馆藏的一部分，更好地实现这些记忆的长期保存。

(2) 史密森尼国家历史博物馆贝林中心：2002 年 9 月 11 日至 2003 年 7 月 6 日，史密森尼国家历史博物馆策划了主题为"9 月 11 日，见证历史"的展览，参观者在这一展览过程中留下的文本、音频等反映他们感受和想法的记录被"9·11"数字档案馆收藏。

(3) 美国国家公共电台（NPR）："遗失 & 发现声音"是 NPR 的一档节目，在"9·11"发生后不久，节目创始人号召众多广播制作人、档案学家、历史学家、艺术家

① 案例来源于杨翠芹：《"9·11"数字档案馆建设概况及其启示》，《北京档案》，2013 年第 6 期，第 40～43 页。

等一起收集保存与此次事件相关的音频资料，为此还开设了电话专线来进行收集。这些音频也被收录进“9・11”数字档案馆。

(4) 美国红十字会博物馆：“9・11”数字档案馆与美国红十字会博物馆合作，共同记录红十字会员工、志愿者在此次灾难中的人道主义行为。

(二) 企业

(1) 米特公司 (Mixnet Corp)：米特公司主营定制的基于 Web 的应用程序。项目组与该公司合作将在史密森尼国家历史博物馆展览中产生的实体档案材料进行数字化并归档保存至“9・11”数字档案馆中。

(2) 佑华科技 (uReach Technologies)：佑华科技是提供通信解决方案的供应商，主要负责记录“9・11”数字档案馆网站访客的数字音频档案。

(3) 希捷 (Seagate)：希捷是全球最大的硬盘驱动器、磁盘和读写磁头最大的生产制造商，帮助“9・11”数字档案馆实现档案数据的长期存储需求。

(三) 非营利组织

流媒体文化 (Streaming Culture) 为艺术和文化机构提供对流式音频和流式视频服务，满足数字档案馆对大容量流媒体的需求。

二、数字档案馆资源

(一) 资源来源

经过数年的建设，“9・11”数字档案馆目前有各种类型的数字档案，这些档案来源广泛，主要有以下三种渠道。

(1) 专题展览：收集反馈。

“9・11”数字档案馆与美国国会图书馆共同举办了“见证与回应”主题展览活动，收集和保存访客的故事、图像和反馈。2002 年 9 月 11 日至 2003 年 7 月 6 日，超过 100 万的游客在美国国家历史博物馆史密森尼博物馆参观了“9 月 11 日：见证历史”展览。作为史密森尼学会指定的“9・11”相关数字资料存储库，“9・11”数字档案馆将现场展览的访客留下的数千个故事，包括传统载体档案和数字档案，经过处理，长期保存在数字档案馆中。

(2) 官方：机构馆藏。

一些由地方、州、国家组织保存以及特定网站托管的与“9・11”相关的档案和其他资料，也可以通过“9・11”数字档案馆进行检索和查看。“9・11”数字档案馆的主要合作者美国国会图书馆、史密森尼国家历史博物馆贝林中心、美国国家公共电台(NPR)、美国红十字会博物馆等也为其提供了大量的档案资源。

(3) 民众：网上征集。

“9・11”数字档案馆的网站开辟了专门的征集通道，公众可以上传与“9・11”事件相关的故事、视频、照片、音视频等各种形式的材料，公众在上传资料的同时还需要回答相关的结构化问题，例如“由于‘9·11’事件的发生，您的生活有何变化?”通过这种方式进一步收集“9·11”事件给人们带来的影响的反馈。

(二) 资源类型

“9·11”数字档案馆的馆藏类型可分为文件及调查报告、通信信息、图片、音视频等类型，其中包括新闻报道、原创艺术作品（诗歌、音乐、绘画等)、电子邮件、纪录片等内容，较为全面系统地展现了官方和个人在这场灾难中的记忆。

其中“周年纪念馆藏”收录了事件发生后的不同时期民众对于此次灾难的反馈。“9·11”数字档案馆不仅关注事件发生时产生的档案，而且持续关注事件对于美国民众甚至世界所产生的影响，不断收集人们对于事件的反馈，并将其作为馆藏的重要部分。目前已有10周年、13周年、15周年的纪念系列，记录不同时期灾难与人之间的作用与反作用。有的人在回忆灾难发生的瞬间，有的人在悼念受难的人，有的人在怀念灾难发生前的美好景象……这些都是普通民众的记忆。

【背景】

技术发展带来的思维逻辑、行为逻辑的变化使得记忆快速并广泛地进入数字世界。数字环境中日益强大的捕获、关联、存储和传播能力极大地提升了记录社会生活、强化社会记忆的可能性，但互联网信息的超载、碎片化、浅表化、短时化使公众难以保存和准确提取。档案馆作为记忆机构担当着保存社会记忆的责任，通过档案这一记录和固化记忆信息的资源建构或还原重大事件具有重要意义。

【原理】

随着技术发展，数字空间日益成为传播、展开甚至引领重大事件的空间，其中形成的海量数字信息是人类世界的活动证据、记忆、资源与资产。从保存历史、守护记忆的角度出发，国家机构、社会组织和个人等主体会将在一个组织、地区或国家组织的重大活动或重大突发事件中直接形成具有保存价值的各种形式的历史记录保存下来。重大事件档案是国家档案资源不可或缺的重要组成部分，加强其资源建设工作对维护历史真实面貌，建构国家记忆具有重要作用。

【案例解读】

“9·11”事件数字档案馆在资源收集的方式和理念上对于构建重大事件的数字记忆有一定的借鉴意义。

(1) 多元主体共建共享。

“9·11”事件数字档案馆项目由大学主导，合作主体跨界多元，从官方机构、企业、社会组织到广大公众都是“9·11”数字记忆的构建者和参与者。官方机构共享大量的档案资源；企业和社会组织为数字档案馆的建设提供技术支持；公众是档案馆的主要用户，也是档案馆的重要建设者，大量个体的记忆被集中到数字档案馆中形成社会和集体的记忆。

“9·11”事件数字档案馆不仅表达官方声音，更注重表达民众看法，馆藏文献覆盖内容从“9·11”事件委员会的调查报告、新闻媒体的报道，到网友的电子邮件、公众上传的原创诗歌等，将官方叙事和个人叙事相结合，内容覆盖范围更全面、更多样，多层次、多侧面地还原了事件真相，更重要的是从情感层面体现了人们对事件的看法和反应。

（2）以事件为中心，也以人为中心。

重大事件专题档案馆以事件为中心，尽可能囊括一切关乎此事件的数字化资料，以系统展现事件发生前后的种种情形，为后人了解历史、研究历史提供重要的素材。整个数字档案馆紧紧围绕“9·11”事件，在网站首页专门设置了“与‘9·11’有关的常见问题”栏目，通过回答民众常问的问题将馆藏资源串联起来，同时也让人们更加清晰地了解事件经过。在还原事件的同时，更加关注事件在不同时期对不同的人的生活甚至生命轨迹产生的影响，以及人们对此事件的看法。

人们对于过去的认知总在改变，就一个区域和一个活着的事物的记忆项目而言，永远不可能达到“完成时”，只有在不断地累加中丰富记忆图景。构建或重构记忆的本质是对过去的反思性观察和表达，这个过程有赖于“当下”要素的加入，包括主体当下意识和拥有的资源。新事实新资料的发现、新审视新思考产生的观念都会进入新的当下记忆，在这个意义上任何主题的文化记忆都没有最终版，随时处于可更新状态。正是秉持着“没有一个事件的记忆有‘完成时’”的理念，时隔多年，访问该档案馆的用户仍然会被持续追问“这场灾难给你的生活带来了什么影响?”这种长期追踪和反馈是记忆建构与强化的过程，也是以人为本的体现。

虽然面向公众的资源共建共享能够尽可能反映个体的记忆，但也导致了“9·11”事件数字档案馆资源碎片化和资源间关联性较差的问题。过于碎片化内容会影响受众对历史事件的整体把握。

一是档案格式不统一。该数字档案馆中大量收集和保存了公众上传的图片、视频、文字材料等，虽然网站有规定上传的结构和格式，但是仍然有大量的档案没有进行完整的著录，缺少标题、来源、时间等基本信息，存储格式不统一，导致很多资源并不能实现在线查看，只有下载通道。很多资源的格式并非通用格式，下载到终端设备后仍然无法打开，导致信息的可信度和可访问度较低，大大影响用户的体验感。

二是档案整合度较差。尽管“9·11”数字档案馆的资源数量庞大，类型众多，但由于著录不完整，格式不统一，资源整合度和联系度较低。除此之外，资源的分类标准逻辑性不足，例如将资源类型如“视频”和资源来源如“组织机构”归为相同等级的两大类，不利于检索和浏览。

【思考题】

1. 如何围绕重大社会事件制定归档方案?
2. 重大社会事件档案资源的建设与整合模式应如何设计?

案例 5-18　长三角地区民生档案的区域共享与利用[①]

【案例简介】

2018 年，上海市档案局与江苏省档案局、浙江省档案局、安徽省档案局在沪订约，开启了长三角地区民生档案“异地查档、便民服务”的序幕。一个覆盖长三角地区 300 余家国家综合档案馆的“民生档案公共服务朋友圈”由此走进公众视野。

长三角政务服务“一网通办”支持一地认证、全网通办、异地可办、就近办理的服务，其中长三角政务服务跨省通办只需 5 个步骤，并且明确了政务服务的用户范围、电子证照种类及专窗办理点。在上海市档案馆外滩馆查询服务中心，可看到长三角政务服务“一网通办”的整个流程和相关要求。查询服务中心工作人员介绍：“长三角区域的群众可就近在任何一家国家综合档案馆提出异地查档申请，只要出示本人有效身份证原件，就可以查询获取记载有本人信息、保管在其他省市档案馆的民生档案。这项‘异地查档’联动服务，全程通过档案馆之间现场接待、传真受理、电话联络、邮寄送达（长三角统一物流平台）的协同方式来实现。”

2018 年 3 月，三省一市档案部门正式签订合作协议，建立了工作协调机制和“异地查档”合作框架。2018 年 6 月，“异地查档”项目纳入长三角“一体化”行动计划。2018 年 9 月起，三省一市 345 家综合档案馆陆续面向市民群众开展长三角“异地查档”联动服务，长三角地区民生档案“异地查档、便民服务”全面推进。2019 年 9 月，长三角地区三省一市档案工作座谈会在上海召开，明确了全面推进长三角地区查档“一网通办”总目标，并签署《长三角地区档案部门重点协同项目备忘录》（以下简称《备忘录》）。两年多来，每一个进展都为长三角地区民生档案“异地查档、便民服务”格局奠定了坚实基础，特别是在机构改革之后，三省一市档案部门能够成功签署《备忘录》，意味着又向长三角档案工作一体化发展的总目标迈进了一大步。

目前，上海市 17 家综合档案馆可供长三角“异地查询”的民生档案有婚姻登记档案等 15 种，建成 15 种分布式标准化目录数据库和基于政务外网的“民生档案服务平台”，拥有近 2000 万条目录数据。

【背景】

随着社会经济的高速发展，一系列惠民政策相继出台。为了使档案工作更加符合时代要求，档案部门本着服务为上、民生为重的精神，积极探寻档案利用便民新途径，努力创建让群众满意的民生档案共享平台，开启民生档案跨馆查询服务。

---

① 案例来源于徐未晚：《互联互通加快促进长三角民生档案区域共享》，《中国档案报》，2019 年 5 月 23 日，第 3 版。

【原理】

民生档案是党和政府各部门、各单位在保障和改善民生工作中形成的真实记录，是维护人民群众各项权益的原始凭证。民生档案资源建设可认为是指将散布于各种门类档案中有关民生的档案筛选出来并加以系统化管理；而民生档案资源提供利用能充分发挥民生档案作用，是民生档案工作的中心任务。合理的民生档案资源建设和提供利用工作能促进档案馆成为既保存政府公务信息又保存社会公众信息的中心。

【案例解读】

“长三角政务服务一网通办”平台服务于长三角一体化，实现了三省一市民生档案区域共享。但因长三角一体化进程尚不深入，地区经济、档案工作水平差异等问题，长三角民生档案区域共享实践中仍存在着一些问题，例如：数字化基础落后，民生档案数字化比例不高；民生档案共享类型不齐全，部分类型民生档案尚未实现四地共享；各地档案工作规范和标准存在差异，各地民生档案的来源、种类、数字资源数量和数据结构也存在差异。为解决以上问题，更好便民利民，以民生档案工作一体化服务于长三角一体化国家战略，可采取下述对策：

(1) 加大投入。提高民生档案数字化工作在馆藏档案数字化工作中的优先级，推动可开放存量民生档案的数字化工作和目录开放工作。

(2) 加强民生档案共享资源建设。一方面，针对已有可共享但未共享的民生档案，相关档案馆应加快开放鉴定，尽快接入“长三角政务服务一网通办”平台；另一方面，长三角四地省级综合档案馆经共同商讨、评估后可在现有共享15种民生档案的基础上适当扩大共享、开放的民生档案范围。

(3) 加强民生档案工作规范和标准体系构建。可由长三角四地省级档案馆牵头，对民生档案的来源、种类及档案数字化大小、格式、著录规则、元数据方案等作出统一规定，构建统一的民生档案工作规范和档案数据结构标准体系。

(4) 加强民生档案信息安全保障工作。在前端建立高效的库房管理制度和电子文件信息安全监控管理系统。在后端完善、扩展民生档案传递至用户的方式：一方面，要对现有长三角统一物流平台加强监管；另一方面，可通过移动端、PC端等线上渠道，采用加密技术传输数字化民生档案。

【思考题】

1. 通过“长三角政务服务一网通办”利用民生档案有哪些风险？

2. “长三角政务服务一网通办”平台的特点是什么？

案例 5-19　浙江省档案馆的数字档案馆建设①

【案例简介】

2019 年 9 月 17 日，浙江省档案馆“数字档案馆系统”通过国家档案局专家组测试，成为全国首家通过全国示范数字档案馆测试的省级档案馆。2016—2018 年，通过该数字档案馆查档利用年均 5900 多人次。浙江省档案馆政务网档案利用和馆际共享服务平台近 3 个月的月均访问量为 2900 多人次。基于互联网的“浙江档案服务网”月均访问量 3200 多人次、门户网“浙江档案网”月均访问量 7.6 万人次。根据网上评价和窗口评价情况，数字档案馆用户总体满意度达到 99%以上，数字档案馆应用成效显著。在全国示范数字档案馆创建过程中，浙江省档案馆多措并举：

第一，互联互通与融合发展同步。浙江省档案馆自觉融入“最多跑一次”改革和政府数字化转型的大格局，将数字档案馆建设纳入数字政府建设总体方案，充分体现数字政府互联互通、数据共享要求，主动对接浙江政务服务网和省大数据中心，并将相关工作指标纳入数字政府建设整体考核。

第二，存量数字化与增量电子化共存。开发部署政务服务网电子文件归档模块、馆室一体化电子档案归档接收系统等适应增量电子化需要的平台，制定《浙江省省直单位虚拟档案室电子档案管理办法》《浙江省档案馆政务服务电子档案接收办法》等配套制度规范，积极推进电子文件归档和电子档案接收工作。

第三，资源丰富与数据优质相辅。加快推进文件级目录和全文数据库建设，推进“浙江之路”“百年·百镇·百梦”等数字记忆项目，形成了一批具有浙江特色的数字资源，开展数字资源采集与馆际共享，并在数字资源建设中严把质量关。

第四，长久保存与安全为基并重。基于高标准基础设施，建设了基于局域网的电子档案长久保存系统，即馆藏资源总库，实现数字档案资源存用分离。依托电子文件管理统一平台的前端一体化归档备份机制，电子档案长久保存基地对归档的电子档案进行实时备份，与新疆维吾尔自治区档案馆对口建立馆藏重要数据的异地备份机制，并建设机密级档案管理系统。

第五，需求导向与利用为先共融。系统检索功能实现升级，通过优化数据库技术，使用 Solr 全文检索引擎，应用内存表索引，在 800 万条目和 6700 多万页的数据环境下全文检索响应速度在 3 秒左右。应用 OCR 技术，真正实现全文内容检索，极大地提高了利用效率。建成使用浙江档案服务网，实现“一网查档、百馆联动”，让利用者查档“最多跑一次”或“零上门”，推出移动端查档服务，并接入长三角政务服务一网通办平

① 案例来源于郑金月：《建设融入数字政府大格局的新一代数字档案馆——浙江省档案馆全国示范数字档案馆创建工作综述》，《中国档案》，2020 年第 1 期，第 40～42 页。

台，推进区域跨馆查档合作。

【背景】

为了实现人类数字记忆的持续积累、完整采集、长期保存、安全控制和有效利用，数字档案馆已经成为档案信息化的重要内容。数字档案馆是指各级各类档案馆为适应信息社会日益增长的对档案信息资源管理、利用的需求，运用现代信息技术对数字档案信息进行采集、加工、存储、管理，并通过各种网络平台提供公共档案信息服务和共享利用的档案信息集成管理系统。

【原理】

数字档案馆主要有以下特征：增量档案电子化、存量档案数字化、档案传输网络化、档案管理科学化、档案服务实时化、档案工作现代化。数字档案馆建设应当遵照“统筹规划、循序渐进，项目带动、重点突破，需求导向、保证安全，合理适用、稳步实施”的原则，积极推进，务求实效。

【案例解读】

浙江省档案馆的数字档案馆建设不仅着眼于系统平台建设，还注重配套的顶层设计、制度规范、运行机制等方面的建设，形成了成套的数字档案馆体系。总的来说，其数字档案馆建设具有以下特点：

一是立足于政府整体改革环境，实现互通融合发展。浙江省档案馆在建设中不仅考虑了自身业务需要，还立足于政府转型的大环境中，注重其在电子政务、数字政府中的定位与作用。一方面，将数字档案馆建设的相关内容纳入政府大数据发展计划和数字化转型方案中，进行总体规划部署；另一方面，注重与政府交换数据，前端通过电子档案交换系统实现了与浙江政务服务网的对接以及 11 个设区市互联互通，后端通过政务云联通省大数据中心向省大数据中心归集开放档案数据 53 万多条。如此一来，档案馆建设与政府工作高度融合，既能充分发挥档案馆在政府工作中的基础作用，又能提升档案馆建设工作的质量和效率。

二是秉持“严、实、细、准”原则，强化档案接收工作。浙江省档案馆每年都会召开档案接收工作专班会议，严格按照接收年限确定应接收单位名单，特别强调进馆档案质量，确保档案移交接收工作严格按计划按标准高质量完成。在接收机制上，建立健全了 5 项工作机制以解决难点、堵点问题，具体包括省直单位档案工作协作组+指导组机制、档案接收专班机制、档案接收监督检查机制、立档案接收工作首问负责制和档案服务业监管机制；在接收标准上，细化了移交接收标准，梳理成 9 个方面 25 项内容；在接收监督上，通过上门服务或是现场指导精准指出档案移交前存在的问题，并利用钉钉、微信和 QQ 等平台实时在线远程督导，实现线上线下一体化同步推进。以上工作机制和方式明确了职责边界、精简了接收程序、统一了接收指导标准、强化了监督检查制度，并且得到了实践的检验，收到了实实在在的成效，能够为我们数字档案馆的建设提供一定参考。

三是注重联合共建与馆际共享，实现档案资源整合。除了与浙江政务服务网对接外，浙江省档案馆非常注重与其他数字档案馆的联合共建。比如，与杭州市档案馆等开展数字档案资源的馆际共享；与美国犹他家谱学会合作，建立美国犹他家谱学会浙江查阅利用中心，共享涉及浙江的家谱、地方志数字资源。另外，也在不断拓展数字档案资源的采集范围，如除了应接收单位产生的档案之外，浙江省档案馆还会采集《新闻联播》(浙江专题) 和《浙江新闻》《解码古今》《档案故事》视频信息等以丰富馆藏资源。在创建全国示范数字档案馆过程中，浙江省始终将数字档案资源建设和资源整合作为重中之重，这为后续的档案提供利用打下了坚实的资源基础。

四是注重需求导向、利用为先，精心设计查档功能。浙江省档案馆数字档案馆系统的查档服务功能相较于其他数字档案馆比较突出。具体来说，它实现了从线下到线上、从快速到秒速、从目录图像到全文数据、从PC端到移动端、从跨馆到跨省的飞跃。比如，应用OCR技术实现全文内容检索，且保证检索响应速度在3秒左右；使用浙江档案服务网实现“一网查档、百馆联动”，让利用者查档“最多跑一次”；推出移动端查档服务，通过微信小程序“掌上查档”和“浙里办”App实现手机查档；接入长三角政务服务一网通办平台，实现“跨馆查档、便民服务”等。提供利用是档案管理工作的目的和归宿，也是档案实现社会价值的重要途径，因此数字档案馆建设应当注重以利用需求为导向，不能为建而建，在这点上，浙江省档案馆为我们树立了标杆。

【思考题】

1. 你认为数字档案馆建设的最大难点是什么？
2. 浙江省档案馆的多样化、便捷化查档功能对我国档案馆的查档工作有何启示？